BIG DATA

KNOWLEDGE SERVICE AND
CONTEMPORARY LIBRARY SCIENCE

大数据、知识服务
与当代图书馆学

施强 著

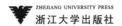
ZHEJIANG UNIVERSITY PRESS
浙江大学出版社

图书在版编目（CIP）数据

大数据、知识服务与当代图书馆学 / 施强著. —杭州：浙江大学出版社，2020.7
ISBN 978-7-308-20338-8

Ⅰ.①大… Ⅱ.①施… Ⅲ.①图书馆学—文集 Ⅳ.
①G250－53

中国版本图书馆 CIP 数据核字（2020）第 113847 号

大数据、知识服务与当代图书馆学

施　强　著

责任编辑	陈佩钰	
文字编辑	严　莹	
封面设计	雷建军	
出版发行	浙江大学出版社	
	（杭州市天目山路 148 号　邮政编码 310007）	
	（网址：http://www.zjupress.com）	
排　　版	杭州中大图文设计有限公司	
印　　刷	广东虎彩云印刷有限公司绍兴分公司	
开　　本	710mm×1000mm　1/16	
印　　张	18	
字　　数	354 千	
版 印 次	2020 年 7 月第 1 版　2020 年 7 月第 1 次印刷	
书　　号	ISBN 978-7-308-20338-8	
定　　价	72.00 元	

序

  施强研究馆员,图书馆学科班出身,长期从事图书馆工作,曾任丽水学院图书馆馆长。虽然岗位变动,在图书馆二进二出,但他的主要工作经历是在图书馆的,前后辛苦耕耘了近 30 年。他热衷于图书馆学的理论研究,在工作实践中不断探索,积累了丰富的学术成果和工作经验。在繁忙的畲族文化研究和事务性工作之余,他在近期完成了《大数据、知识服务与当代图书馆学》的著作。这是他对多年的研究成果与实践思考的集成,也是对图书馆职业生涯的总结。

  图书馆是一个不断发展着的有机体,近 30 年则是有史以来图书馆发展最为迅速的时期。施强和我于 20 世纪 80 年代中后期先后进入图书馆工作。30 多年前,图书馆还处于传统形态,计算机还未进入我国绝大多数公共图书馆和高校图书馆,文献载体基本上是纸质的,图书馆处于较为封闭的闭架服务状态。过去的 30 年间,我们经历、参与和见证了图书馆自动化、数字化、网络化、移动化的建设和发展过程,今天,我们正在迎来图书馆智能化的新时代。这些巨大变化的发生,是由计算机、互联网以及数字技术、智能技术主导和推动的。技术是现代图书馆办馆要素发生革命性变化的主要推动力。

  技术主导了图书馆管理方式的变革。计算机的引入和普遍应用,使得图书馆在 20 世纪八九十年代实现了自动化管理,大大改变了图书馆的面貌,带动了图书馆业务流程的革命,实现了以读者为中心的开架服务。可以说,计算机的应用是图书馆现代化建设的重要标志。

  技术主导了图书馆资源载体的演变。进入 21 世纪后,数字技术和互联网蓬勃发展,大规模扫描和数字化形成了各种电子书刊,同时原生数字资源快速增长,不同类型的文献数据库以及其他数字资源层出不穷。在大学图书馆,虽然纸本图书在知识学习和传承中的作用仍然很重要,但是学术信息服务的资源主体是数字化的,这是不争的事实。互联网推动图书馆迅速实现了数字化和网络化,图书馆现代化建设走入了快车道。

  技术主导了图书馆服务范式的转变。最近 10 多年来,图书馆网站已成为整合、展示数字资源的基本平台和用户检索、获取资源的重要入口。同时,移动通信迅速迭代,4G 和智能手机的普及,推动了图书馆的移动化、泛在化服务,用户可以不受时间、空间限制,随时随地利用图书馆资源。新技术应用促进图书馆进一步走向开放、合作、共享,图书馆人多年的梦想得以实现。

技术主导了图书馆用户属性的改变。图书馆的数字化、泛在化服务,使得图书馆的读者转变成了用户。今天,移动图书馆和微信等社交媒体成为图书馆提供资源和服务的重要端口,同时也是用户与馆员、用户与用户、馆员与馆员之间的社交平台。图书馆员和用户的界限变得模糊,用户服务社群化成为一种新趋势。图书馆用户的地域范围大大拓展,图书馆可以跨地域、全天候地发展用户。另一方面,用户角色也在发生改变,他们不仅是图书馆服务的对象,而且是图书馆的重要资源,同时还是图书馆建设与服务的重要参与者。

技术主导了图书馆空间布局的优化。数字化使得进入半衰期后的纸本文献撤离原来的书库、实行远程存储成为可能。虚拟社群的交互存在局限性,用户有着回归图书馆物理空间进行线下交流的强烈需求。近年来,技术设施先进、环境布置美轮美奂的信息共享空间、学习研讨空间、创新创客空间、技术体验空间不断涌现,图书馆空间对于用户的吸引力增强。空间预约系统、阅览室座位预约系统的采用,既为用户利用空间资源提供了便利,也有利于集约利用这种宝贵的资源。

技术发展无止境,图书馆现代化是一个不断演进的过程。即将到来的 5G 和人工智能时代,将使得图书馆服务更为人性化、个性化、精准化和便捷化。

技术的发展改变了图书馆的面貌,但是图书馆的使命和核心价值没有改变。在本书中,作者正是从图书馆的精神内涵和核心价值出发,引出了现代图书馆在理论与实践上的一系列问题。相信本书的出版,对于推动图书馆学理论研究和实际工作将起到重要的作用。

赵继海

2019 年 6 月 30 日于杭州华家池畔

目　　录

绪　　论

　　人们普遍认为,图书馆事业的发展得益于科学技术的进步与发展,技术的发展促进了图书馆事业的巨大进步。然而技术异化在一定程度上造成了政治、经济、信仰、道德、生态环境等方面的总体性危机。正如马克思所说:"在我们这个时代,每种事物好像都包含有自己的反面:我们看到,机器具有减少人类劳动和使劳动更为有效的神奇力量,然而却引起了饥饿和过度的疲劳……技术的胜利,似乎是以道德的败坏为代价换来的……现代工业、科学与现代贫困、衰颓之间的这种对抗,我们时代的生产力和社会关系之间的对抗,是显而易见的、不可避免的和毋庸争辩的事实。"①

　　当代德国哲学家伽达默尔在《科学时代的理性》中也提到:"20世纪是第一个以技术起决定作用的方式重新确定的时代,并且开始使技术知识从掌握自然力量扩展为掌握社会生活。所有这一切都是成熟的标志,或者也可以说,是我们文明危机的标志。"②

　　可以说,技术异化让人文主义者担心,技术的无限发展与过度应用,会造成对生态环境的破坏和人的异化,技术最终会成为一种意识形态,导致人类生存环境和个人生活世界的危机。

　　这种普遍存在的发展悖论,也引发了对图书馆事业发展的探讨。人文主义者认为技术给人们带来的福祉或负面作用都是人们无限推进科学理性的物化、工具化的结果,这种结果成为人们生产及生活方式唯一的文化旨趣。海德格尔认为:"所谓人们希望在精神上掌握技术,人们希望控制它,技术越来越多地威胁着要摆脱人的统治,那么,人的控制意志也变得更加深远。"③在精神上达到控制技术,在人文主义学者看来就是要重新唤起人们的价值理性和对维护人性

---

　　① 马克思,恩格斯.马克思恩格斯全集:第12卷[M].北京:人民出版社,1962:4.
　　② 伽达默尔.科学时代的理性[M].北京:国际文化出版公司,1988:63.
　　③ 绍伊博尔德.海德格尔分析新时代的技术[M].北京:中国社会科学出版社,1993:26.

尊严、人性解放的自觉意识,正确认识技术对人类文明社会的推动作用与对人类文明的反作用,唤起人们对自己生命价值理性的关注和对人类命运的最终的人文关怀。

正是在技术理性出现了无限膨胀和图书馆的实践活动出现了危机这样的背景下,图书馆人提出了人文图书馆这一概念。人文图书馆理念涵盖了图书馆理论还是实践服务,也参与对图书馆人文的研究,重点是要解决图书馆实践中的技术应用与图书馆事业发展等重要问题。

随着我国物质文明、政治文明、社会文明、精神文明和生态文明建设的逐渐深入,特别是以人为核心的社会主义民主政治的有力推行,社会公众对诸如社会经济保障体系、养老保障体系、医疗保障体系和教育文化服务体系等社会公共事业的认识提高了。社会公众更多地开始关注社会公共文化领域的图书馆的服务方式和方法,关注图书馆服务价值取向,关注图书馆服务的公平性和自由性。正是社会公众的现代公共意识和民主意识的加强,促进了图书馆将自由、平等的阅读权利归还社会公众。其公平正义性体现在"图书馆面前人人平等"的原则。为消除信息利用的差异性与歧视,还要体现对弱势群体的人文关怀,实现全社会的信息公平。人文主义者倡导正视公民的阅读权利,唤起社会公众的现代公共意识和民主意识;倡导图书馆的人文价值观,最大限度校正技术给图书馆带来的负面影响,抵制技术带来的功利的诱惑,使图书馆事业发展回归本质。

然而,科学技术的飞速发展,特别是信息技术、计算机技术、网络技术和多媒体技术的发展与应用,在给图书馆的管理和发展带来了翻天覆地的变化的同时,也对图书馆馆员的观念产生了重要影响。受技术的冲击,图书馆信息组织形式、信息传播方式和信息获取与利用方式发生了根本性的变化,社会公众站在民主社会的公共文化服务的视角,要求图书馆改变现有服务内容和服务方式,这是关系到图书馆服务的根本性问题,也是图书馆在发展和改革中不可不正视的问题。

一、图书馆事业:人文、技术、制度的互动

对图书馆事业的发展来说,技术、人文与制度这三者中哪个是决定性的推动力量?通过对这一问题的探讨,我国图书馆学领域形成了不同的学科方向门派。有了强调科学技术对图书馆事业的推动作用,就形成了技术图书馆学流派;有的强调人文关怀对图书馆事业的推动作用,则形成了人文图书馆学流派;有的强调制度规范对图书馆事业发展的推动作用,就形成了制度图书馆学流

派;等等。"技术救图论""人文救图论""制度救图论"已成为图书馆理论界和实践界重点议论的话题。然而,一个不可否认的现实是,图书馆信息资源的数字化,打破了传统意义上图书馆的有形物理边界,使图书馆的信息资源与本地区、本系统,甚至与国外的信息资源广泛有机地连接起来,形成了网状的图书馆状态。这一革命性的图书馆生存方式的变化,深刻影响了图书馆信息资源的组织形式,深刻影响了图书馆用户对资源的利用和阅读方式。而当互联网、多媒体技术、电子信息资源已经深入到图书馆每个用户心中时,由于信息技术给用户带来了好处,用户改变了其对传统图书馆提供文献信息的崇敬,影响了其获取文献信息的态度与方法。这种提供信息资源和利用信息资源环境的改变,导致了图书馆人和图书馆用户对获取图书馆信息资源的态度与方法的改变,也直接导致了图书馆信息组织、信息传播和信息利用获取的价值观的改变。那么用什么样的哲学态度或者用什么样的制度形式来规范现有图书馆信息资源组织、传播、利用获取的秩序,充分发挥信息技术给广大用户带来的好处,就是图书馆理论工作者和具体实践操作者必须要面对的问题了。

而从发生学上理解,图书馆事业的发展,技术、人文和制度这三个因素"一个都不能少"。技术为图书馆事业发展提供效率保证,人文为图书馆事业发展提供价值观指导,而制度则为图书馆事业发展提供政策、法律和规章保障。也就是说,技术、人文和制度这三者中,任何一个都不能单独成为图书馆事业发展的决定性力量,图书馆事业的发展只能决定于这三者之间的合力协同作用。显然,解读技术、人文与制度在图书馆实践中的作用地位,已构成实践图书馆学必须予以阐释的重大理论问题,技术、人文和制度三者是推动图书馆事业发展的三大因素。

图书馆学的实践基础,是对图书馆学能够发生作用力的社会实践活动。这一概念有两层含义,首先,人的社会实践活动是多样化的,那些对图书馆学产生不了影响的实践活动,如商品生产、艺术创造等,就不属于图书馆学的实践基础。只有那些与知识集合有关的实践活动,如客观知识的组织、文献信息的提供、大众阅读的变化等行为活动,才能构成图书馆学的实践基础。其次,在现实实践活动中,人通常是实践的主体,即实践活动的主导者、能动者,所以,对图书馆学能够发生作用力的实践活动往往是由个体主体、集体主体来进行的。也就是说,无论从微观还是从宏观出发,那些由个人或群体进行的对图书馆学产生了效力的实践活动,都可构成图书馆学实践基础的组成部分。

毋庸置疑,技术、人文、制度都是人类社会发展不可或缺的推动力量。技术的物质基础力量、人文(文化)的价值引领力量、制度的社会保障力量,孰重孰轻？有一点可以肯定的是,在技术、人文和制度之间,如果缺失了其中的任何一个维度,人类社会便难以发展。现在人们较一致的认识是,技术、人文和制度这三者,都不可能单独成为社会发展的决定力量,因为这三者各有各的局限性。这种局限性,使得三者都不可避免地成为悖论式存在。

吴慰慈教授所提出的图书馆中介性的本质,其深层意义即是以这一由精神、物质和社会这三层要素所构成的整体性综合性很强的哲学本质为基础的①。图书馆在此基础之上,为实现其中介性这一本质特性,以信息和知识为内容,以信息技术和一定的社会组织形式为手段,在人类历史上有效发挥了精神媒介、物质媒介和社会媒介的传播作用。

可以说,图书馆在社会公众的心目中,是由社会、政府倡导的非营利性文献信息服务的事业性组织机构。从组织的社会活动目标上看,任何部门、组织在进行社会实践的过程中,都要强调组织活动的效率和结果,这就使得图书馆工作已成为一种技术性的工作,再者,大量的现代计算机技术、信息处理技术和网络传播技术等相关现代化技术的应用,使得图书馆信息资源的组织、传播、开发和利用等各图书馆工作环节对相关技术产生了依赖,也大大提高了图书馆信息资源的传播速度和图书馆用户获取信息的效率。现代图书馆的社会实践活动,要通过图书馆组织来进行,组织的结构和流程构成了相关正式和非正式的图书馆制度,使得图书馆的服务工作需要依靠相关图书馆制度进行规范。实际上,图书馆在理论和实践活动过程中,受组织目标的驱动和图书馆主体行为动机的驱使,会形成区别于其他组织的价值观和发展目标,这就产生了独特的图书馆人文。

事实上,图书馆组织目标是通过对社会公共信息资源进行组织、传播、开发,形成有序的、便于社会公众利用与获取的信息,来实现整体图书馆的工作目标的。然而,技术的进步推动着社会的发展,图书馆系统所赖以生存的自然环境、社会环境也在时刻发生变化,如果把图书馆看作是一个有机的整体,那么作为一个动态的系统,它必然有自己内在运行、调节的方式和规律,这就是系统运动的机制。

从组织运行机制上理解,组织运行机制包括技术机制、制度机制和人文机制等三个方面,即组织运行由以上三种机制来控制。在具体的运行过程中,它们既具有独立性,又是相互联系的。目前,在构建和谐社会的过程中,特别强调人与人之间的和谐,因此,人文关怀已成为图书馆事业发展的一个关键。这是因为图书馆的存在能够为社会公众提供相关信息和知识,通过社会公众对图书

---

① 吴慰慈,邵巍.图书馆学概论[M].北京:书目文献出版社,1985.

馆提供的信息和知识的有效学习、吸收和转化,为社会创造出更多的技术性知识、制度性知识和管理性知识。而知识服务本身就是一种人文现象,当图书馆新技术要转变为现有图书馆信息服务工具时,人文就会像凝固剂一样结合在技术和制度之中(如图 0-1 所示)。

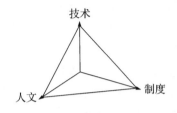

图 0-1　图书馆技术、人文、制度关系

该模型说明了图书馆技术、人文和制度三者之间相互渗透、相互作用,构成了具有现代性的图书馆组织体系。图书馆技术、人文和制度三个基本维度的相互结合、相互作用构成了三个图书馆事业作用层面:图书馆技术——图书馆人文层面、图书馆制度——图书馆人文层面、图书馆技术——图书馆制度层面。这三个作用层面形成了图书馆事业发展层面。因此,只有把握、了解图书馆的技术、人文和制度三个维度,才能有效地形成图书馆事业的发展合力,才能把握图书馆事业的发展方向。

(一)图书馆事业:人文与技术的互动

人文主义者一般都认为技术在给人们带来了福祉的同时,也给人类带来了负面作用。在其看来,倡导人文,就是重新唤起人们的价值理性和对维护人性尊严、人性解放的自觉意识。

图书馆事业发展的总趋势是向开放型、多功能、高效率的现代化数字图书馆转型,这种图书馆工作管理模式的转变,需要强大先进的信息技术作后盾。但在具体发展过程中,存在技术发展应用与内需动力的悖论,即技术对社会生产力的发展具有无可置疑的推动作用,但技术的无"节制"发展,催生了工具理性的过度膨胀,摧毁了自然生态的平衡,同时也消解了人类道德秩序的神圣性,最终使人成为技术的奴隶,成为失去自主主体地位的"单向度的人"。人发明和发展了技术,技术却反过来成了人的主宰。

当代图书馆无论是传统馆藏目录、印刷型文献和特色文献数字化,还是建立专业数据库、引进各种数字化馆藏文献、建立镜像站点等,都有赖于信息技术,它们都是以电子计算机、通信和网络技术为基础,对各种形式的图书馆信息(文字、声音、数码等)进行组织、加工、存储、转换,形成的序化的和便于传播和利用的技术群。可以说吸收、利用知识和信息的能力是衡量一个图书馆综合实力的重要标志,它关系到馆藏开发利用程度与用户服务水准。数据处理、电子存储、联机检索、软件开发、光纤通信等,使文献开发利用的能力大大提高了。

因此,图书馆与信息技术具有天然和本质的内在联系,图书馆是信息技术历史发展的产物,这是图书馆的技术本质所揭示的无可争议的历史事实。正因如此,在人类文明史上,人类信息技术的每一次变革与飞跃,无不引发了图书馆事业的历史性剧变与进步。而图书馆作为信息技术,特别是现代信息技术的最主要的社会应用领域,在其不断发展的过程中,通过对信息技术的应用,不断促进信息技术向更高层次发展。当然,在图书馆与信息技术的互动过程中,同时也交织着图书馆与人类知识发展的互动。图书馆与信息技术互动并同步发展的历史事实一次又一次地证明了这样一个历史规律,即信息技术的变革与飞跃所引发的历史效应决非图书馆的消亡,而恰恰相反,是人类社会的图书馆实践活动在新的技术背景下的迅速发展与历史深化。在现代信息技术特别是网络技术正在给传统图书馆带来根本性冲击的今天,全面而准确地把握这一历史规律意义重大。

黑格尔则把技术、工具这些文化现象视为精神的外化,认为克服由技术引发的人与文化的矛盾,出路在于向文化的回归,即向神秘的绝对精神的回归。马克思认为,技术异化的根源在于社会异化,指出"技术是历史的基本动力,是把自然变成为历史的力量,是世界历史运动的发动机"①。

(二)图书馆事业:制度与技术的互动

技术的二重性和结构的二重性共同决定了技术与制度之间的互动关系。邵娜认为,技术本质上具有二重性,即客观的自然属性与主观的社会属性。客观自然属性指技术是在物质积累的基础上,以遵守一定的自然规律为前提产生和发展的。而技术的主观性指技术是由人创造和使用的,其产生于一定的社会环境中,也受制于各种社会因素。现代网络技术及大数据技术中内嵌的运行逻辑和非控制导向结构都体现了其创造者的思维和价值追求。基于图书馆事业而言,以互联网和大数据为代表的新技术在图书馆的应用,内嵌于新技术中的行为规则和逻辑结构直接作用于图书馆组织内成员,直接影响着其思维和行为模式,进而形成了引发图书馆组织结构变革的可能性力量。但是,与此同时,图书馆新技术的应用优势又是由人把控的,因此图书馆中的组织制度结构、文化结构,及组织成员和领导层的主观态度组成了影响新技术在图书馆应用效果的

---

① 乔瑞金.马克思技术哲学纲要[M].北京:人民出版社,2002:322.

主要因素。所以,新技术的工具性决定了其知识引起制度变革的条件,并非决定性力量。

古登斯的结构化理论揭示了制度与行动的相互建构关系,而行动正是技术与制度直接互动关系的中介。同时,古登斯的结构化理论也提出了结构具有二重性,即指出,结构是人行动的前提条件,人的行动受到结构的规制,而结构又内嵌于行动中,其产生于多个行动者的互动中。也就是说,行动是进行制度和结构再生产的活动,而结构和结果即是行动的体现,也是行动的结果。基于图书馆事业而言,行动与制度的复杂互动关系体现在,图书馆组织成员在行动中的反思性,使其在行动中进行理性监控,同时也监控他人的行动及环境,使制度和结构成为组织成员行动的作用对象。在行动中,不仅可以维持、强化现有的制度结构,甚至可以实现制度结构的变革。

技术的二重性,决定了其是结构化的条件之一,而结构的二重性则说明了结构化的过程。图书馆应用新技术,其客观性决定了新行为与原有制度之间的矛盾,从而积累了制度变革的力量。一方面,互联网技术、大数据技术的实施,实现了全新的网络服务模式,和全新的图书馆信息收集、挖掘模式,使图书馆组织成员行为方式发生改变。而另一方面,新技术改变了读者阅读习惯,越来越多的阅读行为从书本转移至网络,如此行动的变革,促进了对信息共享的形式、规则、资源等的重新定义。此过程中,由于行动模式改变而产生的一系列规则变化,便是制度再生产的过程。而技术的社会性决定了技术并非制度变革的决定性力量,行动者的主观能动性是影响技术应用效果的关键因素。所以,制度变革不会自发实现,而图书馆事业不能坐等技术应用引发制度变革,要主动把握图书馆事业发展方向,积极运用新技术实现制度创新,为技术的应用提供可靠地制度环境。

(三)图书馆事业:人文与制度的互动

制度是有序自由的保障,也是有序发展的保障。然而,由于制度总是与国家、政府、法律等政治因素相联系,又从根本上受制于人的有限理性,即制度有时也会露出悖论性质。制度可以促进和保证自由与发展,也可以阻碍或限制自由与发展。

不可否认,近几年的图书馆事业,由于图书馆对自身关注及政府部门和社会公众对图书馆事业的关注和支持力度加强,图书馆的基础设施和信息技术的配置得到了完善。然而,由于技术的快速发展与应用,图书馆制度滞后现象给图书馆事业发展带来了许多困惑。在蒋永福看来,制度缺位必然会带来图书馆社会职责的缺位和功能的缺位。制度缺位的表现有多种,如图书馆法律保障体系缺位、图书馆行业制度保障体系的缺位,以及职业自律制度的缺位、职业权益保障制度和职业准入制度的缺位。图书馆法律的缺位造成相应图书馆行业制度供给不足,直接影响图书馆事业长足发展的长效机制。

行业制度的缺位,如职业自律制度属于"德治"范畴,图书馆法律体现的是对图书馆主体行为的强制性,德治强调的是图书馆主体行为的自觉性。一种职业行为,既需要法治的约束,也需要德治的自律。法治不能代替德治,德治也不能代替法治,两者互补才能取得最佳的治理效果。虽然中国图书馆学会在2003年发布了《中国图书馆馆员职业道德准则(试行)》,这是我国图书馆馆员职业自律制度建设的标志性成果,但是,正如蒋永福所说的:"由于时代的限制与体制的原因,《准则》无论是在内容和形式上,还是在约束力上,都与人们的期望相差较远,其理论意义大于实践意义。"①职业权益保障制度和职业准入制度缺位的后果是损害了图书馆的职业形象,影响和制约了图书馆应负职责的履行和图书馆主体的信息权益,导致图书馆在信息化发展道路上职业核心竞争力的缺失。职业准入制度缺位直接造成了"格雷欣法则"现象。"格雷欣法则"现象是当存在两种名义价值相同,但实际价值不等的货币并行流通时,实际价值较高的货币必将被人们收藏、熔化或输出,因而退出流通领域,于是剩下实际价值低的(劣币)充斥市场,故该法则又名"劣币驱逐良币规律"。在人力资源管理中"格雷欣法则"现象同样会起作用,其表现即是"劣才击败良才"的逆淘汰现象。

由于存在日趋激烈的市场竞争、科技竞争、教育竞争、人才竞争、服务竞争等等,我国图书馆事业一直缺乏统一的、强有力的法律保障与规范,面对挑战时显得无以应对和茫然不知所措,不仅已有的一些事关图书馆事业全局的重大问题,如大部分图书馆经费没有保障,人员素质没有保障,管理没有统一有力的章程,管理体制弊端众多等等,一直没有能够从根本上解决,而且又出现了诸如新技术运用没有统一规范和标准,现代化图书馆缺乏统一标准的要求等新问题。

因此,对于现代图书馆事业的发展来说,技术、人文和制度等因素"一个都不能少"。技术为图书馆事业发展提供效率保证,人文为图书馆事业发展提供价值观指导,而制度则为图书馆事业发展提供政策、法律和规章保障。也就是说,技术、人文和制度三者中,任何一个都不能单独成为图书馆事业发展的决定性力量,图书馆事业的发展只能决定于这三者之间的合力协同作用。也就是说,图书馆事业的发展,只有在图书馆人文、技术与制度三者之间形成相互关

---

① 蒋永福.制度缺位:中国图书馆事业发展的瓶颈[J].国家图书馆学刊,2006(1):32-33.

系、相互制约、相互影响的关系，并形成对应合力，构筑成协同作用的合力机制状态后，才能得到促进。

二、图书馆可持续发展

可持续发展（Sustainable Development）概念，产生于 20 世纪 70 年代，形成于 20 世纪 80 年代，到 20 世纪 90 年代成为世界许多国家的发展思想原则。1980 年由世界自然保护联盟（IUCN）、联合国环境规划署（UNEP）、野生动物基金会（WWF）共同发表的《世界自然保护大纲》中首次出现"可持续发展"一词，而在 1987 年联合国世界与发展会议在《我们共同的未来》报告中，将"可持续发展"定义为"既满足当代人的需要，又不对后代人满足其需要的能力构成危害的发展"。从中我们可以看出，可持续发展的根本和核心是人的生存观和发展观。它的实质是指人与人之间、人与自然之间的互利共生，协同进化和发展。包括自然、经济、社会三个基本方面的可持续发展，强调社会的发展是复杂系统的整体推进，不断优化的过程。强调单面人中心主义价值取向应向全面人中心主义价值取向发展，体现了代内人和衷共济、平等、均衡发展的特点，代际发展协调性是以全面发展为出发点和归属点的无代价发展，即不以牺牲未来发展能力和发展机会为代价的发展，得到了人们的共识。1992 年 6 月，联合国在里约热内卢召开的"环境与发展大会"，通过了以可持续发展为核心的《里约环境与发展宣言》《21 世纪议程》等文件。1995 年中国政府结合自己的实际编制了《中国 21 世纪人口、环境与发展白皮书》，首次把可持续发展战略纳入我国经济和社会发展的长远规划，提出了中国实施可持续发展的目标、对策、措施等。1996 年 3 月，第八届全国人大第四次会议通过了把"实施科教兴国战略和可持续发展战略"作为一项重要任务的决议。1997 年的中共十五大把可持续发展战略确定为我国"现代化建设中必须实施"的战略。可持续发展主要包括社会可持续发展、生态可持续发展、经济可持续发展。

《我们共同的未来》中对"可持续发展"定义为："既满足当代人的需求，又不对后代人满足其自身需求的能力构成危害的发展。"1989 年"联合国环境规划署"（UNEP）专门为"可持续发展"的定义和战略通过了《关于可持续发展的声明》，认为可持续发展的定义和战略主要包括四个方面的含义：①走向国家和国际平等；②要有一种支援性的国际经济环境；③维护、合理使用并提高自然资源基础；④在发展计划和政策中纳入对环境的关注和考虑。可持续发展是建立在社会、经济、人口、资源、环境相互协调和共同发展的基础上的一种发展，其宗旨是既能相对满足当代人的需求，又不能对后代人满足其自身需求的能力构成危害。

图书馆历来被认为是社会科学范畴的，属于上层建筑，是一种文化机构。毛泽东同志在《新民主主义论》中讲了文化问题，他着重分析的是"观念形态"上的文化。而图书馆恰恰并非观念形态的文化，而是属于社会的信息交流和知识信息传递的文化组织。"科学图书馆是生产力"、"图书馆活动是一种特殊生产"及"现代图书馆基本上属于知识形态生产力"说明图书馆属于经济基础范畴。"图书馆既属于上层建筑的范畴，又属于经济基础范畴。""既有上层建筑的属性又有经济基础的属性，是二者兼有的综合体。"说明图书馆既包含上层建筑的一面，也包含经济基础的一面，二者兼而有之。其实图书馆"馆员—信息资源—用户"的工作链，证明其本质是一个作为文献信息中心进行采集、贮存、交流、传播的机构。在信息技术高度发达的今天，图书馆的价值体现在同社会生产力和生产关系、经济基础和上层建筑建立密切的联系，构成社会有机体的社会要素。馆员、用户和文献信息资源是图书馆形成社会有机体的三大要素，馆员作为人类智慧、人类文明、人类精神财富的组织者和传递者，得到用户主观承认、客观接受，使图书馆的信息文献得以保存、传递和利用，实现文献信息资源的价值，推动人类文明的进步和科学技术的发展。

（一）可持续发展与图书馆的关系

可持续发展强调人类社会各方面的发展应与环境协调，突出代内人的平等、均衡、全面发展，又要体现代与代之间满足其需要的发展。图书馆作为组成社会有机体的一个要素，在实现图书馆自身发展时，要与可持续发展的生存观和发展观联系起来。社会、经济的可持续发展本身包含着图书馆事业的进步与繁荣，图书馆事业通过"馆员—信息资源—用户"这一特有的工作模式推动着社会、经济可持续发展目标的实现。作为社会综合体要素的图书馆通过可持续发展战略，实现图书馆推动人的全面可持续发展和服务的深入、全面发展，更好地为社会经济建设服务。正如国际图书馆协会联合会（以下简称"图联"）主席韦奇斯在第 62 届国际图联大会开幕式上所说的："图书馆在支持经济和社会发展方面能起什么作用，是难以量化计算的。"

（二）图书馆可持续发展的实质

图书馆可持续发展的实质就是图书馆信息资源的有效、协调发展，图书馆人的全面发展，用户利用信息资源权力平等、均衡发展，满足用户物质生活需求和精神欲望。

一是强调图书馆信息资源有效、协调发展。现代图书馆是信息资源中心，是社会知识交流的中转站,是"专门贮藏与传递文献的社会化信息机构"。作为一个组成社会有机体要素的图书馆,应该最大限度地满足用户需求,提高文献利用率,充分发挥文献信息资源效能,推动社会的进步和经济的可持续发展。然而在现实社会中,一方面信息资源的贫乏使绝大部分用户得不到所需要的信息资源,另一方面,信息资源的分布极不均衡,造成一部分信息资源不能被活化,得不到用户的充分利用,导致信息资源的极大浪费。当今我国的信息资源一般集中在县级以上的公共图书馆、各企事业单位的资料室、科研系统所属和学校所属的图书馆,绝大部分乡村还没有图书室。由于它们条块分割清楚,服务权限分明,各系统用户想利用不同单位图书馆的信息资源是不容易的。这样会造成各图书馆由于所属读者群的限制,图书馆信息资源得不到充分利用。在信息资源贫乏有限、分布不均衡的条件下,实现图书馆信息资源有效、协调发展,一方面要在深度挖掘文献信息资源的同时,通过充分利用先进的信息技术,超越空间和时间的局限,实现图书馆信息资源的有效性和协调性。另一方面,要通过政策的宏观调整,加大对公共图书信息系统、乡村图书信息室的资金投入,缩小城乡信息资源占有率的差距,实现可持续发展所要求的"代内公平",推动社会的进步和经济的可持续发展。

二是强调图书馆人的全面发展。长期以来,人的发展过程一直被看成是人对自然的征服过程,自然越是被人所利用,表明人的文明发展程度越高。这种看法有其合理的一面,但不是对人的发展的完整理解。可持续发展理念不仅要求我们对当代人有责任和义务,而且还要给后代人留有足够的生存选择自由,同时可持续发展理念昭示我们,不仅要考虑当代人或现实人的生存问题,更要考虑现实人的发展问题,"实现人的全面发展是社会发展的最高原则"。图书馆人既是历史文化遗产的保存者,又是当今社会信息资源的加工、处理、组织、传播者,更是推动经济发展、社会进步的积极参与者。图书馆人参与社会活动的特点是服务,为社会各自然人提供信息资源服务,在满足其对信息资源多样性、丰富性需求的过程中实现图书馆人的价值。在服务中求生存,在服务中求发展,是图书馆人客观需要的生存观和发展观。因此满足图书馆人的生存需要和发展需要,促使图书馆人的全面发展是图书馆可持续发展的基础。图书馆人的生存需要包括人生存所需要的生活资料和精神满足。生活资料的满足是人类生存的前提,是人类发展的根本,如果所需的生活资料得不到满足,那么发展只不过是人类追求的目标。精神满足是人类发展生存的动力。图书馆人精神的满足即是承认图书馆人的劳动,得到社会的尊重。发展需要即是提高图书馆人的现代化素质。科学技术迅猛发展,人的价值观念瞬息万变,只有提高图书馆人的素质,才能真正实现图书馆的可持续发展。

三是强调用户利用资源权力的均等、平衡发展。图书馆可持续发展显示在其行为方式上时，应突显其功能和作用为其进行的行为调节。体现在利用图书馆信息资源上时，则需要一种新的行为准则来调节、处理人与信息资源的关系。即体现"代内公平"的可持续发展的客观需要。然而在当今社会，由于地缘等因素和人们所属群体不同的影响，人们能够利用的图书馆信息资源不能均等。再者就是国家长期形成的构建图书馆布局网络的指导思想，造成图书馆事业不平衡发展。由于以上各方面因素和人们思维方式的不同，客观上造成了用户利用信息资源权力的不均等、不平衡。为实现用户利用图书馆信息资源的均等、平衡，需要可持续发展理念的思维方式和行为方式，需要大力提倡可持续发展的哲学理念和道德伦理，凝聚成新的意愿，积淀为社会心理、社会意识和行为规则，需要图书馆人树立信息资源作为战略资源和精神财富被所有人均等利用的观念，提高劳动者素质，推动科学技术的进步和经济的可持续发展。

（三）实现图书馆可持续发展策略

事实上，实现图书馆可持续发展的实质和核心在于实现图书馆信息资源的有效协调发展、图书馆人的全面发展、用户利用图书馆的信息资源权力的均等、平衡发展，从而推动社会、经济的可持续发展。

一是树立新时代发展理念，提高对图书馆可持续发展的认识。首先是转变图书馆发展观念。树立图书馆发展不仅仅是为某些人所利用的观念，树立为大众服务、利用的可持续发展观。图书馆所做的努力，包括信息资源深层次的开发，信息资源电子化、数字化、虚拟化、网络化的建设及信息资源共享体系的形成，要以人的全面发展为中心的发展战略，使人人都有一个利用图书馆信息资源的机会，实现图书馆可持续发展。

二是转变利用图书馆信息资源的观念。图书馆信息资源在新的发展观念下，不是为个别人服务与利用的。利用图书馆信息资源应消除歧视及权力不均等现象。由于图书馆信息资源是人类共同所有的物质财富和精神财富，只有被全人类共同拥有、利用，使人人都能得到其所需要的文献资源，才能使他们的自身素质得以提高和在精神上得到满足。为实现这一目标，图书馆首先从管理体制上进行了革新，正如在大数据时代信息变革中，大数据不仅有海量性、复杂性，还体现类型多、高时效、低密度、难分辨等特征，且不可控、不易利用的数据资源正使各领域、各行业开始量化，逐步改变了人们的生产方式与生活方式。这种方式同样促使科学的世界发生了根本变化，使科学领域以实验为基础的实验科学、以理论推理为基础的理论科学和以模型模拟为基础的计算科学的研究范式向以数据密集型科研为基础的数据密集型科学研究范式转变，学界普遍把此研究范式称为第四研究范式。第四研究范式的出现不仅改变了科学研究方法，也改变了数据管理方式。可以说，大数据时代，谁掌握了数据，谁就站到了大数据研究的战略制高点。作为拥有数据这一重要战略资源的图书馆，只有掌握了大数据技术手段，多渠道、多形式地对数据资源进行挖掘、整合、分析、开放、共享，用数据的方法来研究科学和用科学的方法来研究数据，才能达到数据管理目标，科学合理地对数据进行管理，以适应数据的高数量、高维度、高更新速度以及背后的高商业价值运用价值对传统的硬件存储、数据库管理、政策和法律、数据技术、数据人才等提出的要求。

因此，在不断强化图书馆职能的同时，要切实提高信息数据管理水平，推出图书馆可持续发展的新的思维方式、新的行为方式，开拓图书馆的工作思路，提高图书馆可持续发展的整体水平。

三是改变服务方式。图书馆社会价值的实现，依靠的是图书馆的信息资源不断地为用户所利用，其服务水平、服务范围、服务对象是实现图书馆价值的具体表现形式。因此，要强调利用信息技术满足用户需求，改变图书馆的服务观念，扩大图书馆的服务对象，体现利用图书馆信息资源机会人人均等的观念，实现图书馆信息资源的可持续发展。

四是处理和解决"馆员—信息资源—用户"之间的矛盾。处理和解决"馆员—信息资源—用户"之间的矛盾，是实现图书馆可持续发展的基本内容。即处理好图书馆与社会、经济的发展关系，馆员与文献信息资源的关系以及信息资源和用户的关系。处理好它们之间的关系，那么"馆员—信息资源—用户"之间的矛盾就能得以解决，从而推进图书馆可持续发展。

首先，要处理好馆员和信息资源的关系。"传统发展观把经济增长作为发展的基本含义和主要目标的发展理念。"可持续发展理念"并不是要制造人与自然的对立，而应是为了在更深的层次上、更广的范围内与自然建立起统一和谐的关系"。馆员的职责简单地说就是管理好文献信息资源，做好信息服务工作，使之被用户充分利用，发挥信息资源的功能。随着信息资源功能的变化及传播途径的多样化，馆员的职责也随之发生着变化。应树立起馆员和文献信息资源和谐统一的观念，即建立起主客体的协调发展关系，推动图书馆事业发展。如果破坏和超越它们的内在联系，只能阻碍图书馆事业的可持续发展。

其次，要处理好信息资源与用户的关系。图书馆所做的一切努力都是为了满足用户对信息资源的客观需要，使用户个性得到满足，促进经济发展、社会进步。信息资源与用户的关系，客观地说就是藏与用的关系，是客体与主体的关系。而人的全面发展和均等、平衡发展是可持续发展的理论基础，客观要求"用"是指所有人利用，不受地缘、群体的约束，"藏"不局限在某一个馆，是所有的信息资源的大图书馆信息资源体系。因此,各馆的信息资源应对所有的人开放,使他们能够不受地缘和群体的限制,充分利用各馆的信息资源,使用户得到均等、平衡发展,促进人类文明的可持续发展。

最后,要建立图书馆公关体系。"所谓公共关系,就是一个企业或组织,为了增进内部及社会公众的信任与支持,为自身事业发展创造最佳社会关系环境,在分析和处理自身面临的各种内部关系时所采取的一系列科学的政策与行动。"图书馆公关是图书馆通过有计划地运用传播媒介,与用户建立双向信息沟通,创建良好的图书馆环境,树立图书馆良好的服务形象,使图书馆与用户之间相互理解和支持,以促进图书馆目标实现的活动,目的是推动图书馆可持续发展。宣传与沟通的目的就是使用户更了解图书馆工作与职责。创建良好的环境、树立良好的服务形象是为了得到用户的认可,吸引用户更好地利用图书馆文献资源,使图书馆信息资源的作用得到充分发挥,实现图书馆的可持续发展。

三、图书馆权利

图书馆权利来源于图书馆法律、图书馆道德和图书馆习俗。最早提出图书馆权利(library rights)概念的是美国。1939 年,美国图书馆协会发表了《图书馆权利宣言》,第一次对图书馆权利内容做出了集团性确认。并于 1996 年 1 月23 日新修订了美国《图书馆权利宣言》,要点包括:①图书馆提供所有人关心、需要的图书及其他图书馆资料,图书馆资料不能因作者的出身、经历或见解不同而受到排除;②图书馆提供当今和过去反映各种观点的资料和信息,不能由于信仰和观点的不同对图书馆资料加以排斥或禁止;③图书馆为完成提供信息、启迪思想的责任而抵制审查;④图书馆与一切抵抗压制表现自由、思想自由的个人、团体合作;⑤图书馆不能因为利用者的出身、年龄、经历、观点的不同而拒绝或限制其利用图书馆的个人权利;⑥图书馆在公平的基础上向利用者提供设施、场地。在日本,"图书馆权利"被称为"图书馆自由",并于 1954 年发表了《图书馆自由宣言》,形成了日本集团性的图书馆权利规范。日本图书馆协会1954 年最初发布、1979 年修订的《图书馆自由宣言》在"序言"中强调,践行自由权利,是因为"图书馆最重要的任务,就是为具有作为基本人权之一的认知自由权的国民提供资料和设施"。其核心内容是:①图书馆具有收集资料的自由;②图书馆具有提供资料的自由;③图书馆为利用者保守秘密;④图书馆反对一切检查①。

---

① 李国新.图书馆权利的定位、实现与维护[J].图书馆建设,2005(1):1-4.

　　当代中国的图书馆权利实践活动正处在理论探索过程中,目前还没有正式的法律或行业章程指导具体的图书馆权利活动实践。《图书馆合作与信息资源共享武汉宣言》(以下简称《武汉宣言》)于 2005 年 7 月 8 日在"中国大学图书馆馆长论坛"(以下简称"论坛")上原则通过并签署,经修改,以专稿形式公开发表于《大学图书馆学报》2005 年第 6 期。这是我国图书馆界"民间"自发地、更多是自觉地发布的一份能比较充分地代表"民意"的方向性行业宣言。虽然,《武汉宣言》并非一份正规的"图书馆政策"文件,《武汉宣言》中"图书馆与信息的重要性"的第三点是这样阐述的:"图书馆是国家和政府为保障公民自由、平等地获取信息和知识而进行的制度安排。最大限度地满足每一位公民(读者)对信息和知识的需求,是图书馆义不容辞的责任。"但这是我国图书馆界第一次以群体的方式明确而充分地表明图书馆在保障公民自由、平等地获取信息和知识权利方面的责任和义务。第二点是这样阐述的:"消弭信息鸿沟、实现信息公平,是消除贫困、促进经济发展、构建和谐社会的重要条件之一。"

　　为使图书馆权利目标得以实现,国家及相关的组织机构,应根据现行的法律、道德、习俗和习惯,对图书馆权利的边界进行确定,形成具有现实指导意义的图书馆权利规范。确定图书馆权利的边界包括确定图书馆权利的界限、形成图书馆权利的秩序、明确图书馆权利的关系和营造图书馆权利的环境等方面的内容。

　　确定图书馆权利的界限。图书馆权利界限的确定,既包括图书馆权利与义务的明晰,也包括图书馆主体活动空间和活动范围的确定。一旦图书馆权利的活动空间和活动范围被确定,图书馆主体的活动空间就受到了保护,而要使其活动规范受到严格遵循,这就需要进一步强化图书馆制度的实际效力。

　　形成图书馆权利的秩序。没有社会秩序,一个社会就不可能运转。同样,图书馆如果没有形成信息知识秩序,个体图书馆也就不能正常运转,只有形成了可被图书馆主体利用的图书馆信息知识秩序,提供了相关的能利用信息知识进行搜索的工具,才能使图书馆主体利用信息知识的权利得到实现。

　　明确图书馆权利的关系。由于图书馆主体行动势必与他人发生关系,如馆员与利用者的关系、利用者之间的关系、利用者与图书馆的关系等。图书馆只有明确了图书馆权利主体间的关系,才能决定各主体的行动目标和方向,才能合理地调节、维护图书馆各主体的利益与主张。

　　营造图书馆权利的环境。图书馆权利规范在为社会提供一个稳定的信息组织、信息传播和信息利用框架的同时,也造就了图书馆主体行为的动力、规范。当这种行为规范逐渐演变成习俗惯例、法规制度后,它们便会成为人们共同接受的道德原则和行为活动方式。

(一)图书馆权利主体的确定

一般而言,图书馆权利主体是人,客体是物。但严格讲来,人并非都是主体,物也并非都是客体。图书馆权利主体是由法律、道德、习俗和习惯所规定的,享受法律、道德、习俗和习惯规定的权利。由于图书馆主体是"人",是指参加图书馆实践活动的社会公众、图书馆人和组织机构(包括图书馆组织机构与国家政府机构等),图书馆权利的主体可分为人主体和物主体。图书馆人主体指的是在图书馆权利中作为主体参与其间的具体人员,如政策决策者、图书馆管理者、社会公众,其中主要主体是社会公众和图书馆管理者。物主体指的是图书馆权利中作为主体参与其间的图书馆组织机构(如图书馆协会)、国家政府部门。

一是要确定图书馆利用者的权利。英国政治学家拉斐尔(D. Rapheal)将权利划分为行动权和接受权。行动权即是一种做什么的权利,接受权是接受什么的权利。霍菲尔德将行动权称为自由,将接受权称为主张[1]。根据此观点,可以把图书馆利用者的权利划分为行动权利和接受权利,即图书馆利用者的权利包括利用信息的权利和接受信息的权利两个方面。利用信息知识的权利,也可称为利用者的行动权利,包括:①自由利用图书馆信息知识的权利,即读者自由使用图书馆各类信息知识的权利,包括利用图书馆"信息资源共享"的权利;②自由利用图书馆服务设施的权利;③利用图书馆空间进行休闲、信息知识交流活动的权利。接受信息知识的权利包括:①接受教育的权利,即通过图书馆的教育培训获取知识服务的权利;②接受咨询服务和参与图书馆各项活动的权利;③接受参与图书馆管理的权利,包括批评权、推荐建议权、检举权和监督权等;④接受保障读者身份、地位有关的权利;⑤接受免费服务的权利;⑥接受"知的权利","知的权利"即是知情权,是指读者在图书馆接受服务时,有获得相关文献信息的权利。

程焕文教授提出,"图书馆权利"应以"读者权利"为核心,即读者平等、自由地利用图书馆的权利[2]。1972 年联合国教科文组织颁布的《图书宪章》中提到:"每个人都有阅读的权利。社会有责任保证每个人都有机会享有阅读的利益。"图书馆利用者权利即是读者权利,维护和实现读者的各项权利是图书馆制度安排的义务,其本质是维护和实现利用者的接受、利用图书馆信息的权利。

二是要确定图书馆馆员的权利。从本源上看,图书馆馆员的权利来源于利

---

[1]　沈宗灵.权利、义务、权力[J].法学研究,1998(3):3-11.

[2]　程焕文,潘燕桃.信息资源共享[M].北京:高等教育出版社,2004:28-32.

用者权利,由于图书馆馆员的权利依附在图书馆机构上,如果没有社会公众对社会信息知识的需求,就没有图书馆机构的存在,也就没有图书馆馆员的权利。因此,图书馆利用者权利高于图书馆馆员的权利,维护、实现利用者信息权利是图书馆馆员权利存在的必要与理由。维护、实现利用者信息权利是图书馆馆员的权利行使的最高价值标准,也是图书馆馆员权利行使所追求的目标与归宿。

从这个意义上讲,图书馆馆员的权利是实现图书馆利用者权利以及维护图书馆的职业价值和职业尊严的权利,这是图书馆馆员权利存在的基础。因此,图书馆馆员权利的实现首先体现在维护图书馆利用者的权利上。具体内容包括:①图书馆馆员有根据图书馆的性质、功能确定组织信息资源的权利;②图书馆馆员有根据信息知识的内在规律整理、加工、开发传播和提供图书馆信息的权利。其次是体现在维护图书馆的职业价值和职业尊严的权利,实现图书馆馆员的职业价值上。正如范并思所说的:"图书馆人的职业权利,即图书馆人维护图书馆科学有效地运作的权利。"①图书馆馆员首先体现为一种职业,图书馆职业通过搜集、处理、存贮、传递图书馆馆藏信息,达到维护社会公众图书馆权利的目的,即通过图书馆馆员按照图书馆活动的专业要求,科学地管理图书馆事业,形成现代图书馆服务理念。这种理念能够最大限度地保障社会公众利用信息知识的权利。因此,图书馆馆员的权利是维护图书馆职业价值、职业尊严和职业权益的图书馆职业权利。最后,图书馆馆员的权利体现在维护图书馆行业利益上。由于现代社会的整体价值已表现为许多相互冲突又相互包容的观念、利益、习俗。在面对冲突的观念、利益或习俗时本行业人为之进行辩护,这种辩护需要行业人员坚持整体理性来维护行业的最高利益。图书馆馆员在从事理论研究、设计行业道德与行为规范或制定与行使决策时,其思维的价值取向,除了特定社会的政治、经济、文化等环境的影响外,还要受到他们所在行业行为特点的影响。后者还会影响到图书馆界对有关行业发展与外界关系的思维。

三是要确定图书馆的权利。图书馆的权利根据主体性的不同,可分为主管机构的权利和个体图书馆的权利。

主管机构包括中央政府和地方政府的文化部门、高等院校、科研机构及图书馆行业组织等,其权利源于社会公众的授权。主管机构的权利主要包括根据图书馆工作目标,制订相关法律、法规、方针、政策并监督其执行的权利,制订根据社会公众信息需要的公共资金投入图书馆的权利,制订规范图书馆的整体行为和修改工作目标任务的权利,并对图书馆工作中出现的重大问题进行监管和查处的权利。现阶段图书馆主管机构的主要任务是要通过努力,让社会公共资

---

① 范并思.论图书馆人的权利意识[J].图书馆建设,2005(2):1-5.

金从行政性投入走向公共性投入，并采取相应措施控制公共资金投入的失衡，消除越来越大的数字鸿沟现象，建立一种公平的公共财政政策。

个体图书馆的权利是具体图书馆自身权利。图书馆自身权利来自主管机构的权利和图书馆利用者权利的授权。由于长期以来图书馆自身权利处在一种附属的、边缘的和不受尊重的地位，并承受来自各方的压力，图书馆自身权利存在诸多的缺陷，关键是不能高质量地为社会公众提供有效的信息自由、信息平等服务，不能有效解决信息共享服务问题等，影响了图书馆利用者权利的有效发挥。只有回归图书馆自身权利，才能维护、实现图书馆利用者的权利和有效执行主管机构权利的授权，才能发挥图书馆自身权利的作用。在具体的活动过程中，图书馆自身权利包括以下内容：①根据法律制定图书馆规章制度（如制订购书经费计划、制订图书文献管理制度、制订图书馆工作人员的岗位职责和制订图书馆利用者行为的保障制度等）并监督其执行的权利；②根据自身功能和公众的信息需要收集、管理信息资源并向利用者提供信息资源的权利；③维护读者活动权利，包括抵制任何检查权和保守读者秘密权；④要求主管机构提供必要资金投入的权利；⑤维护图书馆馆员尊严的权利。

（二）图书馆权利冲突化解原则

权利可分道德权利、法定权利和习俗权利。权利冲突的存在是一种客观的结果。权利冲突为两个不同主体所享权利的碰撞，为一种实然的现象。权利冲突由权利界限的交叉引起，包含因权利界限的模糊而需具体确定的情形，或者由于社会需求的变化而使权利的边界发生的应然扩张或缩限。首先，现存权利存在界限交叉。由于立法总体规划的欠缺、立法技术的粗糙可能使法律所确立的权利界限存在重叠，权利主体在其所享权利的法定界限内的行为应是正当、合法的，在此种相互冲突权利的界限重新确定之前，权利冲突确实存在着，并且显著存在着。其次，权利界限有所模糊。权利界限的模糊使权利的边缘地带处于不清晰状态，权利所涵盖的利益亦可相互渗透，而致使权利发生冲突。最后，因社会生活的应然压力，权利发生了缩减或扩张。社会生活的变迁，相应地会使权利的内容发生一定的变化。我国处在社会深刻变革转型期，市场经济体制逐步完善，法治亦在发展完善中，由此导致旧有权利到新的权利的转化。在此过程中，图书馆应以利用者优先原则、利益衡量原则与平衡原则化解图书馆权利冲突。

一是利用者优先原则。"图书馆读者权利"到底是一种什么性质的权利？从学者们关于基本权利与非基本权利划分的标准，即依据权利内容在权利体系中的地位、价值与功能来看，基本权利就是人之为人所应享有的最起码、最基本的权利。基本权利之外的就是非基本权利。基本权利相对于非基本权利而言，具有主体的普遍性、权利的本源性等特点。基本权利在国内一般由宪法规定，在国际上，则由国际社会广泛承认的国际人权文件加以规定。至于基本权利具体包括哪些权利，由于各国社会经济、政治、文化的发展水平以及人们价值观不同，无法达成一个完全一致的意见。

二是利益衡量原则。利益衡量原则主要适用于处理同质权利之间的冲突。它是指在解决同质权利的冲突时，应当衡量双方权利所含之利益，并根据利益大小来决定权利的保护力度。应用该原则时，首先要明确区分利益大小的标准。通常的标准无外乎价值判断标准和效益判断标准。价值判断是一种主观判断，是人们依据自己的喜好对事物的判断；效益判断则是一种客观判断，它以产出、收益和成本为分析单元，对冲突权利的效益大小、损害的程度大小进行衡量。显然，价值判断无法单独作为衡量利益的标准，而效益判断可以用于衡量利益大小。利益衡量原则旨在通过利益衡量尽可能实现权利效益的最大化，因而利益衡量原则又叫"效益最大化原则"。

三是平衡原则。平衡原则是指人们在处理权利冲突时，由于很难认识权利的优位性、也很难对其进行效益衡量从而采取的对双方权利进行平衡，以求取双方利益最大化的原则。由于权利的相互性，在解决权利冲突中，绝对地采取保护一方而限制另一方的做法是有欠公允的。首先要坚持平等原则，需要在图书馆资源分配上一视同仁，赋予读者利用资源权利能力的平等；其次是坚持公平原则，树立在法律面前一律平等的观念，更多地要强调在"法律上"的平等，给广大用户利用信息资源机会时应践行公正原则和无差别原则。

第一章 图书馆精神与价值

图书馆的现代性,体现为图书馆精神的现代性,图书馆精神的实质是图书馆在活动过程中所形成和发展起来的精神状态和获取信息的价值取向,对图书馆精神含义与内容、结构与特征、价值与意义等方面进行分析,培育具有现代意义的图书馆道德规范与法制规范,制定具有现代性的图书馆职业制度,体现新时代图书馆制度安排的核心价值,追求图书馆信息资源效益最大化,实现图书馆信息自由。

第一节 我国图书馆精神综述

近十几年来,研究图书馆精神的相关文献已发表百余篇,图书馆界专家、学者从各个角度和层次对我国图书馆精神进行了论述;本节从我国图书馆精神的历史进程、具体内容、价值表现、体系结构、图书馆精神缺失和图书馆精神培育等方面进行综述。

一、我国图书馆精神历史进程

中国百年图书馆事业史是四代图书馆人的传承史。第一代图书馆人发起了中国近代图书馆运动,造就了具有"文华精神"的第二代图书馆人,并以"文华精神"培养了第三代图书馆人成长,20世纪80年代第四代图书馆人接受了改革开放的洗礼和新技术革命的冲击,发展和繁荣了中国的图书馆事业,而且铸就、完善了"图书馆精神",使之成为我国图书馆事业发展的支柱和宝贵财富。

(一)我国图书馆精神的基础

我国图书馆精神来源于两个方面,其一是来源于图书馆人的一种积极的进取精神和使命感精神。正如韩继章先生所说的:20世纪中国图书馆精神有多方面的体现,但给人印象最深的是那种执着的、坚毅的、推进图书馆事业发展的精神。在 20 世纪二三十年代,图书馆发展期正是中国思想启蒙的时代,知识界打出科学和民主的旗帜,为实现科学和民主,必须依靠教育,必须开办新式学堂和图书馆。在这样的文化背景下,图书馆先贤们便有了一种济世救国、舍我其谁的使命感,这种使命感大概就是图书馆精神的来源和基础①。其二是外来图书馆精神的影响,特别受美国图书馆精神的影响,图书馆自产生以来就以广开民智、造就人才为宗旨。在我国图书馆精神形成过程中,对图书馆精神影响最大的两件事,一是被誉为"中国现代图书馆运动王后"的美籍学者韦棣华女士于 1910 年创办了文华大学的文华公书林,其办馆始终贯穿着西方先进公共图书馆的开放思想,推广宣传欧美先进公共图书馆的思想;二是被誉为"中国图书馆学教育之父"的沈祖荣等于 1920 年 3 月共同创办了我国第一个图书馆学教育机构——文华图书馆学专科学校,开创了中国图书馆学教育的先河,始终以"智慧与服务"作为教学宗旨,教育学生用聪明才智为社会服务。

(二)我国传统图书馆精神的特点

1.20 世纪的新图书馆运动

关于 20 世纪新图书馆运动的发起时间,在学术界还没有一个正确的界定。但可以认为 1917—1925 年间是我国图书馆界兴起的一场新图书馆运动的高峰期。关于这场运动,范并思认为:"'新图书馆运动'存在两个高潮,一个是 1917 年起,韦棣华携沈祖荣、胡庆生在长江中游各省演讲宣传图书馆,介绍美国图书馆事业,此高潮延续了约 3 年。第二个高潮是 1925 年的全国性宣传,由于有明确的目标(庚子赔款施用于图书馆事业),有众多图书馆学家参加,范围也是全国性的,故 1925 年的高潮更像一场'运动'。"②这场运动的作用在于"起到了宣传、普及近代图书馆知识,宣扬新的图书馆观念,培养新型图书馆人才的作用。这场图书馆运动影响深远,奠定了中国近代图书馆和图书馆学发展的基础"③。其实质是把"图书馆从偏重于保存文化,而渐渐趋向于公开流通"④。

---

① 范并思,邱五芳,韩继章.新世纪新视点三人谈之追寻 20 世纪的图书馆精神[J]. 图书馆,2002(3):1-8.

② 范并思,等.20 世纪西方与中国的图书馆学[M].北京:北京图书馆出版社,2004: 201-202.

③ 李爽."新图书馆运动"质疑[J].图书情报知识,2005(2):90-92.

④ 谢灼华.中国图书史与中国图书馆史[M].武汉:湖北省高校图书馆工作委员会, 1985:70.

2.文华精神

文华精神即文华图书馆学专科学校精神,毛坤先生认为文华精神的实质就是:"创办人之精神、维持人之精神、学生之精神。"程焕文在纪念文华图专成立80周年大会上的讲演中,对什么是"创办人的精神、维持人的精神和学生的精神"作了诠释,并提出文华精神的本质就是"爱",即"爱国、爱馆、爱书、爱人"。爱国就是在极其艰苦的条件下,继续坚持图书馆学教育,这就是爱国精神的集中体现;爱馆就是热爱图书馆事业,就是有一种敬业精神;爱书是中国的传统,对图书馆工作者来说也是特别重要的;爱人包括两方面内容,一方面是要爱读者,另一方面是对馆员本身的热爱。①

3.智慧与服务

沈祖荣先生于1920年在武昌文华大学正式创办了我国历史上第一所图书馆教育机关——文华图书馆学专科学校,标志着中国自己的图书馆学教育事业正式兴起,其为文华图书馆学专科学校制定校训"智慧与服务"。从文字表面上理解,"智慧与服务"即要求学生用聪明才智为社会服务,而从文字内涵上理解,一方面"智慧与服务"是图书馆精神的高度概括,是中国图书馆事业基本精神的起点,正如王凌云所说的:"智慧与服务"是"许多图书馆界的前辈都具有的图书馆精神,而其本质是对国家、民族和事业的爱"②,中国真正意义上的现代图书馆正是在这种图书馆精神中诞生的,中国图书馆学也是基于这样的精神不断发展的。另一方面"智慧与服务"是图书馆人的职业行为、职业观念、职业价值的具体表现,也正如程焕文所说:"迄今为止,我发现没有什么还能够比'智慧与服务'更能高度概括图书馆的基本精神。"③

(三)我国图书馆精神研究的探索

1.图书馆精神的学术流派

虽然我国图书馆精神研究起步较晚,但图书馆界的专家、学者在此领域不懈努力,从不同角度和层次上对图书馆精神进行了探索,在理论上形成了图书

---

① 程焕文,刘继维.文华精神——在纪念文华图专成立80周年大会上的讲演[J].图书馆建设,2001(6):101-102.

② 王凌云.重塑图书馆精神——关于"智慧与服务"的思考[J].晋图学刊,2003(6):12-13,55.

③ 程焕文,王蕾.21世纪高校图书馆管理的新理念[J].大学图书馆学报,2003(2):15-21.

馆精神研究的学术流派。

（1）从图书馆各种要素关系上研究图书馆精神。持此观点的有前辈图书馆学家杜定友先生,杜老在剖析图书馆的要素,研讨具有中国特色的图书分类与排检方法时体现了图书馆精神,指出:"'书、法、人'为图书馆学的三要素,图书馆学的理论重心经历了三次大的转变,即第一个时期以'书'为重心,第二个时期以'法'为重心,第三个时期以'人'为重心。若以人为目标办图书馆,则事业能生动而结合实际,且有继续进行深潜研究之余地也。"①

（2）图书馆精神的实质是公共教育制度中的一部分。持此观点的有前辈图书馆学家刘国钧、汪长炳等,刘国钧先生称:"近代图书馆以用书为目的,以诱导为方法,以养成社会上人人读书习惯为指归。所谓公共图书馆,即近代图书馆运动最著之产物也。"②汪长炳先生著文表明图书馆施教目标的重点任务一方面在于"养成品格健全公民",并云:"品格教育的目的,在导人为善。"图书馆施教目标重点任务的另一方面为"提高文化水准",包括"增进人民的知识程度"与"提倡高深学术研究"两个方面,还强调说:"这两点更是图书馆的重要目标。"③

（3）认为图书馆精神的核心是民主思想。梁启超流亡日本时,在其创办的《清议报》第17期上,他发表了题为《论图书馆与先进文化——大机关》的文章,阐明了图书馆的八大功能,也对中国现代图书馆精神作了理论概括,简而言之,面向民众、收藏古今、广泛建馆、重藏重用,其中民主是图书馆精神的核心④。

（4）认为图书馆精神是科学精神（现代科技）和人文精神的融汇。持此观点的有卢泰宏、肖希明、李超平等。卢泰宏先生说:"尽管传统具有排他性,尽管技术因素和人文因素往往是对立的,为了全面解决人类的信息管理问题,技术因素和人文因素必须结合起来。"⑤肖希明先生认为:"科学精神与人文精神的融合,应当成为21世纪图书馆的发展方向,成为推动图书馆发展的强大精神动力。"⑥李超平女士认为:"从学科发展的合理性来看,有意识地消解这两种思潮

---

① 蒋永福.在技术传统与人文传统之间保持必要的张力——对图书馆学理论传统的批判评价[J].图书馆建设,1993(4):12-15,24.

② 刘国钧.美国公共图书馆概况[J].新教育,1923(1):20-23.

③ 徐忆农.汪长炳先生与公共图书馆精神[J].新世纪图书馆,2004(1):20-23.

④ 梁启超.饮冰室合集[M].北京:中华书局,1989.

⑤ 卢泰宏.图书馆的人文传统与情报科学的技术传统[J].中国图书馆学报,1992(3):4-10,17,89.

⑥ 肖希明.科学精神与人文精神的融合——走向21世纪的图书馆[J].佛山科学技术学院学报(社会科学版),2001(1):84-88.

的对立,使之朝着适中与融合的立场回归将是一种必然。"①

(5)图书馆不仅是一种社会机构,也是一种社会保障体制,持此观点的有范并思、蒋永福等。范并思提出:公共图书馆的社会意义就在于,它的存在使社会中的每一个成员都具备了自由获取知识或信息的权利,它代表的是一种社会用以调节知识或信息分配,以实现社会知识或信息保障的制度。公共图书馆制度能够保障社会成员获取信息机会的平等,保障公民求知的自由与求知的权利,从而从知识、信息的角度维护了社会的公正②。他强调现代图书馆精神内涵包括三个方面:1.信仰信息公平的理念,尊重人的信息权利;2.对信息弱势群体的人文关怀,使图书馆服务朝弱势人群倾斜;3.对图书馆职业的尊敬。③ 蒋永福认为图书馆是为知识整序、知识共享和知识自由而产生、存在、发展的,"维护和保障知识秩序、知识共享和知识自由,是古今中外各类型图书馆的共同的基本精神"④。

(6)认为图书馆精神尤需人文精神的关照,持此观点的是李明杰、程小澜。他们认为:"社会剧烈的震荡曾造成人文精神的失落,而祥和盛世则呼唤其回归。在图书馆学研究中,尤需自觉地培植人文精神。"⑤程小澜提出图书馆精神的核心是以人为本,满足人的需要,实现人的价值,追求人的发展,体现人文关怀,创造美与和谐⑥。

(7)认为图书馆精神研究必须理论与实践紧密相结合。持此观点的有邱五芳先生。他认为,技术是制约图书馆形态演变的直接原因,因为信息技术影响着图书馆功能的演变,信息技术促使图书馆功能全面拓展和提升,更重要的是,技术的进步必然地伴随着思想观念的转变,因此,"图书馆学研究既要跳出现象描述、技术介绍的套路,还要超越技术、人文的学术分野,融合两者为一体"。并提出在全国"开展一场以推行网络环境下图书馆行业服务标准化为核心的图书馆新服务运动"。只有这样,才能既适应和指导正在发生脱胎换骨变化的图书

---

① 李超平.图书馆学研究中的中庸适度原则[J].图书馆杂志,2001(6):39-41.

② 范并思.公共图书馆精神的时代辩护[J].中国图书馆学报,2004(2):7-13.

③ 范并思.图书馆精神的历史缺失[J].新世纪图书馆,2004(6):3-8.

④ 蒋永福.知识秩序·知识共享·知识自由——关于图书馆精神的制度维度思考[J].中国图书馆学报,2004(4):12-15.

⑤ 李明杰,肖秋惠.图书馆学的理性回归之路——关于 21 世纪图书馆学发展的思考[J].中国图书馆学报,2001(6):14-17.

⑥ 程小澜.澎湃新知浙江潮 琅嬛清秘文澜阁——浙江图书馆精神百年回顾与展望[J].图书馆,2004(6):9-11.

馆实践,同时完善和发展学科理论体系。①

(8)从文化层面上分析,毛志宏认为,文化是历史的积淀,精神是文化的提纯,而"科学精神、理性精神、奉献精神、进取精神是构成图书馆价值体系的四个组成部分,是图书馆生存与发展的内在动力"②。

(9)从图书馆是公益性事业的观点出发,认为为所有人服务是图书馆的基本精神,而保护读者的阅读权益是图书馆基本精神的核心。持此观点的是图书馆学家黄俊贵。他说:"阅读权益是指每个人依法享有的阅读权力与利益。它以阅读的自尊、自主、自由为主要内容,以体现读者的个性为特性,突出反映着'天赋人权''天赋价值'的人本主义精神。"③

(10)图书馆精神是图书馆学科精神,持此观点的有范并思、韩继章等。范并思先生认为:"图书馆学科精神则是科学与人文兼有的,即图书馆学科精神的双重性。"韩继章提出技术的发展对图书馆理论与实践具有催进作用时说:"学科精神中科学与人文是有主次之分的:科学性是主体的,非功利的;人文性是附属的,因为科学研究的主体是人,由于人的情感弱点常伴随于科学研究之中,因而产生了带有功利色彩的人文性。"④

(11)图书馆精神主要是图书馆的事业精神和职业精神。程焕文认为图书馆精神包含三个层面——图书馆的事业精神、职业精神和图书馆的科学精神,其核心主要是指图书馆的事业精神和职业精神。他进一步指出,图书馆事业精神有三个基本的内容:第一,人人享有平等利用图书馆的权利;第二,人人享有自由利用图书馆的权利;第三,免费服务是平等利用和自由利用图书馆的基本保障。图书馆职业精神就是"爱",即:爱国、爱馆、爱书、爱人⑤。

(12)从图书馆活动过程上看,图书馆精神具有共性和个性两个方面。杨文祥、付鹏认为图书馆开展活动,不仅需要图书馆对自身价值追求的内在驱动力的推动,而且需要相应的社会条件和历史条件的支持;并指出图书馆的根本精神在图书馆的社会实践上总是要通过不同历史阶段的精神加以具体体现的。⑥

---

① 邱五芳.超越习惯学术分野——对图书馆学技术、人文研究的另类思考[J].图书馆,2003(2):6-9,14.

② 毛志宏.图书馆精神与优化社会环境[J].晋图学刊,1998(4):27-29.

③ 黄俊贵.关于读者阅读权益问题的思考[J].图书馆,2003(2):1-5.

④ 范并思,邱五芳,韩继章.新世纪新视点三人谈之追寻20世纪的图书馆精神[J].图书馆,2002(3):1-8.

⑤ 程焕文,周旭毓.图书馆精神——体系结构与基本内容[J].图书馆,2005(2):3-9.

⑥ 杨文祥,付鹏.图书馆精神研究综论与若干基本问题的思考——"图书馆精神跨学科历史思考"系列论文之一[J].图书馆,2005(3):31-37.

(四)图书馆精神相关概念

吴稌年先生认为:"图书馆精神与图书馆人文精神是两个相互联系的不同概念。图书馆精神包括了图书馆的科学精神和图书馆的人文精神。"①虽然图书馆精神与图书馆人文精神、图书馆科学精神和图书馆职业精神等属于不同概念,但其之间的关系是一种包含关系,即图书馆精神包括图书馆人文精神、图书馆科学精神和图书馆职业精神等。

图书馆人文精神。肖希明先生认为:"人文精神则是在图书馆工作实践与理论研究中体现以人为本的思想,以满足人的需求,实现人的价值,追求人的发展,体现人文关怀,创造美与和谐作为图书馆活动的服务宗旨。"②蒋永福、王丽云则认为,图书馆人文精神内涵分三层:一是理念层内涵,包含公益性质理念、服务功能理念、读者目标理念;二是行为层内涵,包含开放原则、自由平等原则、助人原则;三是视觉层内涵,包含建筑——便利与意蕴,设施——秩序与整洁,色彩——典雅与柔和,人气——微笑与礼节。③

图书馆科学精神。肖希明先生认为:"对图书馆来说,科学精神就是崇尚科学,尊重科学,积极研究并利用各种先进的技术设备与手段来提高图书馆的工作效率。"④许春漫女士则认为:在图书馆管理和建设中体现的科学精神,包括了三层意识。第一层意识与前面肖先生的观点基本相同,后面增加了"引进技术人员,对馆员进行培训、继续教育、提高业务素质"等内容;二是按图书馆业务工作的规律进行科学管理;三是不断发挥开拓进取、勇于创新、探索求知等精神。⑤

图书馆职业精神。肖希明先生认为:"图书馆的职业精神,就是图书馆从业人员在对图书馆整体利益认识的基础上逐步形成的对图书馆职业所承担的社会义务的文化自觉,是图书馆从业人员的职业观、价值观。"并指出,图书馆职业精神在表达内容上,体现着图书馆职业的使命,以及对图书馆职业责任、职业行为的精神要求;图书馆职业精神在表达形式上,体现了图书馆职业化活动特点;图书馆职业精神在调节范围上,一是体现了图书馆职业内部的关系,二是调整

---

① 吴稌年.图书馆精神不等于图书馆人文精神[J].图书情报工作,2002(9):119-120.

② 肖希明.图书馆呼唤科学精神与人文精神的融合[J].图书馆,2000(1):14-15.

③ 蒋永福,王丽云.论图书馆人文精神的内涵[J].图书馆杂志,2003(1):7-10.

④ 肖希明.图书馆呼唤科学精神与人文精神的融合[J].图书馆,2000(1):14-15.

⑤ 许春漫.倡导科学精神与人文精神 加强图书馆自身建设[J].福建财会管理干部学院学报,2001(4):43-44.

了图书馆从业人员与其所接触的对象的关系。① 张月华把图书馆职业精神归结为图书馆人的敬业奉献,认为敬业奉献是图书馆人职业道德的体现,具体体现在四方面:一是职业观念,一是职业作风,一是职业感情,一是职业品质②。

二、图书馆精神含义、内容

(一)图书馆精神的含义

杨文祥、付鹏认为图书馆精神"就是在对图书馆价值不懈追求的过程中所体现的不断进取的精神状态和价值取向"③。赵其庄从心理学的思维视野出发,提出"图书馆精神就是图书馆群体在长期的工作和学习实践中积淀起来的、共同的心理和行为中体现出来的群体心理定式和心理特征"④。周善儒认为图书馆精神"是在图书馆队伍中建立起来的稳定的、独特的、崇高的、对图书馆发展起推动作用的群体意识和心理特征,它是图书馆全体成员自觉养成的特殊的意志和信念"⑤。图书馆精神是图书馆馆员在图书馆活动过程中所形成和发展起来的具有积极意义的意识和价值观念⑥。可以说,图书馆精神是图书馆馆员在图书馆活动过程中所形成和发展起来的精神状态和价值取向。

(二)图书馆精神内容

正如韩继章先生所说的那样,图书馆精神大致可分为两类,"一种是表现于图书馆学研究中的学理观念,一种是贯穿于图书馆事业和图书馆工作中的行业精神"⑦。范并思认为图书馆精神包括信息公平与信息民主的精神,务实的理论精神,科学、理性的图书馆学理论精神,合作与资源共享的精神,关注技术的

---

① 肖希明.论图书馆职业精神[J].图书馆论坛,2004(6):64-66,79.

② 张月华.市场经济与图书馆精神[J].图书馆论坛,1997(6):19-22.

③ 杨文祥,付鹏.图书馆精神研究综论与若干基本问题的思考——"图书馆精神跨学科历史思考"系列论文之一[J].图书馆,2005(3):31-37.

④ 赵其庄.论心理学视野中的图书馆精神[J].山东图书馆季刊,1996(4):30-34.

⑤ 周善儒.论图书馆精神[C]//黑龙江省图书馆学会学术会议论文集.哈尔滨:黑龙江省图书馆学会,2003:4.

⑥ 黄晓斌.论杜定友先生的图书馆精神及其现实意义[J].图书馆学研究,1998(6):75-80.

⑦ 范并思,邱五芳,韩继章.新世纪新视点三人谈之追寻20世纪的图书馆精神[J].图书馆,2002(3):1-8.

精神①。程焕文也提出:图书馆精神,主要是指图书馆的事业精神和职业精神。图书馆职业精神的基本内容就是爱国、爱馆、爱书、爱人②。根据图书馆精神内容分类思路,许多图书馆界专家学者提出了自己对图书馆精神内容的不同看法。许燕中认为图书馆精神包括:①馆员的理想、宗旨;②馆员对图书馆地位、物质、形象、风气的理解和认识;③图书馆的优良传统、作风、行为规范等。③ 李正祥认为图书馆精神包括:①主人翁精神;②无私奉献精神;③开拓创新精神;④效率精神;⑤读者至上精神;⑥追求效益精神;⑦团结协作精神。④ 秦俭认为图书馆精神包括:①公有共享的开放精神;②爱国爱民的民族精神;③爱馆敬业的奉献精神;④求真务实的科学精神;⑤宽宏博大的理性精神;⑥锲而不舍的进取精神;⑦不断创新的创造精神。⑤ 贺小兰以历史为线索提出:"为民服务的民主精神、振兴中国的爱国精神、文献资源的公有公享精神。"⑥叶继元认为贯穿中国百年图书馆精神的是"图书馆敬业精神、爱书精神和利人精神,其中敬业精神起着主导作用"⑦。王缨缨认为图书馆精神包括:①崇尚服务精神;②提倡人文精神;③发扬团队精神。⑧ 林汉城提出图书馆精神包括:①敬业奉献的职业道德;②勇于探索的创新观念;③敢为人先的竞争意识;④具有凝聚力的团队精神。⑨

(三)图书馆精神的特点

刘兹恒教授基于世界图书馆界对公共图书馆的基本认识,提出图书馆精神应该体现保障社会成员获取信息知识的平等权利,保障公民求知的权利与获取知识的自由,从而从知识、信息利用的角度维护社会公正的特点⑩。于星、缪晓

---

① 范并思,邱五芳,韩继章.新世纪新视点三人谈之追寻 20 世纪的图书馆精神[J].图书馆,2002(3):1-8.

② 程焕文,周旭毓.图书馆精神——体系结构与基本内容[J].图书馆,2005(2):3-5.

③ 许燕中.论图书馆精神的建构和培育[J].四川图书馆学报,1992(5).

④ 李正祥.论图书馆精神[J].图书与情报工作,1993(4):4-6.

⑤ 秦俭.图书馆精神探微[J].四川图书馆学报,2001(1):6-10.

⑥ 贺小兰.试论百年图书馆精神[J].图书与情报,2004(6):46-49.

⑦ 叶继元.中国百年图书馆精神探寻[J].图书情报知识,2004(5):21-25.

⑧ 王缨缨.确立职业观念 引导职业行为 体现图书馆精神——学习《中国图书馆员职业道德准则》(试行)有感[J].图书馆论坛,2004(2):63-64,113.

⑨ 林汉城.培育和弘扬图书馆精神——21 世纪我国图书馆事业发展的思想基础[J].中国图书馆学报,2001(4):25-28.

⑩ 刘兹恒,李武.论公共图书馆精神在数字时代的弘扬和延伸[J].图书馆,2004(4):1-4.

阳也提出图书馆精神的特点应为：①图书馆精神体现着时代的特点；②图书馆精神具有集体意识的特点，因而具有感召和激发的功能；③图书馆精神具有连续和相对称定性特点；④图书馆精神具有行为规范的特点，并具有自我约束的功能；⑤图书馆精神具有尊重人的民主性特点。① 林汉城提出新世纪图书馆精神的特点为：①中华民族优秀传统精神与现代化精神相结合的精神，具有鲜明的新世纪时代特征；②要有图书馆的特色，能够突出体现图书馆人的思想品格和精神风貌；③能够为大多数图书馆工作者所认可的群体精神②。

三、图书馆精神的价值表现

关于图书馆精神的价值的认识主要体现在三个方面：一是图书馆精神体现在对图书馆整体职业价值体系的认识上；二是图书馆精神体现在对图书馆学价值体系的认识上；三是图书馆精神体现在对图书馆读者伦理层面价值的认识上。

(一)对图书馆整体职业价值体系的认识

吴慰慈先生认为，图书馆存在整序文献资源、传递文献信息、开发智力资源和社会教育、收集和保存人类文化遗产及满足社会成员文化欣赏娱乐消遣等五大职能③。第一次提出欣赏娱乐消遣也是图书馆精神价值的内涵，体现了图书馆价值平民化的趋势。王子舟先生认为人人都是知识的缺乏者，人人都有补充知识的欲望，图书馆学及图书馆的任务就是研究知识集合问题和完成知识集合任务，满足知识受众的知识欲望④。于良芝认为，图书馆的职业使命主要在于保存知识记录以保证知识继承，追求社会教育，进行情报传递，促进阅读，促进社会和谐、包容、平等五个方面⑤。这是对世界先进图书馆价值观的继承。杨文祥等认为，图书馆精神作为人类精神形态中的一种特定的行业精神，其精神价值取向一方面反映和体现了图书馆的本质，另一方面指导了图书馆的社会实践，他们提出图书馆本质、图书馆精神与图书馆实践之间的循环互动，可促进图

---

① 于星，缪晓阳.小议图书馆精神[J].河北科技图苑，1995(4):63-64.

② 林汉城.培育和弘扬图书馆精神——21世纪我国图书馆事业发展的思想基础[J].中国图书馆学报，2001(4):25-28.

③ 吴慰慈.图书馆学概论[M].北京:北京图书馆出版社，2005:81-91.

④ 王子舟.图书馆学基础教程[M].武汉:武汉大学出版社，2003:2-3.

⑤ 于良芝.图书馆学导论[M].北京:科学出版社，2004:189-195.

书馆精神的发展与提升①。

(二)对图书馆学价值体系的认识

图书馆精神价值体现在图书馆学是以人为主体对象的价值体系。持此观点的有蒋永福、程焕文、徐引篪、霍国庆、于星等。蒋永福先生提出:"图书馆学应该把人当作主体性存在,研究人与其客体——文献信息之间的价值互动关系。因为文献信息之间的价值关系,实际上是人与人之间的交流关系……图书馆学以文献信息与人的关系为基点,去重视人,关注人类的(文化)命运,促进人类的文化进化进程。这就是图书馆学的最高历史使命。"②程焕文先生认为:"全部图书馆的历史实质上是图书馆人本身的历史。无论是在图书馆学理论研究中,还是在图书馆实践活动中,人的问题始终是一个重要的问题,忽视了对人的研究,忽视了人的作用,尤其是忽视了曾有所创造的人们的作用,实质上也就是抹杀了图书馆学术和图书馆事业。"③徐引篪和霍国庆先生认为:"图书馆学是众多的以人为研究对象的学科之一。一方面,图书馆是人类思维的产物,是人的本质的物化形式之一,要研究图书馆,首先要研究人,研究如何为人的发展服务。"因此他们提出:"图书馆学是一门研究人的学问,它的最终和最高目标是为人的全面发展服务。"④于星等认为,图书馆精神实际上讲的是对人的管理问题,图书馆需要凝聚力、吸引力,使大家具有光荣感、使命感。因此,图书馆精神的价值在于,它一方面为图书馆良性运行提供了精神动力和思想条件;另一方面对图书馆管理的各系统、各环节起着指导作用⑤。

(三)对图书馆读者伦理层面价值的认识

近几年来,关于图书馆读者的法权和图书馆伦理价值的研究是图书馆界最热门的话题,这一研究始于对图书馆人文关怀和图书馆人本精神的道义讨论。杜定友先生在 1927 年就开宗明义地宣扬了图书馆公平自由的无区别服务,开中国图书馆学家在个人权利和个人自由领域研究图书馆之先河。⑥ 并于 1951

---

① 杨文祥,付鹏.图书馆精神研究综论与若干基本问题的思考——"图书馆精神跨学科历史思考"系列论文之一[J].图书馆,2005(3):31-37.

② 蒋永福.文献·图书馆·人——人文图书馆学研究札记[J].图书馆,1994(5):11-13.

③ 程焕文.图书馆人与图书馆精神[J].中国图书馆学报,1992(2):35-42,93.

④ 徐引篪,霍国庆.现代图书馆学理论[M].北京:北京图书馆出版社,1999:275.

⑤ 于星,缪晓阳.小议图书馆精神[J].河北科技图苑,1995(4):63-64.

⑥ 张梅,段小虎.读者权利的法哲学思考[J].图书馆杂志,2004(8):13-16.

年发表《新图书馆手册》时重新强调了"图书馆为人民服务,对于读者,不分阶级,一视同仁"的图书馆精神。吴晞先生明确将图书馆人文精神定位在"保障每一个个体利用图书馆的权利"上,并指出"只有人文关怀,才是图书馆之所以成为图书馆,图书馆之所以在社会上存在的最重要、最根本的理由"①。范并思在《建设一个信息公平与信息保障的制度——纪念中国近代图书馆百年》的结尾中写道:"不论社会信息环境如何变化,不论西方图书馆界是否继续他们的公共图书馆制度,对于处在民主化进程起步之初、民众文化素质与信息能力相对低下的中国,我们的确需要真正的公共图书馆制度——一种足以维护信息公平、保障民众信息权利的社会信息保障制度。这是中国图书馆界的百年未成之业。"②蒋永福先生认为:所谓知识自由,是指在现实条件下不受限制地进行知识的自由生产、自由接受、自由传播、自由利用和自由管理活动的状态;知识接受自由的权利,是各民主国家宪法中规定的一项基本的公民权利,这种权利就是图书馆事业应该受到重视的法理证明;图书馆是国家或政府为了保障公民的知识自由权利而提供的制度性公共产品;图书馆事业理应属于国家公共政策所调整的对象,而图书馆为保障公民的知识自由权利而存在,因此,维护和保障公民的知识自由权利,应成为图书馆活动始终予以贯穿的基本精神。③ 程焕文先生则从社会和个人繁荣与发展的角度提出,人人自由平等地利用信息资源是人类基本价值的体现,图书馆尤其是公共图书馆就是体现和保障这一原则的社会机制④。沙勇忠从图书馆职业伦理角度探讨了尊重和保护阅读自由及阅读权利的重要意义,他认为伦理守则是一种职业符合道德的、运用专门化知识和实践职业技巧的承诺,体现了某一职业所积累的智慧。为防止各种不正常因素对读者权利和信息自由的侵害,提出了公存公取、客观公正、尊重隐私权与知识产权、精益服务和人文关怀等尊重和保护阅读自由及阅读权利的五项原则,促进了人的全面发展和整个民族的科学文化素质的提高。⑤

① 吴晞.图书馆与人文关怀[J].图书馆,1999(1):46-47.
② 范并思.建设一个信息公平与信息保障的制度——纪念中国近代图书馆百年[J].图书馆,2004(2):1-3,15.
③ 蒋永福.知识秩序·知识共享·知识自由——关于图书馆精神的制度维度思考[J].中国图书馆学报,2004(4):12-15.
④ 程焕文,潘燕桃.信息资源共享[M].北京:高等教育出版社,2004:28-32.
⑤ 沙勇忠.图书馆职业伦理研究[J].中国图书馆学报,2004(4):22-25,30.

四、图书馆精神结构

程焕文从图书馆内在体系结构上对图书馆精神进行划分,其包括三个层面:第一个层面是图书馆的事业精神,也被称为原则精神;第二个层面是图书馆的职业精神,也被称为理想精神;第三个层面是图书馆的科学精神,又叫学术精神①。赵其庄从哲学角度把图书馆精神划分为两个层次:一是图书馆的一般精神,即各级各类图书馆带有的普遍性的、重复出现的和相对稳定的精神心理状态;二是一所图书馆区别于其他图书馆的独特个性,这是一所图书馆最具特色、最明显、最富有典型意义的精神特征②。刘兹恒等从图书馆管理角度上提出,数字图书馆精神的实质不仅强调从技术和资源的角度理解,同时还要发挥公共图书馆信息公平机制的保障作用的服务特征,因此必须构建起向所有的人提供平等的服务体系的公共图书馆精神。公共图书馆构建服务体系需要基于两个层面进行:一要提供丰富的信息资源供用户选择和使用;二要保证用户获取信息资源的简易性。在构建数字时代公共图书馆服务体系、弘扬公共图书馆精神的过程中,尤其需要解决好以下几个问题:(1)信息资源服务的公益性以及信息公开原则问题;(2)弱势群体的信息保障问题;(3)数字化服务与传统服务的结合问题。③

五、图书馆精神的缺失

范并思认为界定图书馆精神的目的是批评图书馆精神的历史缺失,是呼唤图书馆人对图书馆事业的人文理想的认同④。而图书馆界对图书馆精神缺失的认识具体体现在图书馆事业理念的缺失、图书馆价值的缺失、图书馆制度文化方面的缺失和"数字鸿沟"造成的图书馆精神的缺失等方面。

(一)图书馆事业理念的缺失

程焕文认为:"我国图书馆事业之所以长期处在'整体非理性'的状态,究其原因乃是我们一直生活在一种无边无际,乃至'无法无天'的无序图书馆事业空间。理性的图书馆事业空间应该是以图书馆职业道德为底线,以图书馆法律为

---

① 程焕文,周旭毓.图书馆精神——体系结构与基本内容[J].图书馆,2005(2):3-5.

② 赵其庄.论心理学视野中的图书馆精神[J].山东图书馆季刊,1996(4):30-34.

③ 刘兹恒,李武.论公共图书馆精神在数字时代的弘扬和延伸[J].图书馆,2004(4):1-4.

④ 范并思.图书馆精神的历史缺失[J].新世纪图书馆,2004(6):3-8.

上线的一种'规范场'。这种'规范场'既是图书馆本质特性的体现,也是图书馆的基本精神,但是我国图书馆事业缺少的恰恰是这种'规范场'和基本精神。"①韩继章认为:图书馆精神的缺失体现在事业发展上时,为图书馆界出现追求规模、轻视效益的倾向,藏书利用率低的问题没有得到改善;表现在图书馆学研究上时,则为将事业的价值观等同于学术的价值观,将科学价值观换为功利价值观。②

(二)图书馆价值的缺失

关于图书馆价值的缺失,南山图书馆等认为:是由于"长期背负'社会等级枷锁'、'权力枷锁'和'收费枷锁'等三种枷锁,使图书馆的服务偏离公正和平等的轨道,违背了国际图书馆界关于图书馆免费服务、平等服务的共识和关心弱者、贴近平民的人文关怀主旨"③。范并思指出图书馆精神必须包括更加丰富的内涵,忽视现代图书馆精神的真实内涵,只能导致图书馆精神的缺失。④ 王凌云认为图书馆精神缺失的原因在于,一方面忽略了人的精神和图书馆的服务性,另一方面一些馆员不安心在图书馆工作,造成了图书馆人的不思进取、墨守成规,导致了图书馆人才的流失⑤。

(三)图书馆制度文化方面的缺失

刘洪波指出了十多项"图书馆违背其现代精神内涵的现象",其中包括:"开放时间短,且开放时间与读者工作时间一致""限制读者身份""限制读者借阅方式""馆舍远离人口密集区""守株待兔,坐拥书城""残疾人服务异常欠缺""儿童阅读被忽视""农村基本无图书馆服务""图书馆法规不全""有的地区、城市无公共图书馆"等。⑥

---

① 程焕文.图书馆职业道德——21世纪中国的基本图书馆精神[J].图书情报工作,2004(12):5.

② 范并思,邱五芳,韩继章.新世纪新视点三人谈之追寻20世纪的图书馆精神[J].图书馆,2002(3):1-8.

③ 南山图书馆,湖南大学信息研究所,本刊编辑部.以人为本 弘扬公共图书馆精神——本刊与南山图书馆、湖南大学信息研究所共倡"21世纪新图书馆运动"[J].图书馆,2005(1):1-1.

④ 范并思.图书馆精神的历史缺失[J].新世纪图书馆,2004(6):3-8.

⑤ 王凌云.重塑图书馆精神——关于"智慧与服务"的思考[J].晋图学刊,2003(6):12-13,55.

⑥ 范并思.图书馆精神的历史缺失[J].新世纪图书馆,2004(6):3-8.

(四)"数字鸿沟"造成的图书馆精神的缺失

刘兹恒等认为,"数字鸿沟"即信息技术的发展并未真正消除人们在获取知识和利用信息方面的不平等,反而加剧了这种不平等差距的扩大。"数字鸿沟"带来了新的信息获取和信息利用的不公平。形成数字鸿沟主要有三个方面的原因:第一是经济和技术的原因;第二是不同国家和地区存在不同的信息公平政策;第三是个人信息素质方面的原因。[①]

第二节　图书馆精神培育

在信息技术冲击下,诸多的技术发展问题给图书馆事业带来了弊端,正如前面所述,图书馆精神的缺失已阻碍了图书馆事业的健康发展。出于继承、弘扬、培育图书馆精神,倡导图书馆人文关怀之目的,2005年初,由《图书馆》编辑部等三家单位共同倡导的"21世纪新图书馆运动",号召图书馆界的同人认真地回顾总结、分析思考、发掘培育图书馆精神,矫正图书馆相关工作和服务理念,以求建立一个信息共享、信息自由和信息公平的图书馆信息利用保障体系,便于指导现代乃至将来图书馆事业的价值取向。

一、再议图书馆精神

(一)关于图书馆精神的含义

精神是与"实存"的物质相对应的哲学范畴,是"综合一切意识所思维的东西和实存着的现实的东西的那种各种观念性的精神总体"[②]。人不仅仅是物质的,更是精神的,而精神是一种力量,是人类所特有的一种力量。这种既是具体的、个别的,又是普遍的、公共的精神力量所反映出的人的内心世界现象,诸如思维、意志、情感、心理活动及各种观念性的意识和行为,是人类精神的核心内容。而思想道德素质、价值观念、价值取向、思维方式和行为方式等是人类精神的具体体现。如果把精神与社会具体行业和学科相结合,那么在该领域、该行业、该学科的具体活动过程中,行业精神和学科精神便是指导和规范该领域人

---

① 刘兹恒,李武.论公共图书馆精神在数字时代的弘扬和延伸[J].图书馆,2004(4):1-4.

② 夏基松.现代西方哲学辞典[M].合肥:安徽人民出版社,1987:537.

们的意识、行为的约束和保障，也是对该领域、该行业、该学科人们的思想道德素质、价值观念、价值取向、思维方式和行为方式的约束和保障，图书馆也不例外。

关于图书馆精神，虽然目前图书馆界还没有形成统一的定义，但我认为以下对图书馆精神的认识是有一定的代表性的。杨文祥、付鹏认为："图书馆精神就是在对图书馆价值不懈追求的过程中所体现的不断进取的精神状态和价值取向。"① 赵其庄提出："图书馆精神就是图书馆群体在长期的工作和学习实践中积淀起来的、共同的心理和行为中体现出来的群体心理定式和心理特征。"② 周善儒表示，"图书馆精神是在图书馆队伍中建立起来的稳定的、独特的、崇高的，对图书馆发展起推动作用的群体意识和心理特征，它是图书馆全体成员自觉养成的特殊的意志和信念"③。黄晓斌认为，"图书馆精神是图书馆馆员在图书馆活动过程中所形成和发展起来的具有积极意义的意识和价值观念"④。以上对图书馆精神的认识，虽然语言表述有所不同，但体现的图书馆精神的内涵基本相同，即图书馆精神一是体现了图书馆群体共同的心理特征和行为特征，二是体现了图书馆人在活动过程中所形成和发展起来的共同的精神状态和价值取向。包括图书馆行业精神和图书馆学科精神两方面。正如韩继章先生所说，图书馆学科精神和行业精神是图书馆精神的双翼，"学科精神强调'学'与'术'的关系，强调理性与实践的关系，而图书馆行业精神则较为广泛，可概括为5个方面：'强烈的民族自尊、自信与自强精神；强烈的自爱、自豪与牺牲精神；大胆的吸收、探索、改革与创新精神；读者至上精神；嗜书如命精神。'"⑤

(二)图书馆精神现状及未来建设

长期以来，图书馆存在"违背现代精神内涵现象"⑥的因素，这些"违背现代精神内涵现象"的因素的存在，程焕文先生认为是由于我国图书馆事业中出现

---

① 杨文祥,付鹏.图书馆精神研究综论与若干基本问题的思考——"图书馆精神跨学科历史思考"系列论文之一[J].图书馆,2005(3):31-37.

② 赵其庄.论心理学视野中的图书馆精神[J].山东图书馆季刊,1996(4):30-34.

③ 周善儒.论图书馆精神[C]//黑龙江省图书馆学会学术会议论文集.哈尔滨:黑龙江省图书馆学会,2003:4.

④ 黄晓斌.论杜定友先生的图书馆精神及其现实意义[J].图书馆学研究,1998(6):75-80.

⑤ 范并思,邱五芳,韩继章.新世纪新视点三人谈之追寻20世纪的图书馆精神[J].图书馆,2002(3):1-8.

⑥ 刘洪波.现代图书馆的精神内涵[J].图书馆建设,1992(4):7-10.

了图书馆精神的缺失，"我国图书馆事业之所以长期处在'整体非理性'的状态，究其原因乃是我们一直生活在一种无边无际，乃至'无法无天'的无序图书馆事业空间。理性的图书馆事业空间应该是以图书馆职业道德为底线，以图书馆法律为上线的一种'规范场'"①。在这里，程焕文先生虽然没有直接提出建立一个有序的图书馆事业的"规范场"，但从中可以看出，理性的图书馆事业空间应该在以图书馆职业道德为底线和以图书馆法律为上线的区间中，也就是说，图书馆职业道德和图书馆法律是规范图书馆事业的基础，也是图书馆精神培育的前提条件。

因此，如果要建立中国图书馆事业发展的"规范场"，首先要培育图书馆精神的"规范场"。而培育图书馆精神的"规范场"，应该在以图书馆职业道德规范和图书馆法律规范为保障的二极的整体空间之中，通过两手抓，使我国图书馆事业回归到"整体理性"的状态。

二、道德规范与图书馆精神

无论是从道家"物之自性即德"的观点出发，还是从儒家推崇以"仁、智、勇为三达德"的观念去认识，道德都在强调自然界万物平等的观念，要求人与自然在本质上达成统一，人的行为应当效法"道"，顺应自然，遵循规律，达到人的智能、人格、心理等方面的完善和规范。因此，道德是"人们对客观世界认识的产物，是人们在社会生活中调节人与人、人与社会、人与自然关系的规范与准则"②。

而道德规范与准则作为一个社会的道德观念、道德意识、道德评价和道德关系的有机整体，它要作用于社会生活的各个方面和整个过程。所有道德规范与其社会环境、政治环境和道德因素都是相辅相成的。作为社会总体道德规范的细化，图书馆职业道德规范确认了图书馆这一职业本身的价值并明确说明了图书馆馆员的道德责任，图书馆职业道德规范为指导图书馆馆员完成其工作的道德判断提供了一个框架和行动准则。因此，任何一种社会细化的职业道德规范的建设过程都是"一定的社会力量把社会所认可的道德价值、道德规范、道德理想通过教育、说服、舆论等手段和形式使个体认同、接受并借以规范自己精神

---

① 程焕文.图书馆职业道德——21 世纪中国的基本图书馆精神[J].图书情报工作，2004(12):5.

② 张世欣.道德教育的四大境界:中国古代德育学派的比较研究[M].杭州:浙江教育出版社，2003:36-43.

和行为的过程"①。所以图书馆职业道德规范建设一方面要约束图书馆群体之间、人与人之间的过分行为,减少掠夺性行为和违背良心的行为;另一方面要培育图书馆群体之间、人与人之间的关心和和谐,使个人的善意转化为符合道德的高尚行为。也就是说,图书馆道德体系的形成,源于图书馆组织希望创造社会生活起码条件的强烈愿望,制定图书馆道德规范与准则,是为了统一图书馆人的思想道德素质、思维方式、职业行为方式和价值观念。

所以,经过对图书馆职业道德因素的认同、接受和规范,图书馆人应把社会道德和图书馆职业道德内化为自己意识的一部分,通过具体的图书馆实践活动,形成习惯性的反应模式。因为图书馆所肩负的社会责任和恪守的价值信念是存贮、整序、检索、传递文献知识,具体体现在图书馆工作实践坚持"读者第一,服务至上"的宗旨上;体现在"爱国、爱馆、爱书、爱人"的优秀传统民族精神上;体现在尊重人的价值与尊严,培养图书馆馆员的责任心和敬业精神上;体现在珍视人利用信息资源的自由和平等上。而图书馆所体现的社会责任和恪守的价值观念,正是图书馆人要遵循的道德价值,是图书馆职业道德精神的核心内容。2002 年颁布的《中国图书馆员职业道德准则》,将独立的图书馆馆员职业道德建设标准统一于整个国家从业人员应共同遵循的规范之内,凝聚了图书馆人的职业精神,引导了图书馆馆员的职业行为,规范了图书馆应承担的社会责任、义务,恪守了图书馆事业的价值,满足了读者的各种需求,起到了积极的作用。

三、法制规范与图书馆精神

费孝通先生在《乡土中国》中提到"法律""道德"时强调:"法律是从外部限制人的,不守法所得到的罚是由特定的权力所加之于个人的。人可以逃避法网,逃得脱还可以自己骄傲、得意。道德是社会舆论所维持的,做了不道德的事,见不得人,那是不好,受人唾弃,是耻。"②费老的观点正如美国法律哲学家博登海默对道德和法律所认识那样,"道德是自律的,而法律是他律的"③,也就是说,法律是从外部约束人的行为,是根据人们外显化的行为来寻求其内隐性的动机,是从外在行为对人们的主观意志进行判断和认定,是对人行为规范的强制性,强调的是权利和义务的统一。法律重视对人的行为约束的外部性和强

---

① 吴元梁.论精神系统和精神文明建设[J].中国社会科学,2002(4):50-61,204.

② 费孝通.乡土中国[M].北京:三联书店,1984:52-53.

③ (美)博登海默.法理学:法律哲学与法律方法[M].北京:中国政法大学出版社,1999:373.

调权利和义务统一性的特点,而道德是从内部规范人的行为,是一种自愿的操守和意志性品性,强调的是人的义务的特性。

因此,法律一方面具有约束人们行为规范的外部性,是规范人们行为和价值取向的底线,是维护图书馆精神的最低形式,也就是在图书馆人由于利益的驱动无法从内部控制其自身的行为时才起作用的,是图书馆人价值取向和行为选择的最低标准;另一方面法律要求图书馆事业权利和义务的统一,这正是法律精神的核心内容。由于各个国家、地区、民族的人,其思想道德素质、文化知识水平、价值观念、价值取向、风俗习惯、思维方式和行为方式存在很大的区别,其价值取向、思维方式和行为方式的不同,会造成他们在处理同一事件时的思维方式和行为方式存在很大的区别,其结果也是不一样的。因此,图书馆法的制定,从图书馆外部对图书馆事业行为和价值取向进行了约束和规范,并从外部调整了图书馆事业管理、读者服务及内部活动中产生的工作关系,从法律层面规范了图书馆事业的价值取向,约束了图书馆人的思维方式和行为方式,以体现图书馆精神之诉求。如对图书馆服务的公益性、平等性、自由性、学术性、教育性、服务性和社会性等进行的认定规范问题,图书馆知识自由、知识平等的民主化的问题,文献信息资源共建共享问题,图书馆正当的业务权益问题,以及如何维护图书馆信息网络的安全运行等问题,都可以通过图书馆法来规定。它同样规定了图书馆所应恪守的社会责任和价值取向,规范了图书馆行业整体行为,保障了图书馆适应国际化发展的需求,推动开展国际合作,明确规定了违法应负的具体的法律责任。

四、图书馆精神培育

法律调整人们行为的外部关系,要求人们从外部行为上服从现行的规则和法规,而道德则诉诸人的良知,并以伦理责任感而行事,这正如徐向华在《论法律和道德的作用关系》中提出的:"法律和道德的差异性决定了各自作用有限以及互相弥补的必然性。"[①]因此,"一个健全的社会中,应当存在两种基本的社会秩序的整合方式,一是法律规范,另一是道德规范"[②]。正是法律规范和道德规范在人的价值观念、价值取向、思维方式和行为方式上存在互补性,图书馆精神培育才需要图书馆道德规范约束和图书馆法律规范保障的有效整合,以使图书馆精神培育走上正道。

---

① 徐向华.论法律和道德的作用关系[J].政治与法律,1997(5):20-23.

② 程旭,李可.道德与法律的关系及其价值定位[J].广西社会科学,2002(1):134-136.

(一)法律规范与道德规范对图书馆精神培育的关系

1.法律规范与道德规范作用不同。法律规范是由国家权力机关制定或认可的,语言逻辑结构严密,内容相对具体、明确、肯定,有很强的可操作性,在制定、修改和废除上有着严格的程序规定;而道德规范通常是具体行业约定俗成的,存在于人们的思想和观念之中,语言结构缺乏稳定性和逻辑性,其内容也较具有原则、抽象,由于它的制定、修改和废除均没有严格的程序,在实践中不易操作。

2.法律规范与道德规范手段不同。法律规范的实施依赖于国家强制力,以国家强制力保证人们遵守秩序,通过法律制裁和法律救济来维护社会的公正和正义;道德规范的实施依靠社会舆论和传统力量以及人们的自觉维护,主要表现为精神上或思想上的强制,对于违反道德准则的行为,通常通过批评教育或舆论谴责来纠正。

3.法律规范与道德规范影响层面不同。法律规范的核心内容是权利和义务,明确了什么是可以作为的,什么是不可以作为的,是一种直接的行为指引。说明图书馆法律规范是一种双向性规范,既指出图书馆人、用户的义务,又道出图书馆人、用户的基本权利。如可在法律规范中明确图书馆信息资源利用过程中的公民的权利和义务,明确公民利用图书馆设施设备的程度,以及利用图书馆资源的原则方法等。而道德规范体系中没有权利只有义务,图书馆道德规范即是一种单向性规范,道德规范虽然也具有一定的指引作用,但由于它所调整的对象主要是人们的思想和行为动机,即什么是应该做的,什么是不应该做的,是一种间接的行为指引,所建立的是一种不具有刚性标准的行为模式。

4.法律规范与道德规范保障体系不同。法律规范主要是根据人们外显化的行为来寻求其内隐性的动机,道德规范则是根据人们的动机来评价其行为,因此道德规范可以触及一个人的心灵深处,而法律规范只能根据外在行为对人们的主观意志进行认定。由于人们的思维方式、行为习惯不可能在同一水平面上,其自身的道德觉悟、道德情感、道德意志存在区别,从而其行为结果各不相同。而提高人们的道德素质,完全依靠公民自觉和自律,并且将道德诉诸"良心"、诉诸"信念"是不现实的。因此,道德规范和法律规范是调整和约束人们行为的二道不同防线。道德防线使道德主体依靠外部规范对自身行为加以约束,使行为主体摈弃不道德的行为方式,并按照社会提倡的道德规范选择正确的行为方式。法律规范防线通过外部制定相关秩序和规则,即通过建立为人所接受和拥护的规则以及培养全社会普遍的秩序意识和规则意识,促使社会整体行为的规范和文明。

（二）图书馆道德精神和图书馆法律精神的关联性

道德与法律有着密切的关系，存在许多共同之处①。第一，道德与法律同为社会行为规范，其作用都在于调控人的行为。第二，道德与法律在作用上具有一致性。精神培育的目标是人的思想、行为，而法治的本质是秩序和规则，即通过建立为广大人民所接受和拥护的规则以及培养全社会普遍的秩序意识和规则意识，促使社会整体行为的规范与文明。第三，道德与法律在内容上具有一致性。通常现行法律规范及其原则都是社会精神最起码的要求。例如，我国宪法中关于公民基本权利和义务的规定，如平等、自由、人道主义等观念和价值准则、集体主义原则、爱国主义精神等原则在社会主义法律中也都得到了体现。

尽管图书馆道德规范与法律规范的作用层次存在不同，但与图书馆精神培育人的思想意识、行为方式的目标是一致的，因此，道德规范与法律规范对良好的图书馆行为的养成起到了不可或缺的作用。图书馆法律和图书馆职业道德同属上层建筑，都是维护图书馆知识秩序、知识共享、知识自由和规范图书馆人思想和行为的重要手段，它们相互联系、相互补充。"法"治以其权威性和强制性手段规范图书馆人的行为，"德"治以其感召力和劝导力提高图书馆人的思想认识和道德觉悟。因此，图书馆职业道德是图书馆法律的基础，图书馆法律是图书馆职业道德的保障。如果只讲道德而忽略法律的作用，图书馆职业道德就会失去约束力，变成苍白无力的说教，在今后的图书馆工作过程中，同样会出现类似图书馆"无偿服务"与"有偿服务"之间的模糊，出现用户利用信息资源的权利和义务范围的不确定性，出现图书馆人在收集、管理服务过程中的责任和义务的不明确。只讲图书馆法律不讲图书馆职业道德，图书馆法律就会失去图书馆本质特性，同样不能建构图书馆事业的"规范场"和图书馆的基本精神教义。因此，图书馆精神培育需要进行图书馆法制建设，引导和规范图书馆行业的健康发展，满足广大公民对信息资源的合理需求，为构筑和谐社会做出应有贡献。

（三）图书馆道德精神与图书馆法律精神的互化性

在法学界，我们经常可以看到"道德法律化"和"法律道德化"的术语。"道德法律化"是指"法律的精神与价值渗透到人们的内心深处，升华为一种自觉奉守的道德要求过程"。而"道德法律化"是"当一种价值得到社会的一般性认可

---

① 程旭，李可.道德与法律的关系及其价值定位[J].广西社会科学，2002(1)：134-136.

时,法律将其纳入价值体系之内"①。道德与法律的互化,其实就是道德与法律之间的共性在规则层面的外显化。"法律秩序的确立为道德的普及提供了坚强的后盾,我们可以并且应该到法治中去寻找道德的生长点,同时,任何一种法律体系的建立都离不开一定的道德基础,没有道德支撑的法律就会失去其合理性、正义性,没有道德的社会氛围,法律的有效性只能由暴力而非信仰基础上的自愿来实现。"②通过道德规范和法律规范,人们知道了哪些是为人之尊严的行为底线,是不可逾越的;哪些是图书馆职业道德的基本要求,不遵守就会被人们唾弃;哪些是较高的道德要求,是需要人们倡导与弘扬的。道德规范和法律规范的融合与互动,促进了对图书馆行为主体的思维方式、行为方式的培育,促使图书馆主体道德境界的提升。

(四)路径分析

综上所述,图书馆精神培育将主要从强化图书馆道德规范、强化图书馆文化建设、重视图书馆学科教育三方面进行论述。

1.强化图书馆道德规范

赵其庄提出图书馆精神的培育应主要从"第一,以提高服务质量为突破口,切实抓好工作作风;第二,健全图书馆规章制度,优化教育服务环境;第三,强化思想道德教育,培养积极的图书馆的心理气氛;第四,寓馆风建设于服务、教育活动中;第五,馆长带头,齐抓共管,综合治理"等五个方面入手③。林明从弘扬现有我国图书馆精神出发,提出以下三个培育图书馆精神的方法:一是总结、提炼和研究我国的图书馆事业并形成系统的理论体系;二是纪念和缅怀20世纪中国图书馆事业的先驱们,全面而系统地总结他们为图书馆事业奋斗的一生,并以此感化和激励后来者;三是以"图书馆精神"为内在驱动力,强化职业意识,忠于职守、努力学习④。林汉城认为培育弘扬图书馆精神要做好五个结合:一是与图书馆精神文明建设相结合;二是与图书馆的实际工作相结合;三是与强化管理相结合;四是与搞好图书馆精神的载体相结合;五是与实现图书馆事

---

① 程旭,李可.道德与法律的关系及其价值定位[J].广西社会科学,2002(1):134-136.

② 徐向华.论法律和道德的作用关系[J].政治与法律,1997(5):20-23.

③ 赵其庄.论心理学视野中的图书馆精神[J].山东图书馆季刊,1996(4):30-34.

④ 林明.沈祖荣与图书馆精神——读《中国图书馆学教育之父——沈祖荣评传》有感[J].图书馆学研究,1998(6):81-83.

业发展目标相结合①。

2.强化图书馆文化建设

图书馆文化属于图书馆精神内核,而人文理念是属于文化的内层,正如韩继章提出的:"一种精神上的传承,其基础在于对人的价值的尊重;要提倡一种精神,还是要从根本上刷新人的观念,让人从根本上认识到自己与事业整体的关系,认识到自身的价值;对人的价值的尊重,是加强事业凝聚力的重要手段;人文关怀是培育图书馆精神的重要方面。"②王世伟认为图书馆精神文化包括图书馆的使命、发展目标、核心价值观和图书馆事业领域等。他强调通过图书馆精神文化的整合与创新,提高图书馆的凝聚力,依靠与时俱进的先进的组织文化,能够使一个图书馆获得持续的长久的发展③。

3.重视图书馆学科教育

陈誉先生认为,"近年来,图书馆界人才外流突出现象的产生,既有社会环境的影响,也与专业教育失误有关;人们对学科失去信心,正说明学科本身的不成熟性和人们对学科的认识不足。如果我们不认识从事的职业和学习、研究的专业对奉献精神提出的特殊要求,我们就不可能在事业上最后取得成功,也不应该选择这个专业和扮演图书馆学教师或图书馆馆员这个角色"④。我国100余年图书馆学的历史是不断成熟和完善的历史,需要几代人的艰苦探索和努力。因此,敬业精神的传承尤其重要。今后招收研究生,除专业知识、研究能力的考核外,还应该考察或首先考察其是否有敬业精神。只有这样,才能选出合格的人才,不断完善图书情报学科,加快图书馆事业的发展⑤。

总之,图书馆精神培育是一个长远而艰巨的任务。道德规范建设和法律规范建设作为图书馆精神培育的两种实现形式,既要各尽其责,各司其职,同时又应求同存异,携手共进,共同构筑图书馆精神,推动"21世纪新图书馆运动"的发展,使我国图书馆事业融入世界图书馆事业的先进行列。

---

① 林汉城.培育和弘扬图书馆精神——21世纪我国图书馆事业发展的思想基础[J].中国图书馆学报,2001(4):25-28.

② 范并思,邱五芳,韩继章.新世纪新视点三人谈之追寻20世纪的图书馆精神[J].图书馆,2002(3):1-8.

③ 王世伟.图书馆精神文化的整合与创新[J].图书馆,2004(5):28-30.

④ 陈誉.没有奉献就没有成功[M]//俞君立,黄葵,罗武建.中国当代图书馆界名人成功之路.武汉:武汉大学出版社,1996:34.

⑤ 叶继元.中国百年图书馆精神探寻[J].图书情报知识,2004(5):21-25.

第三节　图书馆核心价值

20 世纪 80 年代初,图书馆界受后现代主义思潮的影响,认为信息世界是多样和不稳定的,并充满偶然性,这在一定程度上造成了社会公众对图书馆负面价值的认识。特别是图书馆出现了"信息技术论"与"信息市场论"等价值认识论,使传统图书馆崇尚知识与理性、维护知识获取的自由平等权利、追求知识获取的最大化等价值观念产生了动摇。"信息技术论"是伴随计算机技术、信息处理技术和网络技术发展起来的,其直接后果是对图书馆人文精神的质疑。而"信息市场论"是随着西方社会进入信息时期,信息作为一种商品走入市场,使信息产业、信息职业迅速发展。在他们看来,"判断信息价值的标准就是市场价值",导致信息市场价值被无限扩大,进而使信息被界定为商品,由此使社会信息的公共性和公益性变得模糊,出现了社会信息意识与图书馆职业价值相左的现象。这种价值观念造成图书馆职业信念与职业行为的分化,造成对图书馆核心价值认识的模糊,影响图书馆事业健康发展。为此,美国图书馆协会(American Library Association,ALA)于 1999 年成立了一个探讨图书馆核心价值问题的特别工作组,专门进行对图书馆核心价值的研究,并在 2000 年提出了使用、协作、多样性、教育、智力自由、保存、隐私权、专业技能、公共利益、服务等 10 个关于图书馆核心价值的关键词[1]。美国的迈克尔·戈尔曼(Michael Gorman)在 2000 年《我们的永恒价值:21 世纪的图书馆馆员职业》(*Our Enduring Values:Librarianship in the 21st Century*)一文中也总结了 8 个图书馆职业的核心价值理念:①知识保存与传递职能;②对个人、集体、社会的服务;③维护知识自由;④理性地处理图书馆业务;⑤支持知识的学习;⑥保障知识和信息的公平获取;⑦尊重利用者的隐私权;⑧支持民主社会。[2] 可见,图书馆理论界和实践界试图通过对图书馆核心价值理念的认识,澄清人们思想观念上的模糊性,进而弥补市场经济给图书馆带来的精神缺失和价值分化,回归业已形成的图书馆所应恪守的社会责任与职业责任,对促进图书馆事业健康发展具有积极意义。

---

① 宋显彪.试论图书馆员职业的核心价值[J].图书馆杂志,2002(9):3-5.
② 毕红秋.信息自由:图书馆价值的核心概念[J].图书馆论坛,2005(4):12-14,87.

一、关于图书馆核心价值

(一)核心价值的含义

核心价值是现代组织管理理论中的一个研究热点,一般认为行业组织价值即为核心价值。核心价值是行业组织持久发展的原则和信念,是不受外界评判的永久性指导原则和价值观念。曾朝晖认为,组织的核心价值决定组织的生存能力和发展潜力,是管理者为统一组织成员意志而确定的价值标准,更是组织管理者为实现既定的目标而形成的管理思想。瑞典学者 Mate Urde 对核心价值进行了全面研究,认为核心价值是一个行业的品牌特征,它渗透在组织的任何层次和发展空间,影响领导阶层、战略、组织、产品发展、流通和服务等,是组织的愿景、目标、使命,具有稳定性、独特性和发展性等特征。稳定性是指行业或职业的核心价值始终保持在一个相对稳定的状态,不以社会环境的变化而变化;独特性是指行业或职业特有的价值内涵具有不可替代性;发展性是指行业或职业随着社会的发展,其价值内涵也会随着行业或职业内部的不断深化和丰富,实现行业或职业的价值创造。

(二)图书馆核心价值

既然核心价值的根本理念是社会行业组织持久发展的原则和信念,那么作为传统社会事业组织机构的图书馆,应有其不受外界影响的组织发展原则和价值观念,并以其特有的行业稳定性、独特性和发展性来统一图书馆组织成员意志,实现图书馆组织发展目标。

而现代图书馆职业价值观主要来源于文艺复兴和知识理性启蒙运动,其行业价值的稳定性是在尊重个人尊严、自由、平等,尊重科学、理性、真理,追求大众知识和文化,追求共同幸福与拥有的基础上发展起来的。以图书馆职业价值观为基础,经过现代主义和后现代主义的洗礼,形成了具有现代意义的图书馆职业制度,这种图书馆职业制度具有崇尚理性和知识、维护知识获取的平等权利、追求知识获取的最大化等独特价值特征,是"图书馆职业的根本价值取向或所追求的根本目标"[1]。而这种图书馆职业的根本价值取向和追求目标是指导图书馆信息组织、开发、传播和利用的原则,这是其他机构所不可替代的。这种

---

① 于良芝.未完成的现代性:谈信息时代的图书馆职业精神[J].图书馆杂志,2005(4):3-7,20.

"不可替代性"的组织原则与理念,具体体现在以下几个方面:一是形成特有的图书馆制度,通过构建具有现代性的图书馆职业制度,规范并指导图书馆信息利用者和信息组织者的行为准则;二是在图书馆制度中,充分肯定图书馆利用者的现实价值,尊重其自身的发展性;三是主张平等、自由和合理地满足图书馆利用者的知识需求;四是尊重社会公众利用与获取图书馆知识的权利;五是体现以人为本思想,排斥商业文化和市场信念,致力于扩大核心服务的免费范围,注重服务,视读者的便利高于管理的方便。也就是说,图书馆核心价值在于通过促进图书馆信息的活化与转化,为全社会带来巨大的社会效益和经济效益[①]。因此,图书馆核心价值一方面体现了图书馆事业的社会性和职业性,正如范并思提出的"图书馆核心价值实质上是对外进行图书馆职业理念的宣言和对内进行图书馆职业道德的规范"[②],另一方面体现了制定图书馆职业制度应从以"人"为中心的价值观向以"信息"为中心的价值观转变。所以广义的图书馆核心价值就是在对图书馆价值不懈追求的过程中所体现的不断进取的精神状态和价值取向,实质上是对图书馆社会价值、职业价值和图书馆职业制度的定位。

二、图书馆社会核心价值

图书馆社会核心价值是人类社会赋予图书馆组织的一种职业精神和职业责任,是指导图书馆职业行为规范的基础,图书馆只有恪守社会责任,才能真正实现图书馆的核心价值和职业目标。

从图书馆发展历史上看,早期古罗马的公共图书馆就已向城市自由民众开放,16世纪上半叶马丁·路德等人倡导的"德意志城镇图书馆是为一般市民服务的"的思想,体现了图书馆所恪守的社会责任具有开放性和共享性。特别是自1731年富兰克林在费城发动印刷工人创办了会员制图书馆开始,这种由产业工人自发地组织起来的读书社团,标志着具有现代性的图书馆的萌芽。其最大特点是以个人入股形式,对所需要的书籍执行共同购买、共同拥有、共同利用的原则,保证广大会员有机会读到更多的书。从而使民办的会员制图书馆从一开始就体现了公共、公开和共享的社会价值,也成为当时会员制图书馆的核心思想。

---

① 刘月秀.图书馆的价值体系及其价值服务战略思考[J].图书馆学研究,2005(8):16-18.

② 范并思.图书馆的核心价值体系[EB/OL].[2007-01-09].http://www.lsc.org.cn/CN/News/2006-12/EnableSite_ReadNews1117611211165680000.html.

英国的《1850年公共图书馆法》(*The Public Library Act of* 1850)的通过,标志着现代图书馆制度的确立,使图书馆公共、公开和共享的社会价值得到了进一步体现。该法案最大特点是:①向所有居民开放是开办图书馆的首要原则;②提出图书馆由政府出资兴办的原则,确立了图书馆是社会公益性的服务机构;③设立和经营图书馆必须有法律依据。从此,图书馆服务的开放性和公益性的服务理念和原则在法律上得到了确认和支持,并赋予了图书馆职业新的价值内涵。而图书馆作为社会公益性机构,说明图书馆是由政府、社会和团体共同出资,由图书馆专业人员根据全社会所有人的信息需要形成的特定的信息资源体系,其特征就是信息传递的无偿性,从而维护社会公众基本的信息利益。

由以上可以看出,图书馆社会核心价值具有公共性、公开性、共享性、和谐性和公益性等五个因素的服务理念和原则,并在内涵上赋予了图书馆所恪守的社会价值和责任以新的内容。

(一)公共性原则

公共性原则是图书馆社会核心价值的基础性原则。为构建和谐信息社会,并根据图书馆核心价值的发展性要求,建立和发展图书馆信息资源公共性的关键在于,要正确处理浅层次的公民需求与深层次的公共利益之间的关系。所谓公共利益是指:"具有社会分享性的,为人们生存、享受和发展所需的资源和条件。"①即图书馆不仅为公众服务,还为公共利益、公共价值服务。这使图书馆组织成为社会公众的服务"桥梁",而且要成为社会公共利益的"桥梁",促使社会公众对图书馆服务的忠诚和信赖。

(二)公开性原则

公开性原则指图书馆信息资源无条件地向社会公众实行无差别开放,为社会公众提供终身学习、独立决策和文化发展的基本必要的信息环境,使图书馆的信息资源达到其应有的社会价值和内在知识价值。

(三)共享性原则

共享性原则强调图书馆信息资源要通过有效的组织原则和信息技术手段,使各图书馆的信息资源形成更大的信息网络,便于社会公众不受地域环境的影

---

① 陈庆云,鄞益奋,曾军荣,等.论公共管理中的公共利益[J].中国行政管理,2005(7):17-20.

响,不受社会公众身份地位的影响,充分地利用图书馆信息资源,使社会公众共同享用图书馆的知识。

(四)和谐性原则

图书馆和谐性原则强调图书馆信息资源分布、获取、利用和提供服务时应树立和谐信息社会的理想信念与道德规范,坚持和实行互助、合作、团结、稳定、有序的社会准则,突显信息资源利用的平等观,关心和爱护利用图书馆信息的弱势群体,消除由信息技术应用带来的"数字鸿沟",实现信息利用的和谐性。

(五)公益性原则

图书馆公益性原则是有别于其他行业的、具有独特性的社会价值功能。图书馆信息公益性体现了图书馆信息资源服务的无偿性,体现了图书馆存在的实际社会价值。

三、图书馆职业核心价值

于良芝提出:"一个社会如果在信息政策和公共讨论中,不再听到图书馆职业精神所代表的、维护公众利益的声音,这个社会的和谐发展将是不可想象的。"[1]也就是说,图书馆只有彰显图书馆职业精神和职业价值才能使图书馆社会价值得到继承和发展。蒋永福认为:"所谓图书馆职业的核心价值,是指在众多的图书馆职业价值中,最能代表职业特征并对整个职业的发展起决定作用的那些或那种价值。"[2]而最能代表图书馆职业特征的是追求图书馆信息效益最大化、实现图书馆知识自由和制定具有现代性的图书馆职业制度。

(一)追求图书馆信息资源效益最大化

追求信息资源效益最大化是图书馆职业与生俱来的职业精神和价值特征,是图书馆职业得以稳定发展的动力基础。杜威将这一图书馆职业价值原则和理念表述为"将最好的图书,用最小的成本,提供给尽可能多的读者";爱德华兹将其表述为无限制地(无须推荐信或入门证)向所有人开放;卡特将其表述为

---

① 于良芝.未完成的现代性:谈信息时代的图书馆职业精神[J].图书馆杂志,2005(4):3-7,20.

② 蒋永福.维护知识自由:图书馆职业的核心价值[J].图书馆,2003(6):1-4.

"读者的方便优先于编目员的方便"①。几乎所有的图书馆职业先驱都强调,为了保证对知识资源的最大利用,图书馆馆员应该给予读者其所需的任何帮助。20世纪以后,知识的最大利用原则得到更广泛的认同,并发展为"每本书有其读者"的职业法则。到21世纪初,由于信息资源的网络化和数字化,图书馆信息资源共建、共享的思想得到落实,图书馆信息的社会效益得到发展,这使图书馆的信息价值得到进一步体现。

(二)实现图书馆知识自由

自由是人类的本性追求,知识自由是人类的自由理想与诉求在社会知识活动领域中的具体表现。图书馆的使命在于培养社会公众的阅读习惯、支持各类教育、提供和创造机会、加强文化保存与传播、保障公众能获取各种知识、提供知识服务和促进信息技术的发展。蒋永福是国内第一个提出"知识自由是图书馆职业核心价值"观点的人,他认为:以知识自由为图书馆职业的逻辑起点核心价值最具综合性与统摄性,并能演绎出其他图书馆各核心价值体系②。这说明知识自由是图书馆事业能够得到社会和法律支持的基础,是图书馆职业制度存在的前提。图书馆知识自由的职业制度体现在《图书馆权利法案》上,核心是"图书馆在履行信息提供和教育责任时,应敢于挑战审查制度"、"图书馆应与所有倡导自由表达和自由获取思想的个人和团体合作"和"不受年龄、种族、性别、宗教信仰、国籍、语言或社会地位的限制"等方面;体现在国际图书馆协会联合会(IFLA)通过的《关于图书馆与知识自由声明》上,明确图书馆和信息同行要坚持发展和保护以知识自由为核心责任的基本的民主价值和普遍的公民权利;体现在《公共图书馆宣言》上,即自由繁荣以及社会与个人的发展是人类根本价值的体现,富有成效的参与和民主的发展有赖于良好的教育和对知识、思想、文化及信息的自由和不受限制的获取。此外,还体现在日本的《图书馆自由宣言》上,它同样非常明确地提出了图书馆维护公众知识自由的价值取向。因此,图书馆职业坚持实践以知识自由为核心的价值观将引导图书馆事业的发展。

(三)制定具有现代性的图书馆职业制度

事实上,图书馆追求信息资源效益最大化和图书馆信息知识的自由平等,

---

① 于良芝.未完成的现代性:谈信息时代的图书馆职业精神[J].图书馆杂志,2005(4):3-7,20.

② 蒋永福.维护知识自由:图书馆职业的核心价值[J].图书馆,2003(6):1-4.

都离不开图书馆制度的保障。而图书馆制度的确立,具体表现为图书馆信息用户对图书馆信息利用的依赖性,即社会公众对图书馆信息资源的一种依赖。这种依赖实质上是对当时图书馆制度的一种依赖关系,社会公众往往在图书馆制度前失去了自我意识、自我判断和自我价值,体现为其个体人格上的无独立性和无自主活动性。因此,图书馆制度的确立和制定,要以公众对图书馆信息的依赖关系为特征,并从社会公众利用图书馆信息资源的习惯和其社会环境对其利用图书馆信息资源的影响角度出发。

图书馆作为国家和政府一种执行社会公共权力的社会机构,应当更大范围地鼓励社会公众利用图书馆信息资源,而不是人为地制定一些限制充分利用图书馆信息资源权利的制度。图书馆与社会公众之间的关系,是通过图书馆拥有丰富的信息资源这一特征表现出来的。社会公众在利用图书馆信息资源过程中,如果对信息和知识的利用与获取得到满足,那么社会公众对图书馆的这种特有的信息利益意识就会获得满足。在倡导自由、公平的社会里,社会公众信息利益的获得和满足必须通过依靠和利用图书馆信息资源提供的各种制度关系得到体现。也就是说,图书馆制度的制定,要充分体现社会公众利用图书馆信息资源的人本位价值观,从过去制定图书馆制度以"人的依赖关系形态"为中心的制度关系,走向以"以物的依赖性为基础的人的独立性"为中心的制度关系,体现图书馆用户利用图书馆信息资源的自由性、公正性、平等性、主动性和创新性。

就此,建立图书馆职业制度时,一是要体现建立对弱势信息群体的"信息扶贫"制度,避免社会弱势信息群体由于自身所处的信息环境、经济能力和自身缺乏,而处在同别人相比在信息能力上处于偏弱状态,使得其因利用与获取图书馆信息能力的不足而受到不公平的信息待遇。这种图书馆"信息扶贫"制度具体体现在:①运用信息工具的能力;②获取信息的能力;③处理信息的能力;④生成信息的能力;⑤创造信息的能力;⑥发挥信息效用的能力;⑦信息协作能力;⑧信息免疫能力[①]。二是要建立社会信息资源配置的平衡制度,以求逐步缩小经济、社会、信息发展程度不同地区的信息水平差异。图书馆主体信息能力的提高,为信息用户获得公平的信息待遇提供了主观能动基础。但这种主观能动的充分发挥,必须依靠良好的社会公共信息利用环境。社会公共信息利用环境,主要是指国家的信息制度,包括国家的信息政策与信息法律。国家信息政策是国家根据需要制定的有关发展信息产业、调整信息资源配置的方针、原则和办法;国家信息法律是调整或协调各类信息主体的信息行为的制度性规范

---

① 蒋永福,刘鑫.论信息公平(二)[J].图书与情报,2006(1):26-33.

或准则①。通过国家信息决策,调控、整合、平衡各地区的信息资源,形成一种有效的信息利益平衡机制,保证绝大多数社会公众的信息需要和信息利益在图书馆制度中得到全面反映,以实现绝大多数社会公众的信息公平,实现图书馆的核心价值。

---

① 蒋永福,刘鑫.论信息公平(二)[J].图书与情报,2006(1):26-33.

第二章　图书馆制度

图书馆作为一种普遍的社会建制,具有"机构"与"制度"的双重表现。正如范并思先生指出的:"公共图书馆不但是一种社会机构,而且是一种社会制度。就像现代学校的出现代表了现代教育制度的出现一样,公共图书馆的出现代表了一种社会信息保障制度的形成。"也就是说,图书馆是图书馆制度的载体,是社会制度安排的产物,是社会信息的保障制度。蒋永福指出:图书馆制度就是国家及其政府为了保障公民的知识权利而选择的一种制度安排。图书馆制度包含两层意思:一是图书馆制度安排,二是图书馆制度结构。图书馆制度安排是图书馆具体制度的表现形式;图书馆制度结构包含图书馆制度系统中所有正式的和非正式的图书馆制度的总和。

图书馆制度是正式的和非正式的图书馆制度总和,包括宏观层面的国家图书馆制度、中观层面的行业图书馆制度和微观层面的具体图书馆制度。宏观层面的国家图书馆制度是国家权力机关制定、颁布、执行的一系列法律法规和相关图书馆政策,如《中华人民共和国公共图书馆法》等;中观层面的行业图书馆制度是图书馆行业组织颁发的关于图书馆的工作条例和规章制度,如《中国图书馆员职业道德准则》《普通高等学校图书馆规程》等;微观层面的具体图书馆制度是具体图书馆围绕本馆的管理和服务宗旨而制定、设置的各项工作条款,如图书馆人事制度、图书馆服务组织制度和图书馆管理制度等。

因此,图书馆制度是伴随民主社会的存在而存在的,也将随着民主社会变迁而变迁。图书馆事业发展历程表明,具有现代性的图书馆制度是控制图书馆信息组织、开发、传播和服务的主要手段,是通过普遍有效的工具理性与图书馆制度的目的性的统一,来表达、传播、推行能被认同和接受的图书馆信息组织、开发、传播和服务体系的价值原则和要求。也正因此,图书馆制度变成信息社会中的"活制度"才是可能的,图书馆制度秩序也才能在现实文化生活中被建立起来,而图书馆制度的这种内在价值则主要是由伦理道德来提供的。可以说,确立图书馆制度的伦理道德是图书馆制度得以充满生机和活力的精神基础。

第一节　图书馆制度安排

图书馆制度是社会保障公众知识权力的制度安排,它反映着公众的公共利益和共同诉求,具有公共价值。社会主义公共图书馆制度承担着完善公共文化体系、保障公民权利、建设社会公正秩序、体现社会人文关怀等重要的伦理责任。

一、制度与公共图书馆制度

(一)制度

制度是一个涉及较为广泛的概念,在不同的领域均有不同的理解和解释。《现代汉语词典》中对制度的解释是:"要求大家共同遵守的办事规程或行动准则。"《辞海》中对制度的定义如下:(1)要求成员共同遵守的、按一定程序办事的规程,如工作制度;(2)在一定的历史条件下形成的政治、经济、文化等各方面的体系,如社会主义制度。① 可见,前者相当于institution,后者相当于system,也即狭义的制度与广义的制度。本书中的制度特指广义的制度,即社会体系。社会体系是由众多的组织形成的,也就是系统的社会机构,因此,康芒斯直接指出:"制度就是各种各样的社会组织。"②凡是机构就是制度,两者是不可分的③。

(二)图书馆制度

公共图书馆是各类型图书馆中最为重要的一种类型,也是最受社会和公众关注的图书馆。公共图书馆作为一定政治制度下的公共信息服务机构,由一定的生产关系和不同的政治意志决定着的价值取向和发展方向。中国古代的藏书楼是为少数人服务的,是为少数统治阶级统治需要而存在的。自现代意义的图书馆的出现,到现在为了满足公众知识学习和信息获取开放而存在的现代性图书馆,它由教育的重要辅助演化为公民权利的保障,是社会民主与政治发展的缩影。

---

① 辞海编委会.辞海(缩印本)[M].上海:上海辞书出版社,1980.
② 谭希培,高帆.超越现存:制度创新论[M].长沙:湖南大学出版社,2002.
③ 陈纪建.图书馆学理论研究与建构的方法论问题——就"制度图书馆学"与蒋永福先生商榷[J].图书馆,2006(2):100-104.

虽然图书馆是现代社会结构中的一种制度安排,但目前对图书馆制度安排存在不同解读:一是图书馆为构建公共领域、实施社会控制的制度安排,二是图书馆是民主社会为普及教育、保障知识获取权利的制度安排[①]。但无论如何,图书馆的出现与存在,取决于具有相对稳定功能体系的社会存在范型,这种社会存在范型决定了现代社会关系存在的框架,而这个框架决定了社会关系的相互联系或秩序。可以说,图书馆是社会关系中相互联系或秩序的一个具体的社会组织(或社会机构),为求社会系统的协调平衡,社会必将分配给图书馆一定的权利和义务。而图书馆要承担一定社会权利和义务的基础,是基于罗伯特所认识的三个信仰:①人需要不断地完善;②书籍是人类达到思想完善的主要工具;③书籍价格太高,并非平常人所能买得起。[②] 正出于此目的,在1994年联合国教科文组织通过的《公共图书馆宣言》,表达了对公共图书馆的基本认识:①公共图书馆是现代民主政治的产物,是作为终身教育的大众教育中体现民主信念的实际典范;②作为一种民享民有的民主化机构/制度,公共图书馆必须在清晰、权威的法律下建立与管理,完全或主要由公共资金所支持;③以同样条件对社区的所有成员免费开放,不分职业、信仰、阶层或种族。这一宣言体现了公共图书馆是基于民主政治而产生,同时也是为民主社会而服务的,它是社会民主的充分保障,即保障所有社会成员都能无差别地利用图书馆,以提高自身的素质。按照这种逻辑,建立图书馆,免费向人们提供图书的阅读,通过阅读使人们的思想得以完善,最终使人的素质得以不断提高,公共图书馆产生的必然性非常清楚——就是规范、引导着社会成员(或个体)通过利用图书馆文献信息资源,享受图书馆为其提供服务过程中与其他社会单元共同塑造现代社会文化,进而塑造着社会成员个体自身。公共图书馆不仅是一种社会机构,更重要的是,它是作为一种社会保障体制而存在的。这种体制要保障社会成员获取信息机构的平等,保障公民求知的权利与获取知识的自由,从而从知识、信息利用的角度维护社会的公正。它的社会意义就在于,它的存在使社会中的每一个成员都具备了自由获取知识或信息的权利,它代表的是一种社会用以调节知识或信息分配,以实现社会知识或信息保障的制度。因此,现代图书馆的制度安排具有公正性、公益性、民主性和教育性的特征。

这样的一种具有现代性、民主性和教育性特征的社会制度建制与安排实效

---

① 于良芝.精神、制度、组织——就当代中国图书馆职业的现代性构建答蒋永福先生[J].图书馆建设,2005(4):21-23.

② 刘兹恒,李武.论公共图书馆精神在数字时代的弘扬和延伸[J].图书馆,2004(4):1-4.

与效力,发生在特定时间和空间范围内,与特定时间和空间范围内人、事等因素有关。

程焕文先生指出:公共图书馆不仅是一种社会机构,还是一种社会制度。它的出现代表了一种社会信息保障制度的形成,使社会中每一个公民都获得了自由获取知识或信息的权利,从知识、信息的角度维护了社会公正①。蒋永福提出:图书馆制度就是国家及其政府为了保障公民的知识权利而选择的一种制度安排②。王株梅认为,图书馆制度可以从狭义和广义两个方面来定义:从广义看,图书馆制度是国家制定的,为满足公民的社会权利(教育权和获取知识的自由权)而建立的一种信息保障制度,以达到信息公平的目的,进而达到正义;从狭义看,图书馆制度是指图书馆等机构制定的,以一定的信息行为和信息经济关系为规范对象的各种规则、规定、章程、守则等的总和③。图书馆作为统治政治力量对社会信息资源再分配的重要机构,它的建立和价值取向无不反映着居于统治地位的社会阶级的政治意志,因此,图书馆是在一定生产关系和政治意志支配下的重要文化制度安排。自 1852 年曼彻斯特建立第一个真正意义上的公共图书馆以来,公共图书馆运动以英美等国为发端逐步向世界蔓延发展。但是,我们应看到,这一时期的公共图书馆更多是执政的资产阶级宣传资产阶级思想、安抚当时的弱势群体以维护社会秩序的文化工具,公共图书馆也成为资产阶级"自由、平等、博爱"思想的标榜场所。随着民主社会的进步和生产力的发展,受教育权和信息获知权逐渐成为公民基本权利之一,公民的平等意识日趋觉醒,西方国家意识到公共图书馆在弥补民众的知识匮乏、进行社会教育方面具有积极作用。这时,图书馆作为重要的社会制度安排,才从政治制度上给予了社会公众信息保障,才获得了社会公众的普遍认同。由上可知,公共图书馆作为社会生产关系的体现,其制度的形成带有强烈的阶级色彩和政治意志,对知识信息由垄断到开放、从服务理念到民权意识的升华,经过了长期的发展。

从一定意义上说,图书馆制度是民主社会国家和政府为满足社会公众知识需要的文化制度安排,是在长期图书馆信息活动中形成的关于主体信息行为合理的、正当的行为规范和道德价值标准。

---

① 范并思.维护公共图书馆的基础体制与核心能力——纪念曼彻斯特公共图书馆创建 150 周年[J].图书馆杂志,2002,21(11):3-8.

② 蒋永福,王株梅.论图书馆制度——制度图书馆学若干概念辨析[J].中国图书馆学报,2005(6):10-13.

③ 王株梅.图书馆制度:定位及内在机理[J].图书馆学刊,2006,28(2):3-4.

(三)图书馆制度安排实质

1.体现图书馆主体信息利用的全面发展

人类社会发展的根本目的是人的发展,人的发展是历史进步的基本标志,社会制度的制定是人类社会有序发展的基础,各种制度的选择和创新,其最终目的就是实现人的全面发展。目前,图书馆制度的人本位思想,就是要突显图书馆信息利用主体自身发展的地位,改善图书馆主体的信息活动和利用条件,为图书馆利用者的发展提供最基本的信息平等和信息自由理论体系。一方面,发展意味着图书馆主体的生存和发展条件的改善,从而使图书馆主体获得较之以前更多的信息平等与自由,这是对图书馆主体因利用、获取图书馆信息而影响其个体生存、享受和发展的具有实质性的意义;另一方面,发展意味着图书馆主体的信息选择范围的扩大和其信息自由的扩展。图书馆制度的伦理道德规范,在于有效地维护图书馆信息秩序的规范和社会公众利用图书馆信息的机会公正,只有图书馆制度是"公平正义",才能促进图书馆服务效率化、信息资源保障体系的公正性和图书馆信息组织的稳定性。实际上,现行的图书馆制度安排,在满足公众信息需求的自由、平等上,只是相对于某一阶层、某一层次上同一群体内的自由、平等,并不可能是绝对的自由、平等。所以,通过对图书馆制度的伦理化,在制定相关图书馆制度时,特别要突出对弱势信息群体利用图书馆信息资源的关怀,并在图书馆制度伦理道德层面对其加以保护,这也正如蒋永福先生所强调的:图书馆为信息弱者、信息贫者提供无差别、无歧视的平等服务,既体现了政府对待这些弱势群体的权利救济精神,也体现了政府制度安排的正义性[①]。

2.体现图书馆主体的信息公平

信息公平是图书馆的一种基本价值观念与准则。信息公平具体内容和规则是信息获取机会的公平和信息资源配置的公平,实质是体现了图书馆制度中社会公众信息获取权利的正义性。这种社会公众信息的利用、获取,信息资源配置、分配的公平性与正义性,是与一定的社会政治、经济、文化和教育制度,尤其是图书馆制度相连的,并以此为基准规定着社会公众具体的信息权利和义务,规定着图书馆信息资源与利益在社会群体之间、在社会成员之间的适当安排和合理分配。这使社会公众所应得的图书馆信息权利得到平等的维护,应得的图书馆信息义务得到平等的履行,应得的图书馆信息责任得到合理的分配。

---

① 蒋永福,黄丽霞.信息自由、信息权利与公共图书馆制度[J].图书情报知识,2005(1):20-23.

因此,图书馆信息获取和分配的公平性伦理意蕴,实质上是维护社会公众的信息自由、平等和共享。信息自由、平等和共享的伦理诉求,是推动和保障社会公众信息权利的基础。

图书馆信息公平首先要体现为接受和利用信息权利的公正。只有对图书馆主体的信息权利予以切实的保证,才能够从起码的道德底线意义上体现出对图书馆主体的信息主张,才能保障图书馆主体的信息利益,才能从最本质的意义上实现图书馆发展的基本宗旨。其次是图书馆信息获取机会平等。一是图书馆信息利用机会起点的平等,即凡是具有同样潜能的图书馆主体应当拥有同样的起点,以便争取同样的发展前景;二是图书馆主体个体所拥有的一些"差别服务"的特权服务项目应当被取消;三是国家为改进现有的信息资源分布状况应采取相应的措施,改变现有的社会公共信息利用的"不对称"现象,缩小城乡间的"数字鸿沟"现象,缩小信息利用者的信息"贫富"差距,使社会信息利用弱势群体的"信息贫困"问题得到一定程度的缓解。只有起点和过程均是公平正义的,才有可能保证信息利用的结果也是公平正义的。最后,按照能力或才能对图书馆资源进行分配。图书馆组织要承认并尊重社会公众在利用图书馆信息资源能力方面的"自然"差异,以及由此所带来的信息机会拥有方面的某些"不平等"。因此,对于由这些正常和合理的"自然"差异所造成的社会公众之间不同的信息利用能力以及所拥有的有所差别的信息机会,理应予以承认和尊重。这种根据每个接受图书馆信息者的能力或才能进行的有所差别的分配,一方面体现了信息平等的理念,另一方面更体现了自由理念,这充分尊重并承认获取信息者作为个体对社会不同的"未来"贡献。图书馆制度不仅要合乎图书馆法律程序,而且要合乎社会的伦理价值取向,把图书馆的公益性和图书馆信息公平作为其基础性目标。

(四)图书馆制度的局限性

一定的制度总是由一定的生产力状况所决定的,但是生产力并不会自动产生制度,而是在新生产力的影响下,促使人们产生新的伦理精神,制度正是人们通过行动使伦理精神在现实世界中的反映。而伦理精神是指当下实践主体对自己所处的各种社会关系所做的"应该如何"的价值判断和基本的价值取向。因此,任何制度都要以一定的价值认识、价值判断和价值取舍为前提,都要以一定的伦理精神为底蕴①。图书馆制度也不例外,仍需以伦理价值为基础。

---

① 杨清荣.制度的伦理与伦理的制度——兼论我国当前道德建设的基本途径[J].马克思主义与现实,2002(4):89-92.

然而,任何制度安排,都要考虑其实效与效力的差异是否与人、事、时空三个因素有关。制度规范人的行为,使人做或不做某事,而人做或不做某事的行为,发生在特定时间和空间范围内。分析人在特定时空中做或不做某事,又可对其加以甄别,由此发现,有些源自制度外的因由,有些是制度本身造成的。

从逻辑的意义上可以得到启示:一些事物,制度对它们之所以没有实效,是因为它受特定时间和空间限制,自身不完善,如:有一般规定,没有或缺乏具体规定;有理论上的阐释机制,没有或缺乏操作上的实施机制;有行政机制,没有或缺乏监督机制;各种规则间没有或缺乏系统性、连续性和协调性等,就是自身不完善的表现。具体表现在图书馆事业中时,则为利用图书馆信息资源的公益性、公正性、自由性、平等性等。由于图书馆制度的不完善利用,信息资源的主体常常受到损害。

可以说,图书馆制度局限性一方面来自图书馆制度自身的选择,有制度而不执行的原因,就是制度自身有规定性和选择性的矛盾。其局限性的另一方面来自图书馆制度内部。我们知道,制度的价值在于通过规范人的行为、调节人际关系给社会以秩序和稳定。稳定性是制度的主要特征,保证规则在一段较长时间内保持不变。这较长时间内不变性是社会发展所需要的。而正是稳定性这一制度本身的优点或长处,同时也是制度的缺点或短处,即表现为稳定性和变化性的矛盾。

在当代,社会将图书馆制度作为手段之一,借以保障公民的知识权利,体现民主社会的制度公正,因此,图书馆制度不仅是政府对社会资源的再分配,更是对公民生存权和发展权等基本权利的尊重和维护。因此,其最为重要的伦理价值就是充分体现社会公正。公正是"用来表达社会生活中人们的创造力及其成效与他们的社会地位及其报酬之间、权利与义务之间、行为与责任及其赏罚之间等的适当和平衡状态,并被视为符合人的本质需要和为社会认可的应当具有的状态"①。所以,制度的正义是制度的目的性价值和理想要求。

二、图书馆制度的道德维度依据

图书馆制度是图书馆信息主体基本的行为规则,最终会反映到图书馆信息利用关系和信息伦理之中。尽管图书馆信息利用关系对图书馆制度而言是根本的并具有最终决定作用,但图书馆的信息伦理对图书馆的信息组织、传播和利用等的作用更直接、更活跃,对图书馆信息秩序的维持更重要、更外显。图书

---

① 罗国杰.中国伦理学百科全书(第1卷)[M].吉林:吉林人民出版社,1993:

馆信息伦理不仅是信息组织者、利用者、社会、政府和图书馆组织等图书馆主体处理相互信息关系时应遵循的行为准则,也是对现代图书馆制度规范的合理性、正当性的价值评判。因此,图书馆制度是在长期图书馆信息活动中形成的关于主体信息行为合理的、正当的行为规范和道德价值标准。图书馆制度只有体现、反映社会公众信息活动的伦理价值取向和要求,才能获得社会的普遍认同,得到社会公众的遵从,进而变成信息活动中真正起作用的实际规则,以维护正常的图书馆信息秩序。

(一)图书馆制度的伦理道德维度历史依据

图书馆制度的产生,源于民主社会的图书馆信息组织、开发、传播和利用的习俗、习惯和道德。范并思指出:"公共图书馆是一种现代社会特有的机构,对现代社会的意义,则是建立了一种实现信息公平与信息保障的制度。"[①]也就是说"公共图书馆代表了一种制度,一种保证社会具有起码的信息公平的制度。"[②]图书馆制度,尤其是图书馆法律规范的出现,最初就是要维护图书馆信息秩序,维护作为国家及其政府为了保障公民知识权利而构建的社会共同体的最基本精神价值。这样,图书馆制度作为一种社会信息组织、开发、传播和服务的控制工具,无疑是"对人类理性所理解的道德准则的一种表达""是习惯的一种派生物"[③]。在韦伯看来,习俗、习惯和法律都在把社会个人的社会行动导向某种社会秩序的规则,而习俗和习惯本身就是道德。或者说,道德的实际有效性来源于习俗和习惯。这些习俗和习惯则是人类文明发展过程中必须遵循的行为准则。而"在大多数情况下,行动主体在遵守某种秩序时并不知道自己是在遵守习惯、惯例还是按照法律行事"[④]。可见,图书馆制度规范与道德规范在发生学的意义上其实是同源的,它们在价值指向上是一致的,甚至可以说在价值上是同一的。虽然在现代社会,图书馆制度的重要性得到了充分强调,但图书馆信息利用主体仍未改变其固有的伦理性和道德性,信息伦理仍为社会公众提供着信息利用基本的价值理念和行为准则。因此,图书馆制度仍需以伦理价值为基础。而人本位理念、公平理念、效率理念、依法治馆

① 范并思.建设一个信息公平与信息保障的制度——纪念中国近代图书馆百年[J].图书馆,2004(2):1-3,15.

② 范并思.建设一个信息公平与信息保障的制度——纪念中国近代图书馆百年[J].图书馆,2004(2):1-3,15.

③ 伯尔曼.法律与革命——西方法律传统的形成[M].北京:中国大百科全书出版社,1996:663.

④ 韦伯.法律与价值[M].上海:上海人民出版社,2001:61-62.

理念等具有现代性和后现代性的图书馆管理工作理念,都是以伦理道德价值为重要逻辑起点和归宿的。如果抛开图书馆制度的伦理道德价值基础,就难以为图书馆制度找到更具普遍意义的价值基础。

(二)图书馆制度的道德维度实践性依据

由于任何制度变革、创新活动都是在一定伦理价值基础上展开的,图书馆制度变迁活动也应该是在一定价值体系的指引下进行的活动,所以各类型、各层次的图书馆制度的变革、创新总是蕴含一定的伦理道德价值。在图书馆制度变革与创新的活动中,图书馆人是图书馆制度变革与创新的主体。一方面,图书馆制度的变革与创新无疑与图书馆利用者的信息活动密切相关。另一方面,作为图书馆制度变革、创新主体的图书馆人,具有如下特征:一是存在图书馆主体特定的信息利益。作为图书馆制度变革、创新主体的图书馆人在进行信息收集、开发、传播和服务活动时,受到图书馆主体的信息利益决定和制约。由于信息利益是客观存在的。他们参与图书馆信息活动,不仅是为了谋取一定的信息利益,也是为了保护一定的信息主体的信息利益,进而提高图书馆固有信息资源的信息效益。二是存在图书馆主体特定的目的。有目的、有计划、有意识地遵循或变革着图书馆制度的图书馆人,必然有其一定的伦理道德价值观,并会在特定价值理念的导引下建构图书馆信息实践活动,进行图书馆制度建设、创新。因此,图书馆制度的变革、创新有其伦理价值观的前提,而且,在图书馆制度的变革、创新过程中,变革者和创新者的伦理价值理念起着十分重要的作用,这也是变革者、创新者对一定的伦理道德价值体系的追求,因而伦理道德将成为这一体系中重要的部分。如何追求、分配图书馆信息利益,表面上信息利益是通过图书馆制度来规范和约束的,但实际上真正起作用的是图书馆制度背后的信息伦理价值观念。正是这种图书馆制度背后所蕴含的信息伦理道德价值观,使得社会公众有可能对图书馆制度产生自觉的认同感,同时也促使社会公众应该以伦理道德的尺度去审视图书馆制度,从而对图书馆制度的变革、创新活动进行正确的导引。

(三) 图书馆制度的道德维度合法性依据

从合法性角度来分析,所谓"图书馆制度的合法性,是以图书馆主体对图书馆制度的信任为尺度,是对图书馆制度的认同和忠诚的观念"。① 图书馆制度的合法性与社会公众的信息利益、信息需求是相关联、相统一和相一致的,只有

---

① 施强.图书馆制度伦理探微[J].中国图书馆学报,2007(1):100-104.

合乎社会公众信息利益和信息需求时,图书馆制度才能被社会公众所信仰、承认、支持和服从。因此,图书馆制度的合法性是对图书馆制度是否"正当""合理"做出的伦理评价。只有图书馆主体普遍认为图书馆制度是正当的、合理的,图书馆制度才能得到社会公众的承认、接受和执行,图书馆制度才具有合法性。唯有这样,社会公众才会"价值合理地"遵从图书馆制度,才会在图书馆制度内在价值肯定基础之上形成共鸣行为。而正当的、合理的图书馆制度的合法性根据主要应从伦理道德中寻找,因而道德在逻辑上优先于图书馆制度。这种优先性在于:第一,伦理道德体系提供图书馆制度规范体系价值合理性的根据。由于图书馆制度体系中都渗透着一种道德精神,这种伦理道德精神,只有与具有合理性的图书馆制度规范相结合,才能被社会公众所认同和遵守。第二,伦理道德为图书馆制度提供社会公众遵守图书馆制度的义务依据。只有存在服从和遵守图书馆制度的这一道德义务,才谈得上图书馆制度义务的可普遍化。第三,伦理为制定、实施图书馆制度规范提供了必要的道德前提。特别是如图书馆法律法规等正式的图书馆制度规范,本身代表着公平、正义之精神,因而图书馆制度是可靠的。第四,图书馆制度规范如果不能引起社会公众的普遍承认、接受和执行,那么,这种图书馆制度依据本身的合理性是值得质疑的,因而也就是有被进一步修正的可能。

(四)图书馆制度的道德维度效用依据

事实上,图书馆制度的产生源于人类对知识和信息的需求[①]。也就是说,只有在图书馆制度供给能满足图书馆主体的信息知识需要时,才能实现图书馆制度的有效性。而要使图书馆制度可靠、有效,关键在于促成图书馆制度供给与图书馆的伦理价值取向相吻合,从而获得实际的普遍效力。因此,图书馆制度之所以有效,并不是因为它的强制力,而是因为图书馆制度蕴含具有普遍有效的理性规则,并能够内在地表达、传递社会公众一定的价值原则和伦理道德要求。则图书馆制度之所以有效,是因为它具有明确的伦理价值指向。

图书馆事业发展的事实也充分说明,图书馆价值在于通过文献资源整序、传递文献信息、开发智力资源和社会教育、收集和保存人类文化遗产及满足社会成员文化欣赏娱乐消遣等功能,达到维护信息公平,保障社会公众自由接受、自由传播和自由利用图书馆等权利的目的。也就是说,从图书馆制度规则到现实社会图书馆信息秩序的"物化"过程,是图书馆制度价值有效内化并成为社

[①] 蒋永福,王株梅.论图书馆制度——制度图书馆学若干概念辨析[J].中国图书馆学报,2005(6):10-13.

会公众自觉的价值选择和行为准则的过程。"对于判断主体来说,价值判断这种行为是一种以价值的优先选择为媒介的、具有高度主观性的活动。①"这说明,现代性的图书馆如果没有社会公众对图书馆制度规范的合理性、合法性认同,就寸步难行,因为图书馆秩序来自社会公众自身——自觉自愿地遵守图书馆信息道德价值观念的要求和约束。所以,图书馆制度必须和社会认同的伦理价值基本相吻合,才能得到有效承认和遵从,进而化为图书馆信息活动中"活的规则"。否则,若图书馆制度与社会伦理价值取向相悖离,必然受到道德力量的抵制和威胁。在现实中,信息利用主体之所以无法获得预期的信息秩序和利用目标,是由于在图书馆信息实践活动过程中,图书馆主体间出现了一些冲突,这也说明原有的图书馆制度文明已不能满足信息利用主体的信息利益和信息主张。可见,图书馆制度在价值层面上应体现伦理道德的要求,这是图书馆制度得到认同、遵从、支持并产生实际效力的必要条件。

三、图书馆制度的道德维度

任何"好的制度"与"不好的制度",内在都包含着伦理道德上的价值评价与评判,其根本的标准在于:是否有利于调动绝大多数社会公众的积极性、主动性、创造性,是否有利于充分发挥广大实践主体的信息能力,是否有利于培养和提高主体的文化素质,简言之,是否有利于促进人本身自由而全面的发展,这也是图书馆制度应遵循的根本标准和方向。

(一)体现图书馆制度的伦理性

为使图书馆制度本身具有公平性,关键在于要使图书馆制度伦理化。根据人们对制度含义的理解,方军指出:制度伦理包括"制度的伦理"和"制度中的伦理"两方面。"制度的伦理",是指对制度的正当性、合理性的伦理评价;"制度中的伦理"是指制度本身内蕴含着一定的伦理追求、道德原则和价值判断。② 这说明,任何制度本身都蕴含着相应的道德原则和伦理追求,制度所导致的结果即是制度本身所蕴含的道德原则和伦理价值的体现。由此,图书馆制度的伦理化实质是对图书馆制度设计、制度结构和制度安排的伦理要求。即图书馆制度伦理化是针对图书馆制度的道德性预设而言的,它所强调的是一定的图书馆制度框架、制度设计和制度安排对图书馆主体行为方式的制约和影响,表现为制

---

① 川岛武宜.现代化与法[M].北京:中国政法大学出版社,2004:244.
② 方军.制度伦理与制度创新[J].中国社会科学,1997(3):54-66.

度制定、完善、执行和监督等方面符合图书馆伦理要求的各种规则,以及对图书馆制度安排的道德评价和伦理评价。可见,图书馆制度伦理化内容包含图书馆制度中蕴含的伦理价值和对图书馆制度的伦理评价两个方面。图书馆制度中所蕴含的伦理价值是指图书馆制度本身所体现的对信息公平的伦理追求;图书馆制度的伦理评价是对图书馆制度本身能否保障公民的知识权利而做出的道德评价。

从图书馆制度伦理化所包含的内容中可以看出,嵌入图书馆制度的伦理性是图书馆制度的具体表现形式。图书馆制度伦理化在一定程度上可完善和发展图书馆制度的合伦理化,当图书馆制度不能适应图书馆事业发展时,图书馆制度中的伦理可为图书馆制度的改进、创新和发展提供理论指导,即图书馆制度伦理是构成图书馆发展的内生变量,并与图书馆制度一起为维持图书馆的有序运行提供持久的动力机制。因此,图书馆制度的伦理化是对图书馆制度及其运行体制、图书馆信息活动的伦理追求,也是对图书馆制度主体的伦理道德的要求。可以说,图书馆制度的伦理化作用对象是所有具体图书馆制度形态,并且这一伦理化普遍存在于图书馆的制度结构之中,目的在于规范图书馆的信息行为。

(二)建立图书馆制度运行的保障机制

蒋永福认为:"图书馆主体的信息能力是保障信息公平的主观基础,社会的信息制度是保障信息公平的社会基础,那么,信息主体之间的良好的伦理关系则是保障信息公平的自律基础或人际关系基础。"[1]这说明,要使图书馆制度规则正常运行,就要建立以保障主观基础、社会基础和自律基础为根本的图书馆制度运作机制。目前,图书馆信息获取与利用不平衡主要是由于图书馆主体间存在"贫富"差距和地区间信息资源布局的不平衡。要实现以上三大基础,就要建立图书馆制度运行的保障机制。而建立图书馆制度运行的保障机制主要应通过建立对弱势信息群体的"信息扶贫"制度机制和建立社会信息资源配置的平衡机制来实现。

首先是建立对弱势信息群体的"信息扶贫"制度机制。社会弱势信息群体特指由于受其所处的信息环境、经济能力和自身缺乏利用信息有关知识,而在信息能力上同别人相比处于偏弱状态,使得其利用与获取信息能力不足而受到不公平的信息待遇的一种社会群体。而利用与获取信息能力不足的图书馆个体自身主要是由于在信息技能和信息技术方面存在缺陷:①运用信息工具的能

---

① 蒋永福,刘鑫. 论信息公平(二)[J]. 图书与情报,2006(1):26-33.

力；②获取信息的能力；③处理信息的能力；④生成信息的能力；⑤创造信息的能力；⑥发挥信息效用的能力；⑦信息协作能力；⑧信息免疫能力①。为了提高图书馆弱势信息群体利用图书馆信息能力，实现利用图书馆信息资源公平性，社会与图书馆制定相关的信息政策和信息法律时，不仅要改善其信息利用环境，体现利用信息的经济能力救济，还要体现信息权利平等，并消除信息能力不足等问题，并对图书馆弱势信息群体进行一定程度上的信息素养方面的培养，特别是对图书馆信息主体的信息技术能力的培养，使其融入现实的信息环境之中，以提高自身的信息利用能力。

其次是建立社会信息资源配置的平衡机制，逐步缩小经济、社会、信息发展程度不同地区的信息水平差异。图书馆主体信息能力的提高，为主体获得公平的信息待遇提供了主观能动基础。但这种主观能动的充分发挥，必须依靠良好的社会公共信息利用环境。社会公共信息利用环境，主要指国家的信息制度，包括国家的信息政策与信息法律。国家信息政策是国家根据需要制定的有关发展信息产业、调整信息资源配置的方针、原则和办法；国家信息法律是调整或协调各类信息主体的信息行为的制度性规范或准则②。通过国家信息决策，调控、整合、平衡各地区的信息资源，形成一种有效的信息利益平衡机制，保证绝大多数社会公众的信息需要和信息利益在图书馆制度中得到全面反映，以实现绝大多数社会公众的信息公平。公平的图书馆信息伦理环境，其关键问题是要处理好信息权力与信息权利的关系问题。而要处理好信息权力与信息权利的关系问题必须要遵循泽被全民原则、无害原则、行善原则、自主原则和知情同意原则③等五个原则。要通过国家的信息法律，规范图书馆信息利用关系，抵制人为造成图书馆信息资源的垄断问题及人为造成对图书馆信息利用者权利的侵害，实现图书馆信息资源公平共享，真正落实图书馆信息资源利用的平等与自由。

(三)确保图书馆制度执行的公平

有了公正的图书馆制度，就必须照着它的有关规则、规范去处理相关的图书馆活动，这就产生了图书馆制度执行公平、公正问题。执行不公正，会出现"歪嘴的和尚念歪了经"的状况，使得公正的图书馆制度无法运行。由于执行总是由具体的图书馆人来完成的，而图书馆人的执行总是会受到其个人的利益、

①　蒋永福,刘鑫.论信息公平(二)[J].图书与情报,2006(1):26-33.
②　蒋永福,刘鑫.论信息公平(二)[J].图书与情报,2006(1):26-33.
③　蒋永福,刘鑫.论信息公平(二)[J].图书与情报,2006(1):26-33.

观点、情感等一系列因素的影响,因此就必须做出相应的规定,把执行的步骤合理化,固定下来,形成公正的程序,从而保证执行操作的公平。为了保证图书馆主体执行操作的公平,关键是加强图书馆人的耻感意识。"耻感意识是指出于自律而对过错所产生的一种耻辱感。"①耻感意识是以一种自觉意识和内心赞同为合理的价值规范存在为前提,在一般意义上产生于针对自己所做,或与自己相关行为事件的自我否定性评价,是对内在伦理道德的敬重,是良知、责任、义务感的特殊存在方式。耻感意识至少表明图书馆人个体具有一定的自我纠错能力,并拥有一定的善的价值观念与行为规范标准,并自觉负有一定的职业责任和个人责任,使自己的职业行为走向道德自律与社会规范内化的心理机制,从而保证图书馆信息组织、传播和利用程序的公正、公平,保证图书馆制度运行的正义性。

第二节 图书馆制度伦理

图书馆制度的产生源于人类保障自身知识自由权利的需要,图书馆是人类知识自由权利的社会保障制度。图书馆制度的合理性,首先是人类追求知识自由的合理性。对知识的追求,是人类社会发展最深层的、最根本的因而也是最有力的动力源。而对自由和知识的追求已成为人类共同的内在诉求。

因此,制度是对人们行为的约束与规范。任何制度的制定,都蕴含着一定的伦理价值追求。图书馆制度的伦理价值在于保障公众知识权利。图书馆制度伦理包含图书馆制度的伦理意蕴和图书馆制度的伦理评价。图书馆制度的伦理意蕴在于维护信息公平,图书馆制度的伦理评价,其标准主要有合法性标准、有效性标准和读者满意标准。

一、制度伦理与图书馆制度伦理

(一)制度伦理

关于制度伦理的内涵,学者们一般从制度概念探讨入手。《现代汉语词典》中对制度的解释是:"要求大家共同遵守的办事规程或行动准则。"康芒斯指出:制度是用以激励人和约束人的正式的行为规则,制度就是用集体的行动控制个

---

① 高兆明.制度公正论:变革时期道德失范研究[M].上海:上海文艺出版社,2001:334.

人的行为①。而诺斯则认为：制度是作为一系列被制定出来，旨在约束主体福利或效用最大化利益的个人行为的规则、守法程序和守法行为的道德伦理规范②。罗尔斯提出：制度是一种公开的规范体系，这一体系确定职务和地位及它们的权利、义务、权力、豁免等③。事实上，制度是民主社会的必然产物，制度广泛存在于人的各种活动领域。制度实质是对人们行为的约束和规范，是一系列相互联系的行为规范的集合。从制度的内涵上区分，制度可分广义制度和狭义制度，广义制度包括正式制度（如政治制度，法律制度，经济制度等）和非正式制度（价值信念、伦理规范、道德观念、风俗习惯和意识形态等），而狭义制度特指正式制度。从制度研究角度区分，制度可分为规范制度研究和经验制度研究：规范制度研究是一种价值研究，即关于制度的公正、平等、正义、程度、秩序等基本价值的研究；经验制度研究是先从经验的层面进行事实描述，进而用制度解释行为的因果关系④。

根据人们对制度含义的理解，江荣海提出：制度伦理是对制度主体的伦理要求，是从制度的制定、监督等方面，对制度进行的伦理安排，也是对制度安排、发展和创新的道德评价和伦理评价⑤。赵士辉认为：制度伦理是一种针对社会和团体的伦理，它所强调的是一定制度框架、制度设计和安排对人行为方式的制约和影响。并提出制度伦理具体包括两方面内容：一是一定的制度赖以建立和存在的伦理基础，以及制度中所蕴含的伦理目标，亦即制度中的伦理；二是一定的道德要求制度化，以一定的制度为参照系，并使社会道德要求由对个体的"软"约束，转变为外在对个体的"硬"约束规则⑥。方军指出：制度伦理包括"制度的伦理"和"制度中的伦理"两方面。"制度的伦理"，是指对制度的正当性、合理性的伦理评价；所谓"制度中的伦理"是指制度本身内蕴含着一定的伦理追求、道德原则和价值判断⑦。

从以上分析可以看出，任何制度本身都蕴含着相应的道德原则和伦理追求，制度所导致的结果即是制度本身所蕴含的道德原则和伦理价值的体现。因此，制度伦理实质是对制度设计、制度结构和制度安排的伦理要求，包含"制度中的伦理"和"制度的伦理"两方面内容。"制度中的伦理"是制度中所蕴含

①　康芒斯.制度经济学[M].北京：商务印书馆，1981：87-89.

②　道格拉斯·诺斯.经济史中的结构与变迁[M].上海：三联书店，1994.

③　罗尔斯.正义论[M].北京：中国社会科学出版社，1988.

④　江荣海.制度伦理探析[J].中共福建省委党校学报，2003(2)：13-166.

⑤　江荣海.制度伦理探析[J].中共福建省委党校学报，2003(2)：13-166.

⑥　赵士辉.制度伦理之我见[J].道德与文明，2001(6)：19-22.

⑦　方军.制度伦理与制度创新[J].中国社会科学，1997(3)：54-66.

的伦理价值、道德原则和伦理追求;"制度的伦理"是对制度的伦理评价和道德评价。

(二)图书馆制度伦理

网络信息技术的发展,提高了图书馆的社会公共化程度,增强了社会公众的整体信息意识、信息素质、信息利用以及信息控制能力,使图书馆的社会功能、社会价值得到进一步显现。因此,图书馆制度急需具有时代性和规范性的伦理道德体系为之辩护。而图书馆制度的确立,需要相应的伦理规范来为之奠定道德理性基石,否则,图书馆制度就会变成无源之本。图书馆制度伦理是制度伦理在图书馆领域的具体化和行业化。这种具体化和行业化的图书馆制度伦理是社会对图书馆制度设计、制度结构和制度安排的伦理要求。因此,图书馆制度伦理是图书馆制度本身所蕴含的伦理价值、道德原则和伦理追求。

事实上,图书馆制度伦理是针对图书馆制度的道德性预设而言的,它所强调的是一定的图书馆制度框架、制度设计和制度安排对图书馆主体行为方式的制约和影响,表现为制度制定、完善、执行和监督等方面符合图书馆伦理要求的各种规则,以及对图书馆制度安排的道德评价和伦理评价。可见,图书馆制度伦理内容包含图书馆制度中蕴含的伦理价值和对图书馆制度的伦理评价两个方面。图书馆制度中所蕴含的伦理价值是指图书馆制度本身所体现的对信息公平的伦理追求;图书馆制度的伦理评价是对图书馆制度本身能否保障公民的知识权利而做出的道德评价。

从图书馆制度伦理内容上可以看出,图书馆制度伦理依附在图书馆制度上,是图书馆制度的表现形式。图书馆制度伦理在一定程度上完善和发展了图书馆制度的合伦理化,当图书馆制度不能适应图书馆事业发展时,图书馆制度中的伦理可为图书馆制度的改进、创新和发展提供理论指导,即图书馆制度伦理是构成图书馆发展的内生变量,并与图书馆的制度一起为维持图书馆的有序运行提供持久的动力机制。因此,图书馆制度伦理是对图书馆制度及其运行体制、图书馆信息活动的伦理追求,也是对图书馆制度主体的伦理道德的要求。可以说,图书馆制度伦理作用对象是所有具体图书馆制度形态,并且普遍存在于图书馆的制度结构之中,目的在于规范图书馆的行为。

二、图书馆制度的伦理意蕴:维护社会信息公平

在信息社会里,社会公众对信息资源的需求越来越迫切,因为对信息资源

的拥有,标志着对社会财富的拥有。2005年"苏图事件"的发生,一方面反映了社会公众拥有图书馆信息资源的必要性;另一方面说明现行的图书馆制度,在一定程度上会造成图书馆信息冲突和信息分化。而造成信息冲突和信息分化的原因,在于图书馆制度伦理的缺失,其结果势必造成信息社会的失序,促使数字鸿沟现象扩大化。要解决信息社会的信息冲突和信息分化,只有在图书馆制度层面上体现合伦理性,才能满足社会公众的信息需求。

罗尔斯在《正义论》中,从公平正义入手,提出"公平正义"既是构建合法社会制度的理论基础,也是构建道德体系的理论基础。他认定:"正义是社会制度的首要价值。"①罗尔斯这种"社会制度正义论"的伦理思想,涵盖了社会的各个领域,当然也包括社会公共领域的图书馆机构。也就是说,"公平正义"应该是构建图书馆制度和图书馆道德体系的基础。而图书馆制度的确立,目的在于保障和维护社会公众的信息/知识权利。因此,对信息公平的追求,体现了图书馆制度的伦理价值。正如蒋永福认为:"信息公平是人们面对信息资源的获取和分配过程所产生的价值期望。"②

从这个意义上理解,信息获取和分配的公平性伦理意蕴,强调的是信息获取机会的公平和信息资源配置的公平,实质是体现了图书馆制度中社会公众信息获取权利的正义性。维护社会信息公平的核心在于维护社会信息的自由、平等和共享,满足社会信息的自由、平等和共享的伦理诉求,是推动和保障社会公众信息权利的基础。

(一)图书馆制度的伦理意蕴:保障信息自由原则

自由是为实现自我个性,不受制于别人专断意志而产生的强制的状态。联合国教科文组织《公共图书馆宣言》指出:"自由、繁荣以及社会与个人的发展是人类根本价值的体现。""人们对社会以及民主发展的建设性参与,取决于人们所受的良好教育和自由、开放的存取知识、思想、文化和信息的程度。"民主社会的发展取决于社会公众受教育程度和自由利用信息的程度,图书馆在社会公众追求精神自由与幸福方面起着重要作用,这种作用要求所制定的图书馆制度必须是公平的、自由的。因此,信息自由,是指人类在合法的限度内自由地进行信息活动的一种状态,也是人们在不受或少受外力限制的情况下进行所需信息

---

① 蒋永福,王株梅.论图书馆制度——制度图书馆学若干概念辨析[J].中国图书馆学报,2005(6):10-13.

② 蒋永福,刘鑫.论信息公平[J].图书与情报,2005(6):3-5.

活动的自由状态①。所以,对信息自由的追求是人类共同的本性诉求,也是人类社会发展的最深层、最根本和最有力的动力源,其核心价值在于满足公民平等自由利用图书馆知识的权利②。社会公众想处于信息自由状态,一方面应该具有相应的信息权利,这种信息权利强调的是公民的信息权利不被信息权力所侵犯、所强制,这是保障公民在法律的许可范围内充分享有信息自由的权利,是实现信息公平的最基本的前提条件;另一方面自由并不意味着没有服从,一个没有强制性服从的社会是无法运转的社会,因为这种强制性服从是该社会成员一致同意或认可的行为规范,是代表每个社会成员的"公共意志"。也就是说,一个社会的法律或道德能直接或间接地得到公民的同意,这个社会的制度才是正义的,才是合乎伦理的。因此,信息自由是图书馆制度伦理意蕴的根本原则。

（二）图书馆制度的伦理意蕴:维护信息平等原则

关于平等,郑慧认为:"平等是不同社会主体在一定历史阶段的交往过程中处于同等的社会地位,在社会领域享有同等权益,履行同等义务的理念、原则和制度。"③在郑慧看来,平等并不是平均,平等强调的是不同历史阶段处于同等的社会地位的社会主体应享有同等权益和同等义务,尽管因社会各层次主体间的遗传因素、受教育程度和成长的社会环境等存在差异,会造成各层次主体间的思维、观念和能力表现程度的不平等,使得某一个人在某个特殊的方面优于或者劣于另一个人。但不可否认,不同社会地位的主体与主体之间有着共同的关系,这种主体间共同关系,正如恩格斯所说:"一切人,作为人来说,都有某些共同点,在这些共同点所及的范围内,他们是平等的。"④而社会公众为了实现自我个性发展,都存在拥有社会公共信息产品的愿望,这种愿望是社会所有人的共同追求。因此,信息平等不仅是一种理念、一种制度,而且是一种关系。这种理念、制度和关系的信息平等体现在《公共图书馆宣言》中,就是"不因其民族、种族、性别、职业、社会出身、宗教信仰、居住期限、财产状况、政治态度和政治面貌的不同而有所差别"。这种社会公众要求平等拥有社会信息的愿望和追求的制度伦理关系,表现为信息主体间在信息活动中的权利平等、机会平等和分配尺度平等。可以说,信息平等是公平的基本尺度,没有图书馆信息平等便

---

① 蒋永福,刘鑫. 论信息公平[J]. 图书与情报,2005(6):3-5.

② 蒋永福,李集. 知识自由与图书馆制度——关于图书馆的制度视角研究[J]. 图书馆建设,2004(1):10-12.

③ 郑慧. 何谓平等[J]. 社会科学战线,2004(1):161-167.

④ 恩格斯. 马克思恩格斯选集(第3卷)[M]. 北京:人民出版社,1972:142.

无图书馆制度的伦理性,一个符合伦理的制度不仅要充分的自由,而且更需要平等。不仅要求自由是平等的,而且强制性服从也是平等的。如果有些人自由多,而另一些人自由少,一些人必须服从,而另外一些人不必服从,这样的社会仍然是不正义、不公正的。因此,信息平等也是图书馆制度信息公平的基本原则。

(三)图书馆制度的伦理意蕴:体现信息共享原则

图书馆制度的确立,目的在于维护和保障社会公众获取信息与知识的机会公平,促进图书馆信息服务效率化、信息资源保障体系的公正性和图书馆信息组织的稳定性。事实上,现行的图书馆制度体系结构中,所谓"信息公平",只是相对于某一阶层、某一层次上同一群体内的公正、平等,并不可能是绝对的公正、平等;在图书馆具体的服务过程中,存在"差异"服务和"分流"服务,这实际上体现了图书馆信息权利的不平等和不公正。所以,在制定相关图书馆制度时,就要突出社会公众的信息权利,通过运用信息公平的"共享原则",使图书馆客观知识有效、公正、稳定和自由地被社会公众所利用,并在制度层面上体现图书馆信息的共享性。

信息共享意为共同享用公共信息资源,是信息权利人对特定信息资源的共享。图书馆的信息资源是属于公共的社会信息,公共信息资源应该向所有的信息权利人平等地开放,所有的信息权利人都有权利共享所有的公共信息资源。这种信息资源共享的理念,实质上体现了"人人共享,普遍受益"的社会信息公正理想,体现了一个国家以信息权力保障社会公众的信息权利的权威性,体现了政府制度安排的正义性,体现了图书馆制度的公平正义的伦理追求。正因如此,为在更大范围上体现和贯彻社会信息公平性,在制定图书馆规章制度时,就应该把信息资源共享观念纳入图书馆制度的基本结构中,扬弃目前普遍存在的信息资源专有性或垄断性的缺陷,捍卫社会公众基本的信息权利。

三、图书馆制度的伦理评价

图书馆制度的伦理评价,其标准主要包括合法性标准、有效性标准和读者满意标准。

(一)合法性标准

合法性问题是普遍适用于政治学的一个重要问题。虽然合法性与社会法制化有一定关联,但不是"合法律"的意思。所谓合法性,是指社会公众对政治制度的认同和忠诚的观念①。一个社会根本制度的确立,规定了社会的发展方向和道路,体现了社会管理集团的利益和意志。如要使其有效存在、正常运转和持续发展,只有得到社会公众的认同、忠诚和信仰,才能为广大社会公众所遵守、服从,社会根本制度才具有合法性基础。而社会根本制度是由经济、政治、法律、文化教育等不同领域组成的,虽然不同领域的评价标准不同,但合法性标准适用于社会系统的各个方面。

图书馆制度属于文化制度范畴,图书馆制度的合法性,以图书馆主体对图书馆制度的信任为尺度,是对图书馆制度的认同和忠诚。图书馆制度的合法性与社会公众的信息利益、信息需求是相关联、相统一和相一致的,只有合乎社会公众信息利益和信息需求时,图书馆制度才能被社会公众所信仰、承认、支持和服从。因此,图书馆制度的合法性评价标准能对图书馆制度是否"正当""合理"做出伦理评价。只有图书馆主体普遍认为图书馆制度是正当的、合理的,图书馆制度才能得到社会公众的承认、接受和执行,图书馆制度才具有合法性。

1.正当性评价标准

合法性评价标准是与特定制度规范一致的属性。在马克斯·韦伯看来,特定制度规范"都要受到行动者自己对于合法性秩序和信念支配"②。这说明,社会公众的行动是受合法秩序和信念支配的,秩序的合法性经两种基本方式得到保证:一是主观方式,如感情、价值理性等;二是客观内容,即对特定外部效用的期望,也就是客观利害关系状态的影响,包括习俗和法律的影响等,信念支配是对制度正当性的保证,任何制度规范,只有当它被社会公众认为是具有"正当"理由的时候,才会为人们所服从,从而具有合法性。由此可见,图书馆制度的正当性评价来源于制度的合法秩序及社会公众的信念,而判断图书馆制度的正当性评价标准的主观与客观、内在与外在的因素的根据是韦伯提出的传统型依据、魅力型依据和法理型依据③,这三种类型依据是合法性源泉,共同为图书馆体制奠定合法性的基础。

2.合理性评价标准。

正如哈贝马斯所提出的:"合法性意味着某种政治秩序被认可的价值。"④图书馆制度的合法性指社会公众中普遍存在的认可,只有社会公众认定图书馆

---

① 周燕军.合利性、合法性、合道德性:对政治制度的三种评价[EB/OL].(2004-04-11)[2006-05-05].http://newdidai.com/books/lw/0408/2004/4-11/121652.html.

② 马克思·韦伯.经济与社会[M].北京:商务印书馆,1998:238.

③ 马克思·韦伯.经济与社会[M].北京:商务印书馆,1998:239.

④ (德)哈贝马斯.交往与社会进化[M].重庆:重庆出版社,1989:188-189.

制度表现形式、制度体系是合理的,才能被广泛认可和普遍接受。因此,合理性问题的核心是要回答我们是否有充分的理由去做我们所要做的,去信仰我们所要信仰的。这里一个最为根本的标准是社会公众理性的行动因素,一种是制度本身"合乎事实及其规律的",这是合理的客体尺度;另一种则是制度本身就是价值判断,是"合乎人愿及目的",这是合理的主体尺度;另外,是合乎社会公众的理性。图书馆制度合乎理性的诱因动力,是图书馆主体对信息知识的利益和需求的满足。因此,为达到图书馆制度合理性标准,首先是要实现确定图书馆制度、规范、秩序的合法性,其次是要在图书馆主体中灌输对于整个图书馆制度体制的合法感;最后是要培养和加强图书馆主体对图书馆制度合法性的认同程度,以谋求图书馆制度的合法性目标。

(二)有效性标准

事实上,正如蒋永福所说的:促成图书馆制度产生的,是人类对知识和信息的需求①。也就是说,满足人们为自身的全面而自由发展的信息知识需要,是形成现代社会广泛实行的图书馆制度的基础。也就是说,先有社会公众的信息需求,后有图书馆信息制度。只有图书馆制度需求与图书馆制度供给形成相对平衡,才能实现图书馆制度的有效性,才能满足图书馆主体的信息知识需要。而要使图书馆制度可靠、有效,关键在于要形成图书馆制度需求与图书馆制度供给的动态平衡。而要实现这种平衡,就要求在提供图书馆制度时,要遵循图书馆制度供给的及时性、正确性和有力性等标准,这样才能实现图书馆制度的伦理性,才能满足社会公众的信息知识需要。

首先,要遵循图书馆制度供给的及时性标准。即图书馆制度供给要及时,及时满足制度需求,并避免制度缺位、真空或供给不足等现象。根据时代发展需要,及时补充有关图书馆制度,实现制度需求与制度供给的动态平衡,满足社会公众的信息知识需要。其次,要遵循图书馆制度供给的正确性标准。从历史发展观来看,任何政治制度、经济制度和文化制度的存在都有其历史局限性,具体文化制度中的图书馆制度也不例外。在一定的历史时期,由于图书馆制度的制定、供给往往滞后于图书馆制度需求,已运行的图书馆制度就会在一定程度上阻碍社会公众平等、自由利用知识的权利,隐含在图书馆与公众之间的分化与冲突就会表面化和尖锐化。因此,图书馆在提供正确的制度产品、而不能提供错误的或漏洞过多的制度产品的同时,还要对已有的图书馆制度进行修订和

---

① 蒋永福,王株梅.论图书馆制度——制度图书馆学若干概念辨析[J].中国图书馆学报,2005(6):10-13.

完善,以求准确提供能满足社会公众信息知识需要的图书馆制度。最后,要遵循图书馆制度供给的有力性标准。即所提供的图书馆制度必须具有可行性且要执行有力、执行到位。任何具体制度的运作过程都包含制定—执行—监管—奖惩等环节,各个环节都包含制度合理与否的评价问题。只有制定出的正当、合理和有效的图书馆制度,才能被广大公众所接受、遵守,并且图书馆制度的执行、监管和奖惩等过程,不是依靠制度的强制性措施来解决的,而是要配合图书馆制度的伦理评价,使各个环节的规定趋于合理、适当,促进图书馆各活动环节中各关联的程序运转的和谐。

(三)读者满意标准

江荣海认为:制度伦理的实质是关于制度与人的生存和发展的关系问题①。可以说,图书馆制度伦理是衡量、评价图书馆制度是否满足社会公众为自身发展而与知识需求相一致或相符合的尺度和标志,而满足社会公众知识需求是让读者满意的基本条件。所提供的图书馆制度,必须与社会公众信息知识需求的心理期望相一致或相符合,才是合伦理的和合道德的。菲利普·科特勒指出:满意是指一个人通过对一个产品或服务的可感知的效果与他的期望值相比较后所形成的感觉状态②。读者满意标准是指读者对图书馆制度产品的心理期望及对制度产品效果的满意感觉状态。

图书馆制度安排的任务是把知识与社会的需求联系起来。付立宏认为:满足读者的知识需求是图书馆运行的基本动力③。而这种满足读者的知识需求的基本动力的前提条件是:一是要建立完善的图书馆制度供给系统;二是要建立提供完善的文献资源保障制度体系。为满足以上两个条件,图书馆必须制定相对稳定和权威的图书馆制度,通过对社会信息知识的有效组织、揭示,利用各种信息传播途径,满足读者特定的信息知识需要。因此,图书馆制度的读者满意内容包括读者获取信息的完善程度和读者对图书馆提供文献信息服务的满意程度两方面。读者获取信息的完善程度包括读者获取信息资源的可用性、完备性、规范性、信息服务功能的先进性和信息内容的新颖性与可读性等;图书馆提供文献信息服务的满意程度包括信息交流、信息服务的便捷性、服务手段多样性和信息利用的指导性。只有制定完善的让读者满意的图书馆制度规范,并

---

① 江荣海.制度伦理探析[J].中共福建省委党校学报,2003(2):13-166.
② 菲利普·科特勒.营销管理[M].上海:上海人民出版社,1997.
③ 付立宏.基于知识管理的图书馆运行动力机制[J].中国图书馆学报,2005(6):25-28,68.

使各层次的图书馆制度协调、和谐运行,才能保障和提高社会公众对图书馆制度产品的满意度。

四、图书馆制度现代性

虽然我们时刻能感受到现代性的力量,但是这还没有满足公众对图书馆现代性的需要,由于现代性作为"脱域"之后的理性化社会的主导性文化模式,不仅要作为文化精神和价值取向渗透到个体和群体的行为和活动之中,而且必然要作为自觉的制度安排成为构成社会运行的内在机理和图式。正是在这种意义上,吉登斯干脆断言,"现代性指社会生活或组织模式",而韦伯则不仅从世界"祛魅"的角度分析了现代性的伦理和文化精神内涵,还详细地从经济合理化、管理科层化等角度揭示了现代性作为理性化制度安排的普遍性。

实际上,现代性图书馆是文化精神的自觉和自觉的理性化的文化精神两方面的具体体现。如果不通过制度安排而成为社会运行的内在图式和机理,它会成为某种无根基的浮萍。因此,我们必须在内在统一的意义上,进一步展示现代性的图书馆制度性维度。其基本价值在于图书馆主体对图书馆信息自由、平等的主张,是对图书馆信息效益价值的不懈追求。

(一)个体主体性

很多思想家在思考现代性的问题时,主要着眼点是现代社会的本质性文化精神,如康德关于"启蒙"的理解、胡塞尔的"纯粹的理性"、霍克海默和阿多诺的"启蒙理性"、哈贝马斯的"时代意识"、利奥塔的"宏大叙事"等等。应当说,现代性首先作为一种理性的文化精神,这是完全合乎历史逻辑的,因为,从传统社会的经验结构中脱域出来的现代社会的理性存在方式,其最根本的特征就是理性或精神获得了一种自觉性或反思性。从文化精神的内涵上看,现代性的精神性维度包含人们通常所熟悉的理性、启蒙、科学、契约、信任、主体性、个性、自由、自我意识、创造性、社会参与意识、批判精神等;从文化精神的载体来看,现代性的精神维度体现为作为个体的主体意识、公共的文化精神和文化价值、系统化的历史观等等。因此,我们必须多维地透视现代性的文化精神。

虽然,现代文明已经进入信息工业文明时代,个体的主体性和自我意识已经生成并走向自觉。而在前现代的经验文化模式影响下,多数个体是按照经验、常识、习俗、惯例而自发地生存的。因此,人作为个体从自在自发的生存状态进入到自由自觉的生存状态,这是人类社会历史进程中的重大事件,它成为现代社会运行的支撑性因素,是现代社会的创新能力、内在活力和驱动力的源泉。特别重要的是,这种个体的自觉状态不是少数社会精英的特殊状态,而是现代社会公民普遍的生存状态。在此过程中,当主体性、个性、自由、自我意识、创造性、社会参与意识、批判精神等成为现代人生存方式的本质性特征时,整个社会的普遍心理、价值取向和文化精神必然发生根本性的变化,经验式、人情式的宗法血缘的前现代文化基因让位于自觉的、理性化的人本精神。在这种背景下,公共文化精神的主导性价值取向,或者哈贝马斯所说的现代社会所建立的"属于自己的模式或标准",必须兼顾考虑两个方面的问题,一方面是如何最大限度地保护现代个体的主体性、个性、自由、自我意识、创造性、社会参与意识、批判精神等文化特质,另一方面是如何保证那些追求自我利益和自我实现最大化的自由个体形成一个合理和合法的共同体。由此就衍生出了以平等、契约、信用等为核心的、人本化的、理性化的社会文化精神。这种社会文化精神和价值取向要提供以个体后天成就为基础的平等竞争和发展的氛围,提供非直接化和非面对面的普遍交往和交流的信任基础,提供以个体有限出让权利和普遍同意为前提的社会契约精神。

因此,上述人本化的、理性化的社会文化精神从兴起之时就被科学精神和技术理性所渗透。无论是自我设计的目标的实现,还是平等的、契约的文化精神的形成,都离不开理性的和科学的精神。至于普遍的信任和信用精神和机制,更是离不开科学精神和技术理性的支撑。如吉登斯分析的那样,在"脱域"之后的现代社会,"随着抽象体系的发展,对非个人化原则的信任,以及对匿名他人的信任,成了社会存在的基本要素"。而这些对现代人的生存而言不可或缺的抽象体系,无论是以货币符号为典型代表的象征系统,还是无所不在的专家系统都直接依赖于科学精神和技术理性才能实现。因此,我们可以用人本精神和技术理性来表征现代社会普遍的理性精神。众所周知,韦伯曾把现代社会的合理化的价值精神区分为价值理性与工具理性,在某种意义上二者都与现代文化精神的特征直接相关。

(二)理性化制度的社会历史叙事

理性化的现代性文化模式的重要特点之一便是其无所不包的统摄性。具体说来,现代性的文化精神维度不只会表现为个体的主体意识和理性化的社会文化精神,它还会进一步整合为一种关于历史的演进、社会的发展前景和人类的终极目标的总体性的、同一的、系统化的、理论化的、纲领化的文化精神或社会价值,或者说,整合为一种系统化的、自觉的意识形态,一种自觉的、理性化的世界观和历史观,一种具体设计和规范人类历史目标的"宏大叙事"。用曼海姆的话来说,这是一种"总体的意识形态概念",它"指的是一个时代或者一个具体的历史——社会群体所具有的意识形态"。

这种意识形态化的自觉的社会历史叙事在近现代以来有多种表现形态,如奠基于启蒙理性和契约精神的,关于人的自由和人类解放的理性设计,以绝对理性的普遍运动为核心的关于绝对真理的阐发,关于历史的合目的性与合规律性的历史决定论,等等。其共同之处在于相信理性万能,相信理性是一种绝对的力量,同时相信理性至善,把理性及技术当作是人的本质力量、人的自由和全面发展的确证,进而支持一种乐观的人本主义或历史主义,它相信,人性永远进步、历史永远向上,现存社会中的不幸和弊端只是暂时的历史现象或时代错误,随着理性和技术的进步,人类终究可以进入一种完善完满的境地。这样一种万能、至善、完满的理性在黑格尔哲学中成为生成一切的"绝对理念"。

应当说,理性化的文化精神从个体和社会的一般的文化模式和价值取向上升为普遍的、总体性的、意识形态化的文化精神,是理性化进程的内在必然。在前现代的经验社会中,虽然也会偶尔由某些先知和圣人提出"理想国"和"大同社会"之类的社会历史叙事,但往往只是想象和理想的乌托邦,整个社会的自在自发生存状态和"无语的"历史演化并不要求关于社会和历史的自觉理性的设计,这是一种"自然历史进程"。而在"脱域"之后的理性化社会中,理性内在的分析和反思本性必然驱使理性不仅规范个体的和群体的行为和活动,而且直接指向社会总体和历史目标。然而,当理性无限扩展到可能达到的极限,就会导致某种张力和"二律背反",这正是 20 世纪意识形态批判理论兴起的重要原因。利奥塔等后现代主义者对现代性的批判集中于"宏大叙事"(grand narratives)或"元叙事"(metanarratives),也正是因为看到了这种理性化的意识形态在现代性问题上的紧要性。他指出,"在《后现代状况》中我关心的'元叙事'(metanarratives),是现代性的标志:理性和自由的进一步解放,劳动力的进步性或灾难性的自由(资本主义中异化的价值的来源),通过资本主义技术科学的进步导致整个人类的富有,甚至还有——如果我们把基督教包括在现代性(相对于古代的古典主义)之中的话——通过让灵魂皈依献身的爱的基督教叙事导致人们的得救。黑格尔的哲学把所有这些叙事一体化了,在这种意义上,它本身就是思辨的现代性的凝聚"。

因此,我们可以看到现代性的文化精神维度的丰富性和无所不在的特征。恩格斯在分析法国启蒙思想家时代的理性启蒙时对理性化有一段精彩的描述,他指出,"他们不承认任何外界的权威,不管这种权威是什么样的。宗教、自然观、社会、国家制度,一切都受到了最无情的批判;一切都必须在理性的法庭面前为自己的存在作辩护或者放弃存在的权利。思维着的悟性成了衡量一切的唯一尺度。那时,如黑格尔所说的,是世界用头立地的时代"①。

价值是一种主客体关系,一个科学完整的价值本位观必须由两个基本的概念构成,即利益归属主体指向概念和现实价值目标指向概念。因为任何价值都是以需要为起点,以利益为归宿的,而任何利益又都只对一定主体才有意义,且任何利益又必须以一定的目标性事物为载体、为客体,需求主体和客体指向的内在统一是构成任何一种价值的基础,也是任何一个社会的价值本位观或曰本位价值观的核心内容,也只有这种表述才能准确地表征某一时代、某一民族的价值本位观念的基本特征,从而科学地衡量、解说该时代。该民族的其他各种价值观形成条件:一是人的需要(包括作为自然存在物的需要和作为社会存在物的需要)的不断增长;二是人的自我意识的觉醒。党的十六届三中全会提出:"坚持以人为本,树立全面、协调、可持续的发展观,促进经济社会和人的全面发展。"②

以人为本是现代图书馆的价值取向,是科学发展观的核心和灵魂,也是图书馆事业建设与发展的价值取向和根本要求。图书馆的办馆思想从传统的"以藏为主""以书为本"向"以用为主""以人为本"的现代转型,正体现了科学发展观的理念。总体而言,现代图书馆坚持"以人为本"的科学发展观,就是要以促进人的全面发展为目标,通过对社会化知识信息的有效收集、组织和传播,保障公众存取知识信息的自由、认知社会的权利,消除"知识差距"和"信息鸿沟",不断满足人们日益增长的知识需求和精神追求,提高公民的文化素养及综合素质,进而实现人自身的全面、协调、可持续发展。图书馆坚持以人为本的科学发展观,需要进一步从不同层次把握和体现其内涵。第一,图书馆是社会化知识信息的公共枢纽,是知识传播、文化创新、科学研究的重要基地,也是培养创新精神和创新人才的极佳场所,社会应更加重视图书馆建设,大力发展图书馆事业,推进图书馆社会化进程,使图书馆更好地服务于大众、服务于社会。第二,国家、政府投资兴办图书馆的目的在于满足人的需求,体现为"人"建馆的思想。对图书馆而言,必须彻底打破"重藏轻用"的传统观念,拆除"知识仓库"的藩篱,鼓励和引导公民充分利用图书馆,使之能够在复杂、多元、快速、多变的社会环境和信息世界中准确、高效地进行价值判断和知识信息的选择与创新,让更多的人成为全面发展的"知识人""文化人""社会人",实现个体价值与社会价值的有机统一,促进人与社会、自然的和谐发展。第三,图书馆落实以人为本的办馆

---

① 恩格斯.马克思恩格斯选集(第 2 卷)[M].北京:人民出版社,1972:112.

② 中共中央关于完善社会主义市场经济体制若干问题的决定[N].人民日报,2003-10-22(1-2).

理念,归根结底在于服务理念向"人性"的回归。必须真正以读者为中心、以需求为导向,倡导人性化、个性化服务。同时,作为社会服务窗口,图书馆必须视服务为"品牌",把服务当作一种"文化"来经营,用优良的服务推动事业的发展。因此,以人为本既是社会发展对图书馆工作的要求,也是图书馆自身不断发展的动力。人的发展经历了三种形态,即群体本位、个体本位、类本位;人与自然的关系相应地也经历了从天然一体到彼此分离和对立再到相互融合的三个发展阶段。而人本位的思想的提出和确立,是马克思关于人发展经历的第三种形态的解释。在第三种形态里,随着普遍的个人获得全面的发展,大我作为普遍的类得到充分地展开,人与自然的关系在经历否定阶段之后重新走向统一,人们从自在存在提高到自为存在,可以肯定,价值观念也发生了根本性的变化。我们可以预期,到那时价值本位将从群体和个体转向二者统一的类,在此基础上,必然形成大我与小我、人与物、生命本质与非生命本质、个体形态与超个体形态的完全和谐一体的价值观。

图书馆与用户之间的关系,一方面是通过文献资源这一特有的物表现出来的。用户在利用图书馆文献资源过程中,如果其对信息和知识获得满足,其物质利益意识就会得到极大的强化,这不仅是经济发展的强大驱动力,也是人的发展的有效推进器。在公平竞争的社会中,利益的获得和满足必须依靠自我的劳动、自我的智慧和能力,依赖于自我发展、自我完善。另一方面,人的关系一旦通过物的形式表现出来,劳动者就可以把自己的劳动力当成商品,自由地处理。这样,在市场经济所提供的各样的就业机会中,劳动者就可以根据自身的需要、特长和爱好自由择业,将自身置于独立的发展轨道。从人的存在的历史发展来说,人成为独立的个人存在及相应的个体主体、个体本位的出现是一种进步。正是由于独立的个人的无尽追求,才使人的潜力得到了较充分的发挥;从而推动了经济的发展和历史的进步。马克思和恩格斯认为早期资产阶级思想家对个人解放的论述体现了"个人在已经摆脱封建羁绊的交往条件下获得充分发展的欲望",并认为无论从逻辑、历史、过去还是未来来看,个体主体性的人本位是现阶段我国社会发展的趋势。当代的人本位价值观的具体内容就是将人从"人的依赖关系形态"解放出来,由于生产力的水平限制,虽然会跨入物的依赖关系,也就是马克思所称的"以物的依赖性为基础的人的独立性",但这对特定历史条件下的要求来说也是一大解放。因为人的主动性、创造力得到了解放。

以市场经济为基础服务关系,也体现了以契约关系为中轴,以尊重和保护社会成员的基本权利为前提的社会特点。国家作为一种执行社会公共权力的机器,应当更大范围地创造个人生存发展的条件,而不是危害人的权利,压制人的创造性。国家权力应人的发展需要而产生,为人类社会的发展而服务,我们就应让它为人民服务,而不能偏离人这个中心。张永缜认为个体主体、个体本位的社会应有以下特点:一是社会生活的主体。以经济生活为主体,人类的物质生产与精神生活是政治存在的前提、基础和基本条件。人们获得社会财富的途径是从事生产劳动,按照成熟完备的市场规律,依据个人创造的物质、精神财富的大小获得相应的回报,通过这种途径获得的财富越多,其地位越高,越受到社会的尊重,其个人价值、社会价值越高,至于其将获得的财富投入再生产或捐赠给社会福利事业,无论自己享用多少,首先社会要承认劳动者通过劳动获得的财富是自己的,其致富的数量和速度均不应受到干涉、限制。这样,社会才能形成强大的激励机制,人的创造力才能得到发挥,生产力才能得到解放,人民生活水平才能不断提高。二是国家权力的功用。国家权力应该为创造财富的个人发挥其创造性而服务,并使人的自由、个性和权利得到充分的发挥。国家执行的权力仅仅是公众在保持其个人自由以外让渡出来的公共权力,并且这种公共权力是为了更好地使个人发挥自主性而服务的,公民的生活不受国家权力的过多干涉。国家权力如果干涉社会领域过多,超出一定限度,就会滋生出许多社会毒瘤,成为生产力的累赘,同时也为腐败创造了条件,权力就会为一部分人所利用,演变成分割财富的工具。三是社会生产的基本目的。这种社会的目的是实现人的物质利益,满足人的交往需要,虽然精神享受也是人们追求的目标,但精神享受是建立在物质基础上的。作为对社会有重大贡献的人,如果仅享受崇高的精神荣誉,而物质生活条件却很差,那么社会的激励机制就会被挫伤;而对于用劳动创造巨大财富的人以物质回报,那精神荣誉的享受也隐含在其中,他的物质获得本身就是一种奖励,人们的价值取向便朝向这种人,社会便会得到极大发展动力。四是这种社会里人们的交往存在方式。人们交往的需要通过文化的交流与传播实现,也可以在自愿结社中获得,大众传媒、社团组织使人们满足了相互交流与理解的内在需要,而且在一定程度上促进了社会的整合和群体的认同,是实现社会舆论对权力进行监督的强大工具。财产关系、经济和私人关系占主导地位,人的生活、人的文化和人的利益得到发展和保障,社会的人是现实的个人,不同于政治强权国家中的公民,更不同于传统国家中的臣民。五是人本位社会的权力组成及运行。权力本位的政治社会里,人的个体主体性、创造力被严重抑制。这种社会通过权力来分割财富,这种权力是自上向下分配的,金字塔的集权网络,这种权力具有唯一性、独尊性、绝对性、强制性。而人本位的社会,以契约为运作形式,以契约的形式规约经济活动和社会生活中其成员的行为,确保社会成员所承担义务的履行和承诺的实现,从而保证经济活动和社会活动有序化及理性化。个体主体在人本位社会也有权力,但它是在契约基础上产生的。社会由一个个具体的个人组成,每个个体的利益组合在一起形成社会利益,个人利益包含两部分:一部分完全是自己的而非别人的;另一部分是属于自己同时也属于别人的。这第两部分的利益即公共利益,公共利益的实行是靠每个社会成员达成一种契约,对自己危害他人的行为加以限制,对有益于自己也有益于他人的行为加以鼓励。这样,为了使每个人都能生存,大家必须遵守一种公共约定,那么对这种契约的执行便产生了权力。权力的执行者与社会成员是一种义务与权利关系,权力的执行者本身也须遵守这个公共契约,权力者的财富获得来源于其执行契约的公正有效程度而得到的社会成员给予的回报。契约是在社会成员各种力量制约中产生的,它本身就具有合力性质,这也便是法的基础,没有力量制约,法也无从谈起①。

图书馆制度创新之目的,一方面在于和目前转变社会生活的管理方式相适应,使之与市场经济活动相适应。现在图书馆管理制度基本沿袭过去的社会管理模式,由此产生的结果是:一是积极性问题;二是现行的管理方式和体制不能提供给人们积极参与的有效机制;三是服务对象的自利群体的存在。而能遏制此种负面效应的力量是:政府力量,图书馆服务对象的正义行为和道德良心。两种资源的有效配置,必须有相应的制度安排,相应制度安排的缺失给图书馆带来的结果是致伤的。另一方面是制度创新要以系统化深化为路向。制度以规范行为为己任。以制度规范行为具有模式化的特征,是过往规范人们行为习惯的成功案例之经验总结。埃莉诺·奥斯特罗姆提出了制度设计必须遵循的8条原则:①清晰界定边界;②使占用和供应规则与当地条件保持一致;③集体选择的安排;④监督;⑤分级制裁;⑥冲突解决机制;⑦对组织权的最低限度的认可;⑧分权制企业②。建立健全的监督机制和实施机制是中国制度创新系统化工作中两个亟待强化的方面,也是进一步创新制度的两个生长点。人们一致认同的所谓制度不健全不完善问题,虽然包括"制度缺位"问题,但主要还是"制度虚置"问题。同人民利益的一致性,是制度创新成功的基本保证。"规范要在社会中长时间地存在下去,人们必须有遵守规范的动机。人们之所以能够一直遵守规范,是因为它对于人们产生某些利益。"③制度规范要在社会中长期存在下去是如此,建立新制度同样如此。其经验之一,是给人们带来了看得见的好处;中国经济改革取得巨大成效的基本经验之一,也是给人们带来了看得见的

---

① 张永缜.中国现代化的方向:人本位社会[J].理论导刊,2000(3).
② 埃莉诺·奥斯特罗姆.公共事务的治理之道[M].上海:三联书店,2000:144.
③ 青木昌彦.奥野正宽.经济体制的比较制度分析[M].北京:中国发展出版社,1999:70.

利益。一项制度没有人民的支持是建立不起来的;一项建立起来的制度没有人民的支持是不会得到遵守的;用强制力量建立和维持起来的一种制度,没有人民的支持是不可能长久的。而决定人民支持还是反对制度创新或制度维持的基本因素,是他们的利益。不可否认,制度创新毕竟是利益关系的重新调整、利益格局的重新划分。制度创新的要旨在于调动人们的积极性;调动人们积极性的关节点在于创造一种环境或条件,使人们在其中能够(自觉的或自发的)把正在做着的事情看作他们自己的事情。一件事情一旦被看作自己的事情,便自然与当事者的利益联系在一起,也自然会引起他们最大限度的关心和努力。

(三)图书馆制度创新

鲁鹏认为,制度创新的约束受客观和主观两方面因素的影响。约束制度创新的客观因素有:①人口因素;②生产力状态和经济结构;③人们的社会关系;④现行体制或制度。约束制度创新的主观因素有:①生产、生活中人们的愿望或偏好;②文化素质和认识水平;③对社会变革的心理承受力;④习俗和惯例;⑤思维方式①

无论是制度创新的客观因素,还是制度创新的主观因素,都是以往活动的结果,与过去有着千丝万缕的联系。它们之所以是现在这种样态,具有现在呈现出来的性质和特点,是因为过去人们就是那样做的。不同的人在社会发展中,依据自己的状态和处境、意愿和理性参与到相互作用或博弈中,导致了他们意识到或意识不到的结果。其中一些重大历史事件不仅深刻地影响着现在,而且深刻地影响着未来。历史以其巨大的惯性作用于当代人的活动,历史因素因而也是制度创新的一个条件。这就是所谓制度创新的"路径依赖"问题。制度创新是一种选择活动。人们之所以选择放弃在其中生活了很长一段时间的制度,补充、完善、建立新制度,按唯物史观的观点,是基于对生产力发展要求和经济基础状况的认识,是适应或满足社会变化进步需要的举措。按新制度经济学的观点,是基于人们从其自身利益出发对变与不变的收益和成本的判断。前一种观点属宏观分析,着眼于社会发展;后一种观点属微观考量,着眼于个体生存。二者在本质上是一致的——个体能力汇聚整合在一起构成社会生产力。

诺斯认为,导致制度变迁的因素有三个:①资本存量变化;②知识变化;③人口变化。或许诺斯本人观点已经有所变化,或许导致制度变迁的因素还有许多,而其他学者的论证可能更为合理,有关这方面的分歧和讨论我们暂且搁置。我们发现,经济、政治、文化的变化引起制度的变迁,但制度经济学家们在

---

① 鲁鹏.制度与发展关系研究[M].北京:人民出版社,2002:260-263.

论述中隐含的这一思想却是共同的。而人的行为不断变化,新的关系不断产生,制度却不随着变化而变化,因为一旦变化,它将失去稳定性,不再成为自身。那么,面对不断涌动的变化,制度在做什么？它像个恒温器,在对变化实施负反馈调节,把不断升高的"温度"降下去。通常情况下,制度对变化的压制,在开始阶段基本上有利于社会发展,但其后它就会逐渐成为阻碍社会发展的因素。这一点我们已多次提到。

所以"在一切社会形式中都有一种一定的生产决定其他一切生产的地位和影响,因而它的关系也决定其他一切关系的地位和影响"①。意识形态与人们对制度特别是对交换关系正义或公平的判断相联系,当它成为一个社会统一的观念时,即当它在个体中间成为共识或为人们普遍接受时,意识形态拥有替代制度(规范性规则)和统治秩序(服从程序)的功能。反对制度安排的变化的需求,基本上起源于这样一种认识:按照现有安排,无法获得潜在的利益。行为者认识到,改变现有安排,他们能够获得在原有制度下得不到的利益。也就是说,"一旦对于行为者来说创立和利用新的制度安排的净预期利益为正时,他们就会要求有这种新的安排"②。

因此,制度创新要从实际出发,就必须注重传统文化问题。传统文化所以能抵制现代化,不仅因为它是一种价值观念、思维定式,制约着人们思想什么,怎样思想,而且因为它是一种生活习惯、行为模式,制约着人们去做什么,怎样去做。在它的长期熏陶和惯性作用下,一切与之不符的说法和做法、倡导和实践,都是不自然的,都是可疑的,甚至都是邪恶的,要么受到温柔的冷遇,要么受到严厉的封杀。所以,政治理念、现实情境、历史及文化传统共同构成制度创新的制约因素。布莱克有句话讲得有道理:"体制变革的问题归根结底必须从每一社会继承的传统方面来解析。"他认为:"在后来建设现代化的社会中,最关键的问题就是使外来模式适应于自己的需要、习惯和能力。"③从布莱克的话语中我们解读出一个观点,制度创新应该保持必要的张力。即制度创新是一个过程,这个过程有一般的原则,但没有固定不变的模式。我们必须注意与传统协调,既满足现实需要,又符合长远利益和目标;我们亦必须时时注意所处的文化背景和内外环境。"极为相似的事情,但在不同的历史环境中出现就引起了完

---

① 恩格斯.马克思恩格斯选集(第2卷)[M].北京:人民出版社,1972:109.

② V.奥斯特罗姆,D.菲尼,H.皮希特.制度分析与发展的反思[M].北京:商务印书馆,1996:138.

③ 布莱克.现代化的动力[M].成都:四川人民出版社,1988:219,226.

全不同的结果。"①人的活动,当然也包括制度创新,它有两种基本形式:自觉和自发。自觉指的是,人的行为融入一个过程而对该过程及其结果能够意识到和把握住;自发指的则是,人的行为融入一个过程而对该过程及其结果并不知晓且无从控制。

就制度创新而言,自觉自发两种形式有共同性,主要表现在两个方面:其一,自觉自发两种活动形式都具有一定方向性,且基本方向(目标)相同。即都主张建立一种制度,在这种制度下,人的行为可以达到效用最大化,经济人追求的个人效用可以最大化,政府追求的社会效用也可以最大化。其二,制度特有的功能使人的行为可以预期,因此,无论自觉建立的制度还是自发建立的制度,都与必然性相联系。倘若制度表征的必然性与事物自身发展的必然性相吻合,两种形式建立起来的制度的实际效果也相同。只不过,对自发而言,必然性是外在的、盲目的;对自觉而言,必然性是内在的、可意识到的。但"制度是人为设计的、是人的创造"的观点,受到了当代自由主义政治哲学代表人物、经济学家哈耶克的强烈抨击。"自生自发秩序"是《自由秩序原理》的核心理念,它包括行为结构和规则系统两部分。社会秩序是自生自发的,规则系统也是自生自发的。首先,哈耶克看到,人类历史上存在大量人为设计而最终失败的事例。其次,人的理性、能力和认识是有限的,社会秩序、规则和文明的发展难以为理性所完全洞悉。最后,哈耶克是坚定的自由主义者,强调个人选择、个人自由、个人自主和个人拥有不可剥夺的权利,反对任何人以任何方式强制他人去做违反其意愿的事情。②

制度创新是对现实关系的调整,特别是对由宪法所界定的政治制度的调整。在制度创新中,习俗和惯例有两种可能的作用方向:一是成为制度创新借用的资源,即将民间运行的习俗习惯升华为普遍有效的制度;二是成为制度创新的障碍,即它们属于唯有改变方能建立新制度的那类因素。其条件:一是人的需要(包括作为自然存在物的需要和作为社会存在物的需要)的不断增长;二是人的自我意识的觉醒。因此人的需要总是超出现存对象,它总是与对象处于一种矛盾的不平衡状态中。正因为如此,人的需要就永远得不到最终的适意的满足,人才会永不停息地去创造更高级的事物来满足自己不断增长、不断更新的需要,而价值则是从人们对待以能力、工具为中介的主体需要与客体功能之间的供需关系中产生的。当然,人作为社会存在物,要在生产关系中处理他们

---

① 中共中央马克思恩格斯列宁斯大林著作编译局. 马克思恩格斯全集第 19 卷[M]. 北京:人民出版社,2006:131.

② 哈耶克.自由秩序原理[M].北京:生活·读书·新知三联书店,1998.

的利益关系,而在处理利益关系的活动中,遇到了公正和不公正的问题,在对待主体自身与利益、公正之间关系的活动中遇到了自由和不自由的问题,于是人们就产生了追求公正、追求自由等社会需要。正是人类不断增长的自然需要和社会需要,才会形成人们的价值意识。但是,在这里人的价值意识的形成还只是一种预设,还只是一种可能性,要使这种可能性成为现实还得依赖另一个条件,那就是人们抽象思维的发展和自我意识的觉醒。所谓自我意识是相对于对象意识而言的,它是人对自身状况、特点、属性以及自身与客观世界关系的认识。在人类社会早期,由于人们抽象思维水平的低下,不能在思维中把主体和客体、主观和客观清晰地加以区分,不能把自然界的存在和本性同自己对它们的感受、愿望、情绪加以甄别和解读,这时他们对外界自然需求顶多只能算做是一种价值的潜意识。随着人类实践的发展,抽象思维不断成熟,人类的需要在意识中的反映也发展了,人们在对外界事物的状况、属性、特点和结构等对象意识进一步发展的基础上,又加深了对自身状况、属性、特点和需求的自我解读,也就是说这时才有可能把客体的功能、属性和自身的需要联系来思考,这就正式形成了价值意识。人们首先只是意识到某些自然物对人的价值,随着人类社会意识的觉醒又逐渐意识到某些社会现象、社会关系对人的意义,进而又发展到某些精神现象也成为人们的价值追求,随着抽象思维的进一步发展,终于形成了由多项价值目标构成的社会价值体系,对更根本、更重要的价值目标的追寻,使人们形成了价值本位的观念。

第三节　图书馆权利

图书馆权利的意义和重要性越来越被广大图书馆馆员和图书馆读者所认识,学界对图书馆权利研究也越来越深入。但由于我国的图书馆权利研究尚处于起步阶段,诸如图书馆权利的概念与要素、依据与动力、结构与内容、目的与任务、主体与客体等基础问题,都未明确,本节拟就这些问题做一些探讨。

一、图书馆权利的概念与要素

(一)图书馆权利的概念

图书馆权利(library rights)是一个源于美国的概念。1939 年,美国图书馆协会发表了《图书馆权利宣言》,第一次对图书馆权利内容做出了集团性确认。在日本,"图书馆权利"被称为"图书馆自由",并于 1954 年发表了《图书馆自由宣言》,形成了日本集团性的图书馆权利规范。

尽管图书馆权利研究在我国起步较晚,但学者们从各自不同角度审视了图书馆权利,形成了不同的图书馆权利理念与立场。李国新教授在分析美国、日本业已形成的图书馆权利观念和规范时提出:图书馆权利是图书馆人职业集团为完成自身所承担的社会职责所必须拥有的自由空间和职务权利,实质是利用者的权利①。张红也认为:图书馆权利是图书馆为完成其社会职责而拥有的职务权利,其核心是利用者权利②。从运行机制上分析,白君礼指出:"图书馆权利是图书馆人(包括个人或集体)以相对自由的作为或不作为的方式,获得知识自由和信息自由,达到引导人们心理体验而必须拥有的权利。"③从图书馆精神实质上理解,范并思先生推出图书馆权利包含"社会立场的图书馆权利"和"馆员立场的图书馆权利"④。从理论上,程焕文教授提出,"图书馆权利"应以"读者权利"为核心,即读者平等、自由地利用图书馆的权利。从实践上讲,周心慧、张勇则认为:"图书馆权利"必须要兼顾图书馆的生存、发展权利,保障图书馆拥有实现读者权利的实施手段和基础条件,否则,自由、平等利用文献信息只能是一种"理想"。从图书馆权利本质上讲,赵洪川认为:明确责任是获得权利的前提,公共图书馆的权利和责任是一个体系,它涉及图书馆服务与管理的全过程,融入图书馆文化的不同层次中⑤。

事实上,要全面地领悟图书馆权利的内涵,应当把它看作是图书馆权利理念与图书馆权利具体实践的统一体。图书馆权利首先是一种图书馆服务理念,为贯彻这一理念,政府、图书馆组织等相关机构制定相应的图书馆制度,构建相应的图书馆信息自由空间,并采取相应的手段和方法,以图书馆权利作为信息自由、信息平等的载体和媒介,冀以最大限度满足读者的信息、知识的需要。也就是说,先有图书馆权利理念,后有图书馆权利实践;先有图书馆权利思想,后有图书馆权利规范。因此,要准确把握图书馆权利,单从某一个角度理解图书馆权利的本质与内涵都是片面的,应该从图书馆服务与管理全过程中把握图书馆权利,并根据图书馆主体要求,使图书馆权利理念和图书馆权利实践二者有机结合起来,形成规范的图书馆权利理念,目的是满足图书馆利用者的自由、平

---

① 李国新.图书馆权利的定位、实现与维护[J].图书馆建设,2005(1):1-4.

② 张红.图书馆权利解读[J].图书馆论坛,2006(2):33-36.

③ 白君礼.图书馆权利中的几个基本问题浅谈[J].图书情报工作,2006(2):120-123.

④ 范并思.论图书馆人的权利意识[J].图书馆建设,2005(2):1-5.

⑤ 毕红秋.权利正觉醒 激情在燃放——中国图书馆学会2005年峰会综述[J].图书馆建设,2005(1):12-14,29.

等的信息知识权利诉求,只有这样,才能正确理解图书馆权利的真正意义。

(二)图书馆权利要素

要了解图书馆权利,首先要从什么是权利要素入手。夏勇教授认为:"权利是为道德、法律或习俗所认定为正当的利益、主张、资格、力量或自由。"①事实上,这种既是观念又是制度的权利,是人类本身应该享受的基本人权,是民主社会应该满足组成社会体系的各个领域人类个体的基础权利,也适用于从属于文化权利的图书馆权利。因此,图书馆权利首先来源于业已形成的道德规范(包括社会公德和图书馆职业道德),即从道义上提倡什么样的图书馆权利理念和做法,反对什么样的图书馆权利理念和做法,以此引导图书馆权利实践;其次图书馆权利来源于法律规范,即从法律上维护业已形成的图书馆权利规范;最后,图书馆权利还来源于习俗、习惯。因此,当我们说某个人享有图书馆权利时,就是说他享有或拥有图书馆的某种自由、利益、主张、资格或力量等要素。

自由。作为权利本质属性或构成要素的自由,通常指权利主体可以按个人意志去行使或放弃该项权利,不受外来的干预或胁迫。如果某人被强迫去主张或放弃某种利益、要求,那么就不是享有权利,而是履行义务。图书馆权利本质就是维护图书馆权利主体的信息利益、要求的主张。正如 IFLA/FAIFE(国际图联信息自由获取与言论自由委员会)在《图书馆与知识自由宣言》中指出:支持、捍卫和促进联合国世界人权宣言中论及的知识自由权的定义,声明人类拥有表达知识、创造思想和智力活动以及公开阐明观点的基本权利。《公共图书馆宣言》中指出:自由、繁荣以及社会与个人的发展是人类根本价值的体现,富有成效的参与和民主的发展有赖于良好的教育和对知识、思想、文化及信息的自由和不受限制的获取。这说明图书馆自由的核心价值在于图书馆主体的个人意志,其本质是个体对图书馆信息知识利益作为与不作为的主张。

利益。权利的本质是主体为法律、道德和习俗所确证的利益和意志。利益的实质是需要,当图书馆主体对图书馆客体(信息和知识)产生需要并将其嵌入意志结构之中,就会形成图书馆权利诉求。这种权利诉求一经图书馆法律、习俗或道德的认可,便会凝结为图书馆的基本权利②。

主张。一种利益若无人提出对它的主张或要求,就不可能成为权利。只有通过图书馆权利主体提出了相应的利益主张,才能形成具体的图书馆权利。如

---

① 夏勇.权利哲学的基本问题[J].法学研究,2004(3):3-26.

② 蒋永福,田文英,孙瑞英.知识权利与图书馆制度——制度图书馆学研究[J].图书馆建设,2005(1):5-8,51.

图书馆读者在利用图书馆信息资源过程中,对图书馆提出相应的平等自由使用信息权、参与图书馆事务管理权、尊重权、知情权、批评建议权和保守读者秘密权等具体要求与主张后,才能被图书馆法律、习俗或道德所认可。

资格。无论是道德资格,还是法律资格,提出利益主张要有所根据,才有资格提出要求。法律意义上的权利是指主体有自主行为的自由和享受利益的资格,通常表现为权利主体自由的作为与不作为以及有资格享有某种利益。图书馆权利从法律上体现了公民享有利用信息知识的资格。

力量。拥有力量才能成为权利。力量包括权威、权力和能力等方面内容。图书馆主体力量如果是由法律来赋予权威的利益、主张或资格,则被称为图书馆法律权利。除相关图书馆权威的支持外,图书馆权利主体还要具备享有和实现其利益、主张或资格的实际能力或可能性,包括主体利用信息知识的各种能力和素养。

(三)图书馆权利的依据

对图书馆权利的认识,目的是推动图书馆权利的实践,实现图书馆社会价值目标。这就需要制定具有实践作用的图书馆权利的行为规范和行为准则。虽然目前我国图书馆界关于图书馆权利的理论依据还未能形成,更没有可指导图书馆权利实践的类似《图书馆权利宣言》的行为规范。在图书馆行业或图书馆主管部门及相应的政府部门制定适合我国图书馆发展的图书馆权利行为依据之前,可根据《中华人民共和国宪法》、《经济社会及文化权利国际公约》、《联合国人权宪章》、联大通过的《经济、社会及文化权利国际公约》与《公民权利和政治权利国际公约》、联合国教科文组织发布的《图书宪章》、IFLA/FAIFE 的《图书馆与知识自由宣言》、《公共图书馆宣言》、《中国图书馆馆员职业道德准则(试行)》,同时可借鉴和参考美国的《图书馆权利宣言》和日本的《图书馆自由宣言》等,指导图书馆权利的实践。

(四)图书馆权利的动力

到底是什么力量推动着图书馆权利发展呢?一般认为,推动图书馆权利发展的内因首先是人的发展的需要,是人类对美好人性的追求和向往的需要。马克思主义关于人的全面发展学说认为,人的发展是与生产力发展相一致的,人的全面发展是历史发展的必然进程,它不以人的意志为转移;社会的不断进步与发展,对人的发展要求也更加全面。以前图书馆在读者利用信息资源活动过程中,主要强调以义务为基础的读者个人道德行为和道德价值,这种以义务为基础的个体活动,关心的是其行为的服从性,强调读者行为是否符合某种行为标准,这样在一定程度上束缚了个体发展需要的信息需求;而以权利为基础的读者个人道德行为和道德价值,图书馆关心的是读者个体的独立性,而不是读者个体行为的服从性,实质上是保护了图书馆读者个体的思想和信息知识自由选择的价值,推动着图书馆利用信息知识个体的全面发展。其次是图书馆自身发展的需要。图书馆为求生存,就要适应时代发展需要,通过各种有效手段和方法维护图书馆主体利益和主张。最后,图书馆权利发展的外部动力是社会生产力的发展。图书馆权利的发展具有时代性,不同的历史时期,赋予其不同的图书馆权利、自由内容。从美国的图书馆权利运动,到日本的图书馆自由运动,到今日世界范围内的图书馆权利运动,充分说明了图书馆权利的动力特征具有时代性。图书馆权利的时代特征的另一个表现是政府、图书馆行业组织、国际图书馆学术组织机构对图书馆权利的推动和影响,政府、图书馆行业组织、国际图书馆学术组织机构都不约而同地成了图书馆权利发展的外部动力。

二、图书馆权利的内容与价值

在哲学概念中,主体性是相对于客体性而言的,是指人在一定条件下对一定客体所具有的某种自觉的能动作用。主体是行为的发出者,决定事物发生、发展、变化的主要方面;客体则是主体行为的作用对象。一般而言,主体是人,客体是物。但严格来讲,人并非都是主体,物也并非都是客体。图书馆权利主体是由法律、道德、习俗和习惯所规定的,享受法律、道德、习俗和习惯规定的权利。由于图书馆主体是“人”,是参加图书馆实践活动的社会公众、图书馆人和组织机构(包括图书馆组织机构与国家政府机构等),图书馆权利的主体可分为人主体和物主体。图书馆人主体指的是在图书馆权利中作为主体参与其间的具体人员,如政策决策者、图书馆管理者、社会公众,其中主要主体是社会公众和图书馆管理者。物主体指的是图书馆权利中作为主体参与其间的图书馆组织机构(如图书馆协会)、国家政府部门。但无论是人主体还是物主体,它们同时指向图书馆同一对象——图书馆信息与知识。信息与知识是图书馆具体的物,是图书馆权利的客体,即图书馆权利的实现是通过图书馆发挥主体性,使分散在社会中的信息知识,经过图书馆馆员的收集、组织、加工、整合和控制,使之有序化,形成满足社会公众需要的信息知识资源。因此,图书馆任何主体的作用对象都是图书馆的信息资源。但图书馆各主体对图书馆客体的作用形式不同。为完成图书馆的社会责任,相关的组织机构制定相应的制度,而图书馆馆员的权利是根据相关的要求的制度,通过对社会信息资源的收集、整合、控制和有序化,保障和维护图书馆社会公众这一主体权利的实现。可以说,图书馆馆员是责任性主体,而社会公众是需要性主体,责任主体是为满足需要主体而存在。因此,图书馆社会公众的权利是图书馆核心权利,图书馆馆员的权利是图书馆权利中的基础权利。

(一)图书馆权利内容

从狭义上看,图书馆权利特指图书馆利用者的权利①,表现为图书馆权利的核心层面。从广义上看,图书馆权利包括图书馆主体权利和图书馆客体权利两方面内容,图书馆主体权利包括图书馆利用者权利和图书馆馆员权利;图书馆客体权利包括图书馆的权利(包括图书馆组织的)及政府和相关组织的权利。

因此,从微观角度来认识图书馆权利的内容,图书馆权利特指图书馆利用者的权利②。若从宏观的角度来思考,应包括图书馆主体权利和图书馆客体权利两方面内容。图书馆主体权利核心是图书馆读者的权利和图书馆馆员的权利;图书馆客体权利包括图书馆的权利(包括图书馆组织的)和政府及相关组织的权利。图书馆读者的权利包括读者知情的权利、读者获得知识服务的权利、读者对馆藏资源的使用权利、读者受到尊重的权利、读者对图书馆管理监督的权利和读者的批评建议权利等。图书馆馆员的权利包括要求国家及相关的主管机构提供必要的资金的权利、维护图书馆人的职业价值的权利、管理图书馆信息资源的权利(包括信息资源的选择权利和选择权)和维护读者活动权利(包括抵制任何检查权和保守读者秘密权)等。政府及相关部门的权利包括图书馆权利的制度设计、图书馆权利监督机制和保障图书馆正常运转的经费等权利。若要将这一宏观理论的思考转变成具体可操作的内容,则要通过图书馆读者主体这一媒介来实现。显然,图书馆权利的内容是多层次的和多元的,如果单从微观角度思考和设计图书馆权利,就会造成制定图书馆权利的片面性,造成执行图书馆权利的操作困难性。因此,在制定图书馆权利时,应从宏观的角度理解图书馆权利,图书馆的权利包括制定图书馆权利规范、修改相关图书馆权利条款等。

1.图书馆利用者权利

程焕文教授提出,"图书馆权利"应以"读者权利"为核心,即读者平等、自由地利用图书馆的权利③。1972 年联合国教科文组织颁布的《图书宪章》提出:

---

① 白君礼.图书馆权利中的几个基本问题浅谈[J].图书情报工作,2006(2):120-123.

② 李国新.图书馆权利的定位、实现与维护[J].图书馆建设,2005(1):1-4.

③ 毕红秋.权利正觉醒 激情在燃放——中国图书馆学会 2005 年峰会综述[J].图书馆建设,2005(1):12-14,29.

"每个人都有阅读的权利。社会有责任保证每个人都有机会享有阅读的利益。"图书馆利用者权利即是读者权利,维护和实现读者的各项权利是图书馆的义务,其本质是维护和实现利用者接受、利用图书馆信息的权利。

英国政治学家拉斐尔(D. Rapheal)将权利划分为行动权和接受权。行动权即一种做什么的权利,接受权是接受什么的权利。霍菲尔德将行动权称为自由,将接受权称为主张①。根据此观点,可以把图书馆利用者的权利划分为行动权利和接受权利,即图书馆利用者的权利包括利用信息的权利和接受信息的权利两个方面。利用图书馆信息的权利,也可称为利用者的行动权利,包括:①自由利用图书馆信息知识的权利,即读者自由使用图书馆各类信息知识的权利,包括利用图书馆"信息资源共享"的权利;②自由利用图书馆服务设施的权利;③利用图书馆空间进行休闲、信息知识交流活动的权利。接受图书馆信息的权利包括:①接受教育的权利,通过图书馆的教育的培训获取知识服务的权利;②接受咨询服务和参与图书馆各项活动的权利;③接受参与图书馆管理的权利,包括批评权、推荐建议权、检举权和监督权等;④接受保障读者身份、地位有关的权利;⑤接受免费服务的权利;⑥接受"知的权利"。"知的权利"即知情权,馆指读者在图书馆接受服务时,有获得相关文献信息的权利。

2.图书馆馆员权利

从本源上看,图书馆馆员的权利来源于利用者权利,由于图书馆馆员的权利依附在图书馆机构上,如果没有社会公众对社会公共信息的需求,就没有图书馆机构的存在,也就没有图书馆馆员的权利。因此,图书馆利用者权利高于图书馆馆员的权利,维护、实现利用者信息权利是图书馆馆员权利存在的前提。维护、实现利用者信息权利是图书馆馆员权利行使的最高价值标准,也是图书馆馆员权利行使所追求的目标与归宿。

从这个意义上讲,图书馆馆员的权利是实现图书馆利用者权利和维护图书馆的职业价值和职业尊严的权利,这是图书馆馆员权利存在的基础。因此,图书馆馆员权利的实现首先体现为维护图书馆利用者的权利。具体包括:一是图书馆馆员根据图书馆的性质、功能确定组织信息资源的权利;二是图书馆馆员根据信息知识的内在规律整理、加工、开发传播和提供图书馆信息的权利。其次是体现为维护图书馆的职业价值和职业尊严的权利,实现图书馆馆员的职业价值。正如范并思所说的:"图书馆人的职业权利,即图书馆人维护图书馆科学

---

① 沈宗灵.权利、义务、权力[J].法学研究,1998(3):3-11.

有效地运作的权利。"①图书馆馆员是一种职业,图书馆职业是通过搜集、处理、存储、传递图书馆馆藏信息,达到维护社会公众图书馆权利的目的,即图书馆馆员按照图书馆活动的专业要求,科学地管理图书馆事业,形成现代图书馆服务理念。这种理念能够最大限度地保障社会公众利用信息权利。因此,图书馆馆员的权利是维护图书馆职业价值、职业尊严和职业权益的图书馆职业权利。最后图书馆馆员的权利还体现为维护图书馆行业利益。现代社会的整体价值已表现为许多相互冲突又相互包容的观念、利益、习俗。在面对冲突的观念、利益或习俗时,本行业人员需为之进行辩护,这种辩护需要行业人员坚持整体理性来维护行业的最高利益。图书馆馆员在从事理论研究、设计行业道德与行为规范或制定与行使决策时,其思维的价值取向,除了特定社会的政治、经济、文化等环境的影响外,还要受到他们所在行业行为特点的影响。后者影响到图书馆界对有关行业发展与外界关系的思维。

3.图书馆的权利

根据主体性的不同,图书馆的权利可分为主管机构的权利和个体图书馆的权利。

主管机构的权利包括中央政府和地方政府的文化部门、高等院校、科研机构及图书馆行业组织等,其权利源于社会公众的授权。主管机构权利实现主要是根据图书馆工作目标,制定相关法律、法规、方针、政策并监督其执行的权利,制定根据社会公众信息需要的公共资金投入图书馆的权利,制定规范图书馆的整体行为和修改工作目标任务的权利,并对图书馆工作中出现的重大问题进行监管和查处的权利②。现阶段图书馆主管机构的主要任务是要通过努力让社会公共资金从行政性投入走向公共性投入,并采取相应措施控制公共资金投入的失衡,消除越来越大的数字鸿沟现象,建立一种公平的公共财政投入政策。

图书馆的权利是具体图书馆自身权利。图书馆自身权利来自主管机构的权利和图书馆利用者权利的授权。长期以来图书馆自身权利处在一种附属的、边缘的和不受尊重的地位,并承受来自各方的压力,图书馆自身权利存在诸多的缺陷,关键是不能高质量地为社会公众提供有效的信息自由、信息平等服务,不能有效解决信息共享服务等,从而影响了图书馆利用者权利的有效发挥。只有回归图书馆自身权利,才能维护、实现图书馆利用者的权利和有效执行主管机构权利的授权,发挥图书馆自身权利的作用。在具体的活动过程中,图书馆

---

① 范并思.论图书馆人的权利意识[J].图书馆建设,2005(2):1-5.

② 舒和新.图书馆权利:意含、实质与保障[J].图书情报工作,2006(3):112-114.

自身权利包括以下内容：一是根据法律制定图书馆规章制度（如制订购书经费计划、制定图书文献管理制度等）并监督其执行的权利；二是根据自身功能和公众的信息需要收集、管理信息资源并向利用者提供信息资源的权利；三是维护读者活动权利，包括抵制任何社会团体和个人的检查权，为读者保守相关秘密权（如个人相关的资信息和借阅信息）；四是要求主管机构提供必要资金投入的权利；五是维护图书馆馆员尊严的权利。

（二）图书馆权利的基本价值

图书馆权利是图书馆馆员职业集团为完成自身所承担的社会职责所必须拥有的自由空间和职务权利，实质是利用者的权利①。即图书馆权利首先体现了一种服务理念，是捍卫利用者利用图书馆信息资源权利的价值观念。为贯彻这一价值理念，政府、图书馆组织机构等部门通过制定图书馆法律、法规制度，并根据图书馆主体性要求，采取相应的手段和方法，构建图书馆信息自由空间，规范图书馆权利实践，满足图书馆利用者自由、平等的信息权利诉求。

1.体现图书馆信息自由

自由使"人终于成为自己的社会结合的主人，从而也就成为自然界的主人，成为自己本身的主人——自由的人"②。这说明人类自由价值是为实现自我个性，不受制于别人专断意志而产生的强制的状态，人们对自由的主张实质是尊重人性的主张，对自由的诉求也正是对人格尊严的诉求。

在这样的认识前提下，世界绝大多数国家或政府都不约而同地向社会公众提供了图书馆这种制度产品，其目的就是保障社会公众的信息自由权利。蒋永福认为：信息自由，是指人类在合法的限度内自由地进行信息活动的一种状态，也是人们在不受或少受外力限制的情况下进行所需信息活动的自由状态③。也就是说，对信息自由的追求是人类共同的本性诉求，也是人类社会发展的最深层的、最根本和最有力的动力源，其核心价值在于满足社会公众平等自由利用图书馆的知识的权利④。

事实上，图书馆权利的自由属性主要是通过对图书馆信息资源进行组织、传播、接受和利用等管理活动，满足信息利用者自身发展需要的信息，保证其自

① 李国新.图书馆权利的定位、实现与维护[J].图书馆建设，2005(1)：1-4.
② 恩格斯.马克思恩格斯选集(第3卷)[M].北京：人民出版社，1977：443.
③ 蒋永福，刘鑫.论信息公平[J].图书与情报，2005(6)：3-5.
④ 蒋永福，李集.知识自由与图书馆制度——关于图书馆的制度视角研究[J].图书馆建设，2004(1)：10-12.

身的全面发展,实现其人性的自由主张来实现的。因此,图书馆权利体现在消除信息自由障碍和保障信息接收与利用自由两个方面。

在现实的信息利用过程中,造成社会公众利用信息自由障碍的主客观因素,包括物理障碍、生理障碍、政治障碍、经济障碍、技术障碍、传统观念障碍等。由于有些信息自由障碍是个体力量无法消除或难以消除的。因此,就产生了借助社会的力量或公共的力量来消除信息自由障碍的普遍需求。这里所谓的社会的力量或公共的力量,就是通过国家或政府所提供的图书馆制度安排,消除利用信息自由的障碍,保证全体公民的信息自由权利。一个社会是否或能否为社会公众消除信息自由障碍并为实现信息自由权利提供相应的制度安排,是衡量这个社会的制度是否公正、自由的一个极其重要的方面。

联合国教科文组织《公共图书馆宣言》指出:"自由、繁荣以及社会与个人的发展是人类根本价值的体现。""人们对社会以及民主发展的建设性参与,取决于人们所受的良好教育和自由、开放的存取知识、思想、文化和信息的程度。"这说明,民主社会的发展取决于社会公众受教育程度和自由利用信息的程度,图书馆在社会公众追求精神自由与幸福方面起着重要作用,这种作用要求所制定的图书馆制度必须是公平的、自由的。可见,保障信息接收、利用自由权利,也正体现了社会公众的生存权、受教育权、思想自由权、休息权等内容。保障了信息接收自由的权利,也就保障了社会公众具有自由利用图书馆的权利。

2.体现图书馆信息平等

恩格斯说:"一切人,作为人来说,都有某些共同点,在这些共同点所及的范围内,他们是平等的①。"社会公众为了实现自我个性发展,都存在拥有社会公共信息产品的愿望,这种愿望是社会公众的共同追求。而社会公众对信息权利平等的普遍诉求,恰恰说明了信息平等不仅是一种理念、一种制度,而且是一种关系。这种信息平等利用关系,指信息活动主体之间在获取社会信息活动中的平等权利关系,即指人人都有接受、利用社会信息的权利②。具体体现为获取信息机会平等和信息分配尺度平等。

获取社会信息机会平等体现为"人人共享、普遍受益"的理念。这种信息机会平等理念体现在《公共图书馆宣言》中,就是"不因其民族、种族、性别、职业、社会出身、宗教信仰、居住期限、财产状况、政治态度和政治面貌的不同而有所差别"。这种开放、平等对待所有读者的图书馆制度安排,体现了社会公众利用

---

① 恩格斯.马克思恩格斯选集(第3卷)[M].北京:人民出版社,1977:444.

② 蒋永福.知识权利与图书馆制度——制度图书馆学研究[J].中国图书馆学报,2005(1):10-14.

图书馆信息机会平等精神,实质上体现了图书馆权利信息平等的属性。

社会信息分配尺度的平等,是指在信息资源的配置和信息服务的提供过程中对所有需求者一视同仁。社会信息分配尺度平等体现为"信息资源配置的公平"的理念。信息资源配置的公平是指信息资源在信息主体之间分配的合理状态①。由于不同的信息主体对信息资源的需求是各不相同的,那么信息资源在不同信息主体之间的配置不可能也不应该是平均化的。因此,在这种情况下,社会信息分配尺度平等特指不同的信息主体对所需信息资源的"各取所需"和"所需能取"状态。要做到社会信息的"各取所需"和"所需能取",就要消除社会信息垄断、信息霸权、信息壁垒、信息隐瞒、信息阻塞、信息歧视等不公平现象,降低人为因素的干扰到最低限度,满足社会公众的信息需要,实现图书馆权利信息平等的基本价值目标。

3.体现图书馆信息效益

不同的图书馆制度配置导致不同的图书馆权利,从而产生不同的图书馆信息效益。图书馆权利的信息效益价值实质是通过图书馆信息合理配置来追求图书馆信息利益最大化,是图书馆主体信息权利的目标。

追求、实现图书馆信息效益,包括明晰图书馆主体的实际信息权利和行之有效的实现主体信息权利的监管权利。明晰图书馆主体的实际信息权利是保证每一个主体追求自身利益最大化的前提。实现图书馆主体权利的监管权利是依据图书馆主体对图书馆信息需要的主张,增加图书馆主体的信息收益,为实现图书馆主体的实际信息权利提供保障。

实现图书馆权利的信息效益,关键是实现图书馆权利的配置合理化。其包括以下几层含义:一是促使图书馆主体权利实现信息成本最小化。信息成本最小化就是图书馆应根据信息资源代价发生的内在规律,找到其根源和相关效应,选择信息投入成本与信息目标效益的均衡点,使图书馆信息资源成本小于信息目标效益,提高、完善、控制和校正信息资源成本发生的条件,尽可能地避免信息资源"过剩"与浪费。二是要赋予不同层次主体享有不同的权利。图书馆权利实现过程实质是图书馆各层次主体通过各自目的对图书馆信息资源进行组织、传播、接受、利用和管理的活动过程,其中主要有利用者的权利和图书馆馆员的权利。利用者的权利是接受、利用图书馆信息的权利,图书馆馆员的权利是组织、传播和管理图书馆信息的权利。三是要进行适当的图书馆权利宣传,以便各种层次的图书馆主体更好地了解自身的权利。

---

① 蒋永福,刘鑫.论信息公平[J].图书与情报,2005(6):3-5.

三、图书馆权利的目标与任务

(一) 图书馆权利的结构

图书馆权利体系结构可从图书馆主体结构上进行分析。图书馆权利的主体可分为人主体和物主体。图书馆人主体指的是在图书馆权利中作为主体参与其中的具体人员,如政策决策者、图书馆管理者、社会公众,其中主要主体是社会公众和图书馆管理者。物主体指的是图书馆权利中作为主体参与其中的图书馆组织机构(如图书馆协会)、国家政府部门。图书馆各主体对图书馆客体的作用形式不同。为完成图书馆的社会责任,相关的组织机构制定相应的制度,而图书馆馆员的权利是根据相关的制度,通过对社会信息资源的收集、整合、控制和有序化,保障和维护图书馆社会公众这一主体权利的实现。可以说,图书馆馆员是责任性主体,而社会公众是需要性主体,责任主体的目的是满足需要主体。因此,图书馆权利如从主体性利益出发,其体系结构大致包含以下三个层面:第一层面是图书馆权利内核层面,第二层面是图书馆权利表现层面,第三层面是图书馆权利维护、保障层面[①]。

1.图书馆权利内核层面

图书馆权利内核层面指图书馆信息利用者的权利。图书馆权利内核是信息利用者为自身全面发展而自觉形成信息、知识的要求。图书馆在为信息利用者提供各种服务过程中,不仅是信息利用者进行各种信息接收的具体主要对象,而且也是维护利用者对图书馆信息知识利益、主张和资格的机构。例如美国的《图书馆权利宣言》中,关于图书馆为完成提供信息、启迪思想的责任而抵制审查和图书馆与一切抵抗压制表现自由、思想自由的个人、团体合作等条款。

2.图书馆权利表现层面

图书馆权利表现层面是指图书馆馆员的权利。事实上,图书馆馆员的权利要求与图书馆利用者的权利要求存在一定的区别,它们的权利存在不平等性,虽然图书馆馆员的权利是图书馆利用者权利的维护者,但图书馆馆员是有关图书馆制度、理念的执行者,不仅要考虑利用者的利益,同时还要考虑图书馆的利益,实质上图书馆馆员是图书馆利用者权利和图书馆的权利、图书馆行业权利及国家权利的表现者,具有桥梁的作用。

---

① 施强.关于图书馆权利基本问题的探讨[J].图书情报工作,2006(12):54-58.

3.图书馆权利维护与保障层面

图书馆权利维护、保障层面包括图书馆的权利和国家权利等。图书馆权利的内核层面和表现层面的主体性要转化成现实的主体行为能力和资格,主要依靠图书馆权利维护、保障层面提供相关的理论依据和法律法规,来实现主体对图书馆信息知识的利益和主张。而图书馆权利维护与保障要依靠国家、图书馆行业和具体图书馆提供相关的图书馆法律法规与规章制度来保护图书馆主体的信息行为和信息利益。如果没有图书馆权利维护与保障层面,图书馆主体的信息利益与信息主张就得不到实现。因此,图书馆只有在规范的图书馆法律及相关的图书馆制度维护下,才能实现图书馆利用者和图书馆馆员的信息权利与主张。

(二) 图书馆权利的目标

黑格尔指出:"权利的基础是精神,它们的确定地位和出发点是意志。意志是自由的,所以意志既是权利的实质又是权利的目标,而权利体系则是已成现实的自由王国。"[①]图书馆意志通过自由收集和整合信息知识,来完成图书馆自身所承担的社会职责——满足社会公众的信息知识需要,即图书馆权利首要目标是实现图书馆信息知识自由意志和社会公众的信息知识需要意志;其次是缓解社会冲突,实现社会协调。由于社会存在着不同的利益需求和不同利益主体之间的利益冲突,在社会信息资源相对短缺的情况下,各种利益群体总是处于不断分化、组合之中,往往会发生矛盾和冲突。为了不使这种矛盾和冲突对信息社会造成破坏,图书馆制度应为信息利用者提供信息利用关系的规范,并提供稳定的、可遵循的行为准则,信息知识利用者按照这些规范、准则行事,就能使整个社会的信息知识关系表现稳定与和谐,并使图书馆信息活动有条不紊,才能使整个社会信息机体有序运转。

为使图书馆权利目标实现,国家及相关的组织机构要根据现行的法律、道德、习俗和习惯,对图书馆权利的边界进行确定,形成具有现实指导意义的图书馆权利规范。确认图书馆权利边界包括确定图书馆权利的界限、形成图书馆权利的秩序、明确图书馆权利的关系和营造图书馆权利的环境等方面的内容。

确定图书馆权利的界限。图书馆权利界限的确定,既包括图书馆权利与义务的明晰,也包括图书馆主体活动空间和活动范围的确定。要使图书馆权利的活动空间和活动范围得到确定,图书馆主体的活动空间受到保护,其活动规范

---

① 夏勇.权利哲学的基本问题[J].法学研究,2004(3):3-26.

受到严格遵循，这就需要进一步强化图书馆制度的实际效力。

形成图书馆权利的秩序。没有社会秩序，一个社会就不可能运转。同样图书馆如果没有形成信息知识秩序，也就不能正常运转，只有形成可被图书馆主体利用的图书馆信息知识秩序，提供相关利用信息知识搜索工具，才能使图书馆主体利用信息知识权利实现。

明确图书馆权利的关系。由于图书馆主体行动势必与他人发生关系，如馆员与利用者的关系、利用者之间的关系、利用者与图书馆的关系等，所以图书馆只有明确图书馆权利主体间的关系，才能决定各主体行动目标和方向，才能合理地调节、维护图书馆各主体的利益与主张。

营造图书馆权利的环境。图书馆权利规范在为社会提供一个稳定的信息组织、信息传播和信息利用框架的同时，也造就了图书馆主体行为的动力、规范。当这种行为规范逐渐演变成习俗惯例、法规制度后，它们便成为人们共同接受的道德原则和行为活动方式。

(三)图书馆权利的任务

关于图书馆权利的任务，可以从应然与实然两个层面进行分析。从法学观看来，法的应然是指制定法时所应当反映的客观现实社会关系的性质、状况、规律以及应当体现的道德准则和价值取向，法的实然是指已经制定出来并发生效力的实在法及其实施状态。只有当法的应然与实然完全相符或最大程度相符时，才能最有效地发挥其各种价值和功能。图书馆权利的应然是指图书馆主体应该享有的权利，通常是一些法律权利、道德权利和习惯权利；图书馆权利的实然是图书馆主体实际享有的权利，主要是指相关法律确认并有强力保障的权利，也是指已经制定出来并发生效力的实在法及其实施状态。

图书馆权利的应然任务，就是努力使作为社会信息资源中心的图书馆，引领着社会信息资源的有序交流和传播，促进图书馆组织管理与图书馆信息传播、信息交流和信息服务的交融共振、和谐发展，以期使图书馆的信息资源满足社会公众的自身发展的信息知识的需要，并使图书馆信息知识达到效益最大化的目的。从实然的角度讲，图书馆权利就是与图书馆主体的自由、资格和利益相关的法律表达及其实现程度，其主要任务至少应包含如下几个方面：一是满足完善社会公众的自身个性化发展需要的价值结构。图书馆权利首先关注的是读者的价值取向和道德追求，关注读者作为一个整体的人的发展，关注作为一个公民的基本信息素养的形成，关注作为一个"人"所应具备的自身发展的信息基本需要；二是图书馆权利注重社会公众自由、平等地利用图书馆信息的主张，要让广大读者都能平等公正地利用人类共同信息、知识；三是平衡民主社会各公众的利用信息知识差别。通过维护图书馆主体利用信息知识的权利,缩小社会公众利用信息知识的能力。目前我国图书馆界还没有从理论上对图书馆权利进行明晰化,只有对图书馆权利进行法律上和道德上的确定,并对图书馆权利边界进行确定,形成可操作的图书馆权利规范,才能使图书馆权利完成从应然到实然的转变。

四、图书馆权利的实践与实施策略

(一)图书馆权利的实践

图书馆权利的理论研究是为了指导图书馆信息服务的顺利发展。因此,关注图书馆权利的实践性课题,应是每个理论工作者应尽的职责。我国图书馆权利的实践研究还不是很深入,诸如图书馆权利的目标确定、图书馆权利的政策与立法、图书馆权利内容的规划、图书馆权利的评价等课题,都亟待深入研究。譬如,图书馆权利体系的制定问题,图书馆权利体系的研究和确立,既是至关重要的理论问题,更是与图书馆权利实践密切相关的大问题,它直接关系到图书馆今后服务活动的开展。又如,关于图书馆权利制度方面的研究问题。我国当今的图书馆权利发展亟须政策和立法的支撑,只有通过国家对图书馆责任与义务的明确,以及图书馆组织机构对图书馆权利的规范,图书馆权利发展问题才能得到完满的解决。

(二) 图书馆权利的实施策略

1.图书馆权利认识先行策略

图书馆权利的理论建设是图书馆权利实践的基础和前提。从世界范围看,我们所熟悉的图书馆权利(或图书馆自由),其背后皆有相应的理论支持。认识先行策略,也可称之为"理论先行"或"观念先行"策略。它指的是,图书馆权利的顺利实施首先必须让人对其有所认识,特别是对图书馆权利的意义与目的及其功能,有充分的了解和认知,所谓"知之愈深,爱之愈切"就是这个道理。现阶段的图书馆权利,在我国还处在理论探讨阶段,国家、政府各相关部门、图书馆组织、图书馆馆员和广大社会读者等对图书馆权利的认识还很陌生。因此,我们认为,要推动图书馆权利的顺利发展,有关图书馆权利的"认识"、"理论"和"观念"必须先行,之后各个体图书馆才可以采取措施,让社会公众有个较为全面的了解,从而取得一个共同的信念和支持。

2.图书馆权利制度建设策略

马克思指出,人的本性是"自由自觉的活动"①。这种"自由自觉的活动"只有在社会中,按照社会的制度安排,通过社会的活动才可能实现。这就说明了制度是保证这种活动和享受得以实现的关系规范。图书馆信息自由空间、自由权利活动从某种意义上讲是培养人的社会实践活动,它具有明确的社会实践性。对于这么一个人类特有的、任何社会都不能没有的社会实践活动,仅靠人们的原发热情和良好动机是无法高质量地完成的。纵观国外一些发达国家完善的图书馆权利法规,你就足可领会"法规"对规范与引导一个事物发展的重要性。因此,良好的图书馆权利的发展必须建立在完善的法规之上,政策法规建设是推进图书馆权利发展的关键和保证。图书馆权利制度的制定,实际上是对图书馆表明立场,明确社会对图书馆制度安排是维护图书馆主体信息利用机会的自由、平等,保障公民求知的自由与求知的权利,从而从图书馆知识、信息的角度维护了社会信息利用的公正。

3.图书馆权利技术操作策略

理论建设与政策法规建设是重点,技术操作层面的内容更多的是细枝末节,没有"理论"与"政策法规"的支撑,技术操作往往是事倍功半,甚至于问题百出,就像我们现如今的局面。事实上,图书馆权利的技术操作层面的内容应着重处理好如下三方面的问题:一是以"图书馆读者主体性"为本的图书馆权利目标体系的确立;二是建立一个合理而科学的图书馆权利内容结构体系;三是建立一个科学的图书馆权利监督管理体系,指导图书馆权利的实施。

尽管图书馆权利已逐渐被世人所认识,但对于图书馆权利的意义和重要性的认识还远未到位,关于图书馆权利理论与实践的一些基本问题也亟待深入探讨和总结,可以说,图书馆权利的明确和实践,从某种意义上说,就是图书馆走向权利时代的重要标志。

---

① 恩格斯.马克思恩格斯选集(第3卷)[M].北京:人民出版社,1977:75.

第三章　图书馆知识管理

现代图书馆存在的价值,在于对知识的获取。图书馆处在知识发生、生产、组织、集合、控制、提供的链条中,通过对显性知识的组织整理、序化控制和对隐性知识的发现与开发,以及对各种知识的科学管理与图书馆组织的有效运作,便于用户获取其有用的知识单元,体现知识价值。

第一节　知识图书馆

多元化理论格局繁荣了处于前科学阶段的图书馆学,而一元化格局发展方向将规范图书馆学理论并使它从前科学向常规科学转化。以知识、知识组织、知识管理知识服务为核心的理论基础,使图书馆学的理论与实践向常规科学转化成为可能。对知识进行整理、揭示、加工、表示、控制等一系列便于获取知识单元的组织管理活动,将成为知识图书馆的理论基础和工作方法。

一、知识图书馆的提出

自 20 世纪初到现在,中国图书馆学经历了"百年沧桑,三次高潮,四代学人"①,产生了许多诸如"'要素说'、'规律说'、'矛盾说'、'关系说'、'层次说'、'系统说'、'图书馆说'、'图书馆事业说'、'知识说'、'交流说'(又分文献交流说、知识交流说、文献信息交流说等)、'符号信息说'、'公共信息流通说'、'信息时空说'和'资源说'"②等学说,使图书馆学基础理论研究处在"多元化"状态。"如果说多元化理论格局的形成繁荣了处于前科学阶段的图书馆学,那么一元

---

① 霍国庆.百年沧桑　三次高潮　四代学人——20 世纪中国大陆和台湾地区图书馆学史总评(续)[J].图书馆,1998(4):8-12.

② 马恒通.新中国图书馆学研究对象争鸣 50 年(1949—1999)[J].图书馆,2000(1):22-27,37.

化格局将规范图书馆学理论并使它从前科学向常规科学转化。这是图书馆学的发展方向,也是科学发展的一般规律。"①这说明"多元化"状态并不是图书馆学理论与实践研究的终结。因为图书馆工作研究的本质属性、核心问题是唯一的。目前,"复合说"(或"混合说")是从知识载体形式的多样化角度理解图书馆存在的状态,也即图书馆工作的现象问题。为了将现实图书馆和虚拟图书馆统一于一个工作逻辑基点之中,图书馆学需要有一个统一的模型来描述现实图书馆和虚拟图书馆。而以知识、知识组织、知识管理、知识服务为核心的理论基础,使图书馆学的理论与实践向常规科学转化成为可能。对知识进行整理、揭示、加工、表示、控制等一系列便于获取知识单元的组织管理活动,将成为知识图书馆的理论基础和工作方法。

二、知识图书馆的含义

多媒体、网络技术等信息技术发展,促使图书馆工作七大范式转变②,特别是建立在知识和信息的生产、分配和使用之上的知识社会的到来,促使以利用文献为主的读者图书馆向以利用知识为主的社会图书馆转变。学者蒋永福从客观知识与图书馆、图书馆与知识组织关系角度,提出"客观知识应成为图书馆学的逻辑起点"③,并称"知识组织理论可成为图书馆学的理论基础"④。王子舟认为,"知识集合是人类获取知识的重要媒介,图书馆的实质就是知识集合"⑤,并进一步指出"当代图书馆学的核心概念是知识"⑥。因此,知识、知识组织、知识管理和知识服务是知识图书馆的主要研究对象。

正如学者彭修义所说:"考察图书馆事业几千年的历史进程,我们看到自始至终贯穿着一条知识的红线,这个事业的本质是知识的,这个事业最终也必将汇入人类社会的知识洪流之中。图书馆由信息归入知识是一个必然的过程、趋

---

① 马恒通.从多元化到一元化——论图书馆学的发展方向[J].图书馆,1998(3):21-25.

② 吴建中.中国图书馆发展中的十个热点问题[J].中国图书馆学报,2002(2):7-12.

③ 蒋永福.客观知识与图书馆——从客观知识角度理解的图书馆学[J].中国图书馆学报,2000(5):44-49.

④ 蒋永福.图书馆与知识组织——从知识组织的角度理解图书馆学[J].中国图书馆学报,1999(5):19-23.

⑤ 王子舟.知识集合初论——对图书馆学研究对象的探索[J].中国图书馆学报,2000(4):7-12.

⑥ 王子舟.图书馆学的基本概念与核心概念[J].中国图书馆学报,2001(3):7-11.

势与结局。"①在具体的工作过程中,用户对图书馆的需求是指向图书馆文献中的知识内容,而不是图书馆文献的载体形式和知识的记录符号,用户利用图书馆的目的就是为了获取其所需的知识单元,图书馆工作则通过对文献信息资源的收集、整序、加工、组织和控制等方法,使无序状态的文献资源成为有序化状态的文献资源,以求达到知识单元序化的目的,并运用图书馆特有的检索语言,使读者获得其所需的知识单元。图书馆的核心工作是保证图书馆文献资源中知识单元对服务对象的可获取性。因此,我们认为,知识图书馆是对图书馆中的知识进行整理、加工、表示、控制等一系列便于用户获取知识单元的组织管理活动。

三、知识图书馆的特征

从知识图书馆含义可以看出,图书馆揭示和组织的对象不再是单一的文献单元,其目的是通过对文献单元的组织与分析,将文献单元转化为知识单元,并将知识单元以一定的逻辑语言,形成用户可利用的检索语言工具,达到用户与图书馆的交互,实现图书馆工作"搜集整理、传递使用、图书馆与社会互动"②的作用,以及发挥图书馆客观知识系统性、公开性、交流性、共享性的功能。因此,从组织活动过程看,知识图书馆应具有客观知识的集合、序化、重组、提供等特征。

(一)客观知识的集合

随着社会化程度越来越高,任何一个人想获取知识,必须从已经社会化了的客观知识世界中去获取。知识图书馆工作对象是图书馆文献资源中的客观知识,对客观世界中的不同载体形式的文献资源进行收集、存放、整理是图书馆生存的基础。而知识集合是"用科学方法把客观知识元素有序地组织起来,形成专门提供知识服务的人工集合"。③ 图书馆作为一个有序的知识集合,其存储知识与检索知识的功能立刻就完全显现出来了。虽然,有序是知识集合的本质属性,有序的知识集合才具有检索与获取知识的效用,但是,图书馆如果没有

---

①　彭修义.论第三代图书馆事业、图书馆专业与图书馆科学——关于知识角度的图书馆未来探索[J].图书馆,1997(2):10-15,17.

②　刘洪波.知识组织论——关于图书馆内部活动的一种说明[J].图书馆,1991(2):13-18,48.

③　王子舟.知识集合再论——对图书馆学研究对象的阐释[J].图书情报工作,2000(8):5-11.

大量收集、存放文献资源，就会失去对用户的吸引。所以，存储知识是知识集合最本质的属性。当然，要根据具体图书馆的特点合理规划、组织文献资源，形成具有自身特点的图书馆知识集合框架，引导各种知识个体有机结合，进而构建起合理的知识资源库，更好地为用户提供知识服务。也就是说图书馆知识集合要从"宏观上、整体上、战略上指导整个知识资源体系，并有效组织不同载体形式的知识资源，逐步形成多元化的知识体系"①。

(二)客观知识的序化

客观知识序化是为了促进文献知识资源库中各文献单元、知识单元的有序化，以便更好地表示知识内容，方便用户更好地获取与利用知识资源。在知识图书馆组织中的知识序化，包括文献单元序化和知识单元序化。进行文献单元、知识单元的分类、编目、标引、加工及排序，是图书馆知识组织的主要形式。对文献单元的序化是宏观化的知识组织，具有可分解性，对知识单元的序化是微观化的知识组织，不具有可分解性。知识图书馆的知识序化包括各种载体形式的文献知识资源库及其他单元知识数据库。知识图书馆的知识序化组织由于网络技术的大力支持，正向多样化、多道化和多层次化转变。

(三)客观知识的重组

知识图书馆对客观知识的集合和序化活动，保证了客观知识资源从离散无序到集中有序转化，为用户利用客观知识资源进行知识创新活动提供了社会化保障。而客观知识重组是"根据一定的目的，将最有用的知识汇集在一起，重组成隐含新意的知识集成的一种形式"②。客观知识重组是对相关知识客体中的知识因子和知识关联进行结构上的重新组合，通过知识单元中的知识因子间的相互联系、相互影响，将它们按一定方式联结，形成新的知识串，为用户提供新的知识产品，目的是为人们提供经过加工整序后的精炼性知识。因此，客观知识重组具有整合性、创新性、针对性和时效性等特点。客观知识重组将是知识图书馆的一项重要工作，是图书馆人可资生存与发展的新平台。

(四)客观知识的提供

通过对客观知识的集合、序化、重组，最终目的就是使数量大、内容杂的文

---

① 王子舟.知识集合初论——对图书馆学研究对象的探索[J].中国图书馆学报,2000(4):7-12.

② 陈景增.图书馆知识组织三层次论[J].情报杂志,2004(4):62-64.

献知识库中的知识单元有序化、明晰化,便于用户获取系统、准确、完备的知识或数据。知识图书馆将文献单元提供与知识单元提供联结在一起,使用户在获得知识单元的同时了解其知识的来源。图书馆提供客观知识的方式多种多样,如有分类、主题、索引、文摘、引文分析、关键词、叙述词、超文本技术、数据仓库等形式。

四、知识图书馆的组织方式

王子舟认为,"客观知识世界是由众多人类显性知识系统构成的,这些知识系统同时也是由无数知识的基本组分组成的。知识的基本组分可分为两大类,一是具有'硬性'特点的、具有独立载体形态的知识组分(即文献单元),一是具有'软性'特点的、不具有独立载体形态的知识组分(即知识单元)"①。因此,图书馆所能提供的知识基础是文献单元,文献单元的提供过程,也是知识单元的提供过程。也就是说,一方面用户需求所指向的满足物是静态的独立载体形态的文献单元,另一方面用户需求获取内容是动态的不具有独立载体形态的知识单元。所以,文献单元组织方式和知识单元组织方式是知识图书馆组织的两个方面。

(一)以文献单元为基础的知识组织方式

1.文献、文献单元

以文献单元为基础的知识组织形式自古有之,而对于文献,不同学者有不同的理解。王子舟等将文献定义为"专门记录和传递有知识的人工载体"。王知津等认为"文献是固化了的知识"。较有权威和具有广泛影响的是国家标准对文献的定义。如《文献类型与文献载体代码》(GB 3469-83)与《文献著录总则》(GB 37921-83)均将文献定义为"记录有知识的一切载体"。笔者认为文献具有广义和狭义之分,狭义的文献含义是专门记录和传递有知识的人工载体单元,强调知识的传播性和知识的交流性;而广义的文献含义是记录有知识的一切载体,强调知识的存在和传播。但无论人们对文献概念如何描述、定义,组成文献三要素即知识内容、记录符号、载体形态是静态的、不变的。我们所见到的文献都是具有单元形态的,即文献的客观存在性,是以各种各样的文献单元形式表现的。

---

① 王子舟,王碧滢.知识的基本组分——文献单元和知识单元[J].中国图书馆学报,2003(1):4-10.

目前,文献单元的辨认与辨别主要依靠载体单元,如以纸质文献存在形态谓之传统图书馆,以电子文献存在形态谓之电子图书馆,以数字化、网络化文献存在形态谓之数字图书馆和网络图书馆,以上几种文献存在形态同时存在的,谓之复合图书馆,等等。由于文献数量的激增、文献记录符号的不同、文献载体形态的多样化,文献单元依据其自身的三要素往往还可分解成若干具体的单元形式,如"文献的知识内容单元、知识形式单元与载体形态单元"等等。知识图书馆的文献资源群从单一的纸质文献群向纸质文献群、多媒体电子文献群和网络文献资源群并存形态的演变,实质上是知识载体多样化的结果。这种知识内容的依附物——知识载体的多样化,丰富了知识图书馆的文献单元的多种形态。

2. 文献单元的知识组织方式

将无序的文献单元组织成有序的体系,这是知识图书馆最基本的组织活动,通过文献单元汲取知识,是人们获取所需知识的基本途径之一。正如王子舟所说:"文献组织的实质是一种知识组织",而"文献是知识的载体,知识单元的分布规律首先会服从文献单元分布的总趋势,在这个总趋势内再显示自身特有的一些规律"①。也就是说要揭示文献中的知识内容,首先要对图书馆文献的外部特征进行描述、揭示,即文献单元组织形式是知识单元组织形式的基础。

文献单元组织,也是对文献的知识内容单元、知识形式单元与载体形态单元等进行组织。文献单元可满足用户需求各方面的属性。知识内容单元是针对文献单元中的知识内容而言的,是对知识内容的揭示;知识形式单元是针对文献单元中的知识符号体系而言的,知识符号体系往往有题名、责任者等形式特征;载体形态单元是针对文献单元在"物理"方面表现的独立状态而言的,如文献的封面、版权页、正方、附录、索引等。对文献单元的组织,可通过文献主题法、分类法、索引法、文摘法、引文分析法等形式标识文献特征为基本标识单元,达到揭示文献单元的目的,向用户提供文献单元线索。用户通过这些线索获得文献单元,通过自己阅读分析,获得所需的知识。

(二)以知识单元为基础的知识组织方式

1. 知识、知识单元

不同学科、不同学者对知识的认识存在差别,而知识是人类社会实践经验

---

① 马费成,陈锐.科学信息离散分布规律的研究——从文献单元到内容单元的实证分析(Ⅶ):比较与总结[J].情报学报,2000(1):79-89.

的总结,是人的主观世界对客观世界的反映与认识的结晶,是人人共知的。人类从未间断对知识的生产、交流与组织利用活动,而知识的存在离不开一定的物质载体。根据载体的不同,知识的存在可划分为两种形态:"一是寓于个人意识之中的主观知识(或称个体知识),其载体是人的大脑;二是依附和记录于各种文献载体(即脑外载体,如纸张、胶片、磁盘、光盘等)的客观知识(又称公共知识或社会知识)。"①知识图书馆中的各种文献资源群的知识是客观知识,也就是人们通常所说的显性知识。

张德芳指出:"科学知识单元是科学劳动的产品,是在对事物、实物、现象、过程等零散信息基础上,经过系统归纳、分析、整理,能够反映其本质规律的概念、定理或定律。"②马费成称:"数据单元也可称知识单元,它是由各种事实、概念和数值等组成的。"③王子舟根据图书情报工作的实践传统,认为"知识单元是客观知识系统中有实际意义的基本单位"④,并指出知识单元包含以下几层内容:其一,所谓"有实际意义",指知识单元或是一个明确的语词概念、一个具体观点,或是一个科学定理、一个数学公式,或是一首歌中的某段旋律、一幅画上的局部构图等;其二,所描述、表达的知识单元,都是某个知识系统的一个组成部分;其三,知识单元是知识系统的基本单位。

2.以知识单元的知识组织方式

以知识单元为基础的知识组织首先要确定知识基本单位,并以知识基本单位进行存储、有序排列。王知津等认为:"知识单元可被视为一种网状结构,那么,这种特定意义上的知识单元就是由众多结点(即知识因子)和结点间联系(即知识关联)两个要素组成的。"⑤知识因子是组成知识单元的最细微的成分,知识关联是若干个知识因子间建立起的联系。知识关联在产生新知识、形成新文献中起重要作用,是使知识有序化的必要条件。由知识因子和知识关联的网状结构表示的知识单元,是知识组织的基本对象。针对知识单元两要素进行的组织,就是知识因子的有序化和知识关联的网络化。

---

① 王知津,王乐.文献演化及其级别划分——从知识组织的角度进行探讨[J].图书情报工作,1998(1):5-8.

② 张德芳.激发和活化凝固在文献中的知识——论图书馆改革[J].四川图书馆学报,1988(6):1-7.

③ 马费成.知识组织系统的演进与评价[J].知识工程,1989(2):39-43.

④ 王子舟,王碧滢.知识的基本组分——文献单元和知识单元[J].中国图书馆学报,2003(1):4-10.

⑤ 王知津,王乐.文献演化及其级别划分——从知识组织的角度进行探讨[J].图书情报工作,1998(1):5-8.

（1）以知识因子为基础的知识组织方式。以知识因子为基础的知识组织方式属于知识重组范畴，是指将知识客体中的知识因子抽出，并对其进行形式上的归纳、选择、整理或排列，从而形成知识客体的检索指南系统的过程。这一重组过程，实际上是对知识因子在结构上的整序或浓缩的过程。在这个过程中，知识因子间的关联并未改变，没有产生新知识，只是形成知识因子新的序化。在文献单元组织工作中，往往会利用知识因子的重组手段，形成文献知识的索引系统。例如，主题索引系统和分类索引系统的形成，它们的产品形式就是各种类型的二次文献，包括目录、索引、文摘、题录、书目之书目、文献指南等。

（2）以知识关联为基础的知识组织方式。以知识关联为基础的知识组织方式，可以提供新知识，也可以提供关于原知识的评价性或解释性知识。它也是以知识间的相互联系、相互关联进行分析与综合，使原有知识因子间相互关系产生改变，形成新的知识关联网络，从而生产出更高层次上的综合的知识产品的过程。它所形成的产品主要是各类三次文献，如综述、述评、词典、手册、年鉴、类书、百科全书、专题讲座等。由于知识单元隐含在文献单元之中，其具有动态性、不确定性和模糊性，可以利用多维知识空间、知识语法结构重组、知识地图、思想基因进化图谱、人工智能系统等模式为用户提供知识服务。

第二节　图书馆知识管理

在知识经济的大背景下，知识管理已经成为学术界和企业界共同关注的焦点。21世纪前后，我国知识管理形成了热潮，并拓展到图书情报领域，图书馆是知识存储的重要机构，大量的知识在此汇集、传播和交流，通过知识的创新来满足人们的需要。图书馆知识管理是以知识为中心的管理，通过知识共享、获取和利用来增强图书馆的竞争力和反应能力是图书馆工作中必不可少的重要环节。知识管理就是对知识资源进行有效管理的过程。知识管理的目标是使图书馆实现显性知识与隐性知识的共享，促进知识创新并最大限度地开发图书馆馆员的智力资源。在实施知识管理时必须加强人力资源开发与管理，创建学习型组织，建立组织文化，变革组织结构。

一、知识管理

（一）知识管理的定义

"知识管理"（knowledge management，KM）一词最早是由美国麻省莱克星顿著名的恩图维星国际咨询公司提出的。由于知识管理概念初显，不同领域、不同角色对知识管理强调的侧重面各不相同，有的从管理对象定义，有的从功能定义，有的从行为方式定义，也有的从目标定义，至今没有一个明确而共同的概念。

Yogesh Mathotra 认为："知识管理是当企业面对日益增长着的、非连续性的环境变化时，针对组织的适应性、组织的生存及组织的能力等重要方面的一种迎合性措施。本质上，它嵌涵了组织的发展过程，并寻求将信息技术所提供的对数据和信息的处理能力以及人的发明和创造能力这两方面进行有机的结合。"

也有人将知识管理定义为："通过知识共享，运用集体的智慧提高应变能力和创新能力。"知识管理就是为企业实现显性知识和隐性知识共享提供新的途径。显性知识易于整理和进行计算机存储，而隐性知识则难以掌握，它集中存储在员工的脑海里，是雇员所取得经验的体现。知识管理的目标就是有效地实现这两类知识的互相转换并在转换中创新。也有人认为，知识管理就是以知识为核心的管理，它是指对各种知识的连续管理的过程，以满足现有和未来的需要，确认和利用已有的知识资产，开拓新的机会。

卡尔·E.斯维比则从认识论的角度看待知识管理，认为知识管理是利用组织无形资产创造价值的艺术，从而建立了一个了解企业隐性智力资产的框架。

德国企业家斯特凡·洛特曼等指出："知识管理就是通过对知识的有意识的利用，使之变成一种可以管理的企业资源。"

图书馆知识管理是指图书馆应用知识管理理论、技术与方法，合理配置和使用知识及其相关资源，充分满足用户不断变化的信息与知识需求，并提升现代图书馆的各项职能和更好地发挥其作用的过程[①]。柯平教授在《图书馆知识管理研究》中认为，知识管理应该包含两个方面的含义：一方面是对显性知识的管理，即图书馆在知识管理环境中充分发挥对显性知识的搜集整理和发掘利用的积极管理作用，形成丰富的馆藏信息知识库，促使用户与所需要的知识有机结合；另一方面是图书馆对隐性知识的管理，即图书馆在管理过程中利用其社会职能充分挖掘学科馆员的隐性知识，推动知识转化和增值，实现知识共享[②]。

结合以上各种表述，可以将知识管理简单概括为：知识管理就是对知识资

---

① 王丽娟.论信息管理与知识管理[J].图书馆学刊,2006(3):49-50.

② 张晓艳.基于知识管理的高校图书馆学科服务研究[J].图书馆论坛,2011,31(3):133-135,160.

源进行有效管理的过程。其目标是使企业实现显性知识和隐性知识的共享,促进知识创新并最大限度地开发企业员工的智力资源。

(二)图书馆知识管理的特征

1. 以知识资源为基础

主要强调知识在图书馆中的重要作用,知识资源既包含文字、图形等显性知识,也包含存在于人们头脑之中的隐性知识。图书馆馆员在进行知识管理的过程中,要利用现有的优势,充分挖掘自身的潜能,加强对显性知识和隐性知识之间相互作用、转化、共享和利用的管理。

2. 以人力资源管理为核心

知识的运用、创造和传播是利用人来完成的,所以人是图书馆组织中最重要的组成部分。图书馆的发展应该与个人能力的发展相配合,使得图书馆的目标与个人的目标有机统一。图书馆在进行知识管理的过程中要不断地提高员工的知识水平,发掘员工潜能,加强职业培训与继续教育,增强馆员获取知识和创新知识的能力,运用激励手段使其将所学知识与实际工作相结合,实现图书馆的集体价值。

3. 以知识创新为目标

经济社会的发展离不开知识的创新,所以,知识管理的最终目标即是知识的创新。图书馆知识管理要求促进内部员工之间、图书馆与图书馆之间、图书馆与用户之间的知识交流与共享,加强知识联网,从而提升图书馆知识创新与利用的能力。图书馆知识管理不仅仅要对知识信息的收集、存储、整理与传递进行机械化的管理,而且要着重把握知识与知识、知识与用户之间的相互关系,以创新知识来满足社会发展和用户的需要。

4. 以信息技术为工具

信息技术作为知识创新的源泉和工具,在知识管理中同样非常重要。知识管理的实现离不开信息技术的发展与应用,互联网、数据仓库、视频会议系统等新技术的出现使得知识在空间和时间上的传播更加完善,用户可以通过互联网与世界各地进行交流和探讨问题,能够更加生动、直观地获取情报,及时获得自己所需要的信息。

(三)知识创新管理

创新是一个民族的灵魂,是一个国家兴旺发达的不竭动力。因此,知识创新是知识管理的直接目标和实现途径。

知识创新包括技术创新、管理创新和制度创新。其中技术创新是知识创新的核心和基础,制度创新是知识创新的前提,管理创新是知识创新的保障。知识创新是集三者于一体的系统工程,缺一不可。

创新是一个复杂的过程,关于"创新"的概念目前在理论界也相当混乱。为了理解的方便,我们引用了《第五项修炼》一书作者彼得·圣吉较为确切的说法。他说:"当一个新的构想在实验室被证实可行的时候,工程师称之为'发明'(invention),而只有当它能够以适当的规模和切合实际的成本,稳定地加以重复生产的时候,这个构想才成为一项'创新'。"美国著名管理学家彼得·德鲁克也持同样的见解。他指出:"创新不是一种技术用语,而是一种经济和社会用语。"由此看来,只有在市场上建立一种新产品或一种新企业之后,才能说是有了一种"创新"。

日本学者野中郁次郎指出,由于知识系统中同样存在着不稳定性和不确定性,为了把知识作为创新的源泉,就必须建立起一种机制能使两类知识(显性知识和隐性知识)相互转换,即使两类知识在"隐—显""显—隐""显—显""隐—隐"之间转换。社会财富在这种转换过程中生成,知识转变为行动,并为生产服务。

(四)与知识管理有关的两组概念

1. 知识管理(KM)与信息管理(IM)

人们普遍认为,知识管理是信息管理的一个发展阶段,也有人将两者看作一回事。美国学者 D. A. 马厦德将信息管理分为四个阶段,即物的控制(文献管理)、自动化技术管理、信息资源管理和知识管理。在这个阶段论中,作者预见性地将知识管理视为信息管理发展的新阶段。后来,他在与霍顿合著的《信息趋势:从你的信息资源中获利》一书中,于第三与第四阶段之间插入了"商业竞争分析与智慧"阶段,这样知识管理便成为第五阶段。

但新的研究表明,知识管理不仅仅是出色的信息管理。美国波士顿大学信息管理教授托马斯·H. 达文波特和瑞士国际管理发展学院信息管理教授唐纳德·A. 马钱德著文指出,知识管理不仅仅是出色的信息管理,因为知识管理不仅仅是管理信息和信息技术,它重在知识的创造和知识的应用,与此同时还着重对人的管理,开发人的智力。

就知识与信息的关系来说,知识高于和广于信息。知识管理中的知识不但包括可编码的知识,还包括意会知识。这些知识中既有自然科学技术知识,也有社会人文科学知识和日常经验知识,更包含获取、运用和创造信息和知识的知识,以及当面临问题时做出判断、提出解决方案、适时加以处理的知识和能力。托夫勒在《力量转移》一书中指出:知识"包括信息、数据、形象和意象以及态度、价值标准和社会的其他符号化产物"。丘奇曼指出:"将知识设想或看作是一种对信息的集合的观点,事实上已经将知识这一概念从其全部生活之中剥离出去……知识只存在于其使用者身上,而不存在于对信息的集合中。使用者对信息的集合及其方式才是最为重要的。"这就是说"信息"和"知识"是两样不同的事情,不可混同。

2.信息主管(CIO)与知识主管(CKO)

信息主管(Chief Information Officer,CIO)作为概念,出现于20世纪70年代末80年代初,是信息资源管理理论研究和发展的产物;作为职位的CIO则出现于20世纪80年代中后期,是组织信息管理发展到战略信息管理阶段时的必然产物。而通常所说的CIO,则是处于该职位并承担战略信息管理职责的个体。

其实,CIO的产生经历了一个演化的过程,即随着工厂技术的发展和信息功能的集成,由分散的信息管理走向统一集中的信息管理,再过渡到集成信息管理,内部多样化分工的过程。这一由分到合、再由合到分的过程,完成了CIO自身的演化。同时,CIO的产生又是一个必然的过程。由于科学技术的发展越来越快,部分国际大型企业的信息部门队伍越来越庞大,企业上下所有信息的功能、技术、人员活动、效益等不能适应企业的发展,但可以凭借一个以CIO为核心的团队,通过分权、授权、分工、合作、协调、监督等方式将一些集中职能分解出去。随着高新技术的不断进步,CIO仍在被不断赋予新的内涵和功用。

20世纪90年代以来,由于经济全球化趋势加快,企业之间的竞争由原来的价格竞争转向技术和创新竞争,知识成为资本,智力成为资源。也正是这一新知识经济环境带来了新的管理理念——知识管理。组织智力、管理知识便是这一新理念在实际工作中的运用。

从字面上可以这样来理解知识管理:一是对知识的管理;二是运用知识进行管理。可以说,自有企业以来,"知识管理"便已存在。比如,家族企业子孙相传,师徒技艺传授等都有"知识管理"的轨迹。泰勒的"科学管理"时代,智慧的开发、蓄积和应用也是一种知识规范与管理。企业为了尽快获得、掌握和保存最有价值的知识,同时更好地进行知识经营和创新,设立了知识主管(Chief Knowledge Officer,CKO)这一职位。

而创新和创造能力不单纯属于技术和信息开发过程,还属于经营过程。设立知识主管的目的就是要在没有先例可循的知识创新过程中,能够训练有素地丰富、支配和管理不断发展的知识中心,以便有效地运用集体的智慧提高应变和创新能力。

知识管理有助于对显性知识和隐性知识进行处理,并把这些知识用一种适合用户和商业环境的方式表现出来。因此,把知识管理视为信息管理的延伸,从而试图把信息主管改为知识主管是错误的。这样做的结果,将在不知不觉中把知识管理工作的重点放在技术和信息开发上,而不是放在创新和集体的创造力上。知识主管的工作已超出信息技术的范围,除了信息技术之外,还包括启动、推行和协调知识管理计划等。

(1)知识主管应具备的素质

- 要有战略眼光,对未来具有洞察力。
- 要有领导才能和创业精神。
- 要有管理能力,要善于倾听别人的意见。
- 要具有终身学习能力。

(2)知识主管的主要职责

- 理解任务和战略。
- 了解知识经营业务和实际工作的范围和深度。
- 了解整个创新过程。
- 对具有创造性的创新实践行为进行甄别以及支持。
- 保持知识流动过程的畅通。
- 管理二元过程:提取(即开采资源)和扩散(即收集和散布有价值的资源)。
- 领导"合作伙伴"用电子通讯方式相互联络。
- 在通过合作创造机会(既包括技术方面,又包括人力方面)时扮演教练的角色。
- 设定讨论和对话的基调。
- 记录"系统"的益处。
- 基于全球分布式网络技术,为各部门持续学习、开展交流、促进协作提供技术支持。

因此,应当同时关心技术网络行为方面和技术方面,并且既要从个人的角度看待问题,又要从组织的角度来考虑问题。

二、图书馆实施知识管理

国内对于知识管理相关的理论探讨更为深入和系统。赵海丽认为构建高效的知识管理团队和与时代发展相适应的知识库系统,应规范知识管理、知识传输与技术服务,加强应用管理、知识资源共建共享,改革与完善图书馆工作绩效评价体系,从而将知识管理理念引入图书馆管理与图书馆工作之中[①]。信息需求个性化与服务深化促使图书馆必须提供具有竞争力的服务。程实从隐性知识类型化特征及知识场的相关概念出发,借鉴社会学符号互动理论在网络情境的应用,分析馆员之间、馆员与读者之间互动的隐性知识转移问题[②],并指出图书馆经历了"文献管理范式"和"文献信息管理范式"两次变革,目前正在进行着迈向"知识管理范式"的第三次变革。龚蛟腾基于库恩科学革命的范式理论,在《图书馆知识管理范式探究》一文中提出了"图书馆管理已经跨入了知识管理时代,各种知识管理理论的整合形成了科学、系统的图书馆知识管理范式。业务、技术和制度是图书馆知识管理范式的三个维度。"[③]

(一)加强人力资源开发与管理

未来成功的国家将是那些致力于开发高素质、高技能和高活力资源的国家,人力资源开发与管理已成为全球性的行动。面对新的知识经济时代,人们将有更多的机会选择自己的工作和学习。企业获得成功的一个重要因素就是知识,"知识资本"成了企业创造效益的强劲推动力。当考虑人力资源开发与管理的发展趋势时,我们不能不将其与知识管理联系起来。

实际上,在过去的年代里,知识管理只渗透于人力资源开发管理之中,而在今天,由于知识革命的大环境,长期隐于人力资源开发与管理之中的知识管理浮出水面,向世人展示出了新颖而迷人的风采。今天,员工的价值并不在于其掌握了哪些知识,而在于其是否具有不断创新的创造运用新知识的能力。由此,我们不难进一步提出人力资源开发与管理的创新知识化问题。事实上,在知识经济时代向我们大踏步走来之时,大多数公司或组织都不善于管理知识。他们对自己长期以来开发和管理的人力资源拥有的显性知识和隐性知识知之甚少,更谈不上共享和创新了。

---

① 赵海丽.试论知识管理理论在图书馆的运用[J].图书馆理论与实践,2012(11):41-42,53.

② 程实.图书馆隐性知识管理中的知识场研究[J].图书馆学研究,2014(5):32-36.

③ 龚蛟腾.图书馆知识管理范式探究[J].图书馆理论与实践,2008(4):6-9.

知识全球化时代,知识管理已成为人力资源开发与管理的核心和灵魂。如果说常规的人力资源开发与管理更多地注重教育和培训显性知识的话,那么以知识管理为核心和灵魂的人力资源开发,则应该更好地"清点"员工的全部知识存量,尤其是那些难以量化的隐性知识,以保证高质量人才优势的发挥以及高效率的企业追求成为可能。这是一个伴随着时代步伐的巨大进步。由于知识管理的理性参与,一个人力资源开发与管理的新时代已经来临。

(二)建立组织文化

知识管理是要运用集体的知识和智慧实现创新。但"集体的知识和智慧"如何得来? 关键是个人的贡献。然而,员工们并不一定会心甘情愿地将自己的知识奉献给别人乃至组织。为此企业应建立以诚信为本的组织文化。在以诚信为基础的企业文化氛围中,员工能共享作为主要生产力资源的信息和专业技能,共同承担解决问题的责任,在衡量方法和尺度不清或发生转变的组织环境中发挥主动性并采取行动。

同时,以文化为主导的精神活动不断成长,以致社会最终将成为以精神和文化活动为主导的社会。创新文化建设既有利于创新,也有利于文化发展。金吾伦在《知识管理——知识社会的新管理模式》一书中将创新文化模式归纳为三种:一个和尚挑水吃(戴布拉的"莲花式创新"模型)、两个和尚抬水吃(日本的"螺旋型创新"模型)、三个臭皮匠,抵上一个诸葛亮(创新过程阶段综合模型)[①]。当代科技的发展趋势表明,任何一项重大创新,单独依靠个人的力量无论如何是不行的。现在西方正在强调共同体和团队的作用,强调协调和和谐在创新中的意义以及国家创新系统中系统方法论的重要性。另一方面模式班正面临着注入个人价值与自我责任感,允许更加灵活的个人自由和自主性,在此前提下积极发挥群体的力量。鉴于此,日本的"螺旋型创新"模型是一个极富潜力和发展前景的创新文化模式。创新文化,其关键是建立一套机制,使实现个人价值与群体创造知识的形式有机地协调和结合起来。从体制上、组织管理上制订出一套尊重人、有利于个人价值的实现、摆脱官僚主义和封建主义意识的拴结、保持群体间互相协作、共享信息和知识、减少并消除内耗的制度和办法,把日本的"螺旋型创新"模型建立在充满活力的基础之上。

---

① 金吾伦.知识管理——知识社会的新管理模式[M].昆明:云南人民出版社,2001:68.

（三）变革组织结构

信息技术的进步，正在极大地提高人们在组织内外相互交流和协作的能力。传统的管理方式已经失效。我们需要对旧有的管理原理、基本假设和管理模式提出挑战，并找出重建组织管理结构的新方式以对付知识经济时代竞争与协作的新格局。

超常规组织是日本学者野中郁次郎和竹内广隆提出的。它是一种自中而上而下的管理程序和模式，弥补了等级制转向网络化和组织扁平化的不足，被认为是目前最适合群体创造知识的组织结构。按照两位学者的意见，"自中而上而下"的模式，"最恰当地传达了创造知识的连续而又反复的过程"。这个过程把中层管理人员置于知识管理的最核心，承认中层管理人员在促进群体知识创造过程中所起的关键作用。中层管理人员起着把最高管理层同一线管理人员连接到一起的战略"节点"作用，从而在最高层的崇高理想和一线工人们面临的杂乱现实业务之间构筑起一道"桥梁"，成为创造知识组织中真正的"知识工程师"。其特点表现在：就创造主体而言，参与者最广；就创造何种知识来讲，包罗最全；就知识储存何处而论，最为广阔；就知识是如何创造而论，方法最灵活。

从以上不难看出，超常规组织将等级制的效率和稳定性与任务制的效益和动态性结合了起来，是等级制结构和任务制结构两者取长补短的动态融合，成为知识管理时代最有发展前景的组织结构模式。

三、知识序化

知识序化的含义不仅是宏观意义上的知识单元序化，而且是微观意义上的知识单元组配，是图书馆工作活动过程的核心，是图书馆工作的逻辑基点，是知识组织的目标，是知识创新的前提条件，并能从中总结出知识序化的特征和功能。

（一）关于图书馆知识序化

1. 图书馆知识序化的历史

知识序化是伴随图书馆产生而同时具有的。作为书目工作核心，知识序化始终贯穿着目录学发展的脉络。孔子整理春秋时期诸国文献，经过选择、校雠、阐释、编目等书目工作，形成了《易》《书》《诗》《礼》《乐》《春秋》，标志着知识序化的萌芽。我国最早一部专科性群书目录——汉代杨仆《兵录》的问世，可认为是图书馆知识序化的雏形。西汉刘向、刘歆编《别录》《七略》，"从搜集图书，到

'提要钩玄、编写叙录'，'种别分类、编成目录'的一整套程序与方法，蕴含着知识序化的再生与重组"①。特别是《七略》的产生，促进了知识序化工作走向成熟。《四库全书总目》继承和发展了其图书分类思想，并深化了知识序化的内涵。知识序化工作走向规模化与规范化的标志，是1876年出版的《杜威十进分类法》。现代图书馆的知识序化由于信息技术、网络技术的大力支持，诸如数据挖掘技术，对网络数据进行总结、归纳、分类、聚类、关联分析，将文字、表格、声音、图形、图像、视频等信息、知识以文本方式组织起来，使人们可以通过高度链接的网络结构在各种知识库中自由航行、检索，发现有用的知识，并通过网络知识序化技术的不断完善，使知识序化不断走向深入和多样化。

2.图书馆知识序化的含义

陈景增从宏观上论述了知识序化的含义，认为"知识系列序化组织是为了促进知识资源中各知识单元有所分散又有所集中，使知识单元有序化，以便更好地揭示知识内容，展示典藏，为读者与用户提供更多的检索途径，便利读者与用户更好地获取与利用知识资源，用好、用活知识资源"②。只要使分散知识单元有序化，便于用户获取与检索知识，就是知识系列序化组织。刘君在分析知识经济与文献情报学关系时指出，"知识整序是指根据一定的原则和方法，将处于无序状态的特定知识情报变为有序状态的过程，其目的是便于知识的提供、利用和有效传播"③。根据以上定义我们可以看出，知识序化一方面是通过一定的原则和方法，将处于无序状态的特定知识变为有序状态的过程，便于知识的提供、利用和有效传播；另一方面是通过对文献中记录的知识的逻辑内容进行分析，根据知识相互影响及联系，形成新知识的集合。知识序化不仅包含宏观意义上的知识单元序化，而且包括微观意义上的知识组配。

(二)图书馆知识序化的作用

1.知识序化是图书馆学的研究对象

在王子舟提出"当代图书馆学的核心概念是知识"④之前，图书馆界许多学者都对知识序化表明了各自的见解。梁灿兴的"可获得性论"认为："文献群中

①　张洪元.知识组织智能化与目录学在当代的发展[J].大学图书情报学刊,2001(2):3-4,7.

②　陈景增.图书馆知识组织三层次论[J].情报杂志,2004(4):62-64.

③　刘君.知识经济与文献情报学研究[J].图书情报工作,1999(7):3-7.

④　王子舟.图书馆学的基本概念与核心概念[J].中国图书馆学报,2001(3):7-11.

知识单元的可获得性是图书馆学的研究对象。"①而文献群中知识单元可获得性的条件是知识单元的序化。叶鹰认为狭义图书馆学的研究对象是图书馆,广义图书馆学的研究对象是"有序化信息相对集中的时空"②,"有序化信息相对集中的时空"的知识集合是图书馆的本质属性。而王子舟把"知识集合论"作为图书馆学的研究对象,提出"知识集合是把某些客观知识按一定原则有序组合起来的集成体,其目的是使人们从中获取知识",并强调"有序的知识集合才具有检索与获取知识的效用"③。也就是说,把知识元素汇集起来有序化是知识集合的逻辑基点。周久凤的"知识存取论"认为,"从宏观上把握图书馆学的研究对象是图书馆,从微观上探索图书馆学的研究对象是知识存取,也就是说知识存取是图书馆活动的实质"④。知识"存"的过程,就是知识的序化过程,也是形成序化知识的集合过程。徐引篪等的"信息资源说"⑤也强调,动态信息资源体系及其过程关键是对信息资源进行序化、调整和优化。以上观点说明,知识序化作为图书馆学的研究对象已被人们所接受,这必将使知识序化工作成为图书馆信息、知识资源体系更好地服务于广大用户的基点。

2.知识序化是知识组织的目标

在国外,知识组织是"指对文献的分类、标引、编目、文摘、索引等一系列的整序活动"⑥。即整序活动贯穿于图书馆知识组织的整个过程。在国内,虽然对知识组织的定义还没有统一,但对图书馆知识组织的目标已基本形成一致的观点。王知津将知识组织目标界定为"对知识进行整序和提供"⑦,蒋永福将知识组织目标界定为"使知识处于有序化状态"⑧,黄建国等认为,"图书馆知识组织的目标是将处于无序状态的特定知识情报,根据一定的原则和方法,使之成为有序状态,其目的是使知识从无序变为有序,以便于知识的提供、利用和有效

① 梁灿兴.图书馆学的核心问题和研究对象新见[J].图书馆,1998(5):13-14,21.

② 叶鹰.图书馆学基础理论的抽象建构[J].中国图书馆学报,1998(3):86-88.

③ 王子舟.知识集合初论——对图书馆学研究对象的探索[J].中国图书馆学报,2000(4):7-12.

④ 周久凤.知识存取论——对图书馆学研究对象的认识[J].晋图学刊,2001(3):37-40.

⑤ 徐引篪,霍国庆.图书馆学研究对象的认识过程——兼论资源说[J].中国图书馆学报,1998(3):3-13.

⑥ 杜也力.我国关于知识组织的研究述评[J].中国图书馆学报,2002(5):65-68.

⑦ 王知津.从情报组织到知识组织[J].情报学报,1998(3):71-75.

⑧ 蒋永福.图书馆与知识组织——从知识组织的角度理解图书馆学[J].中国图书馆学报,1999(5):19-23.

传递"①。虽然各自对知识组织目标界定的表述有所不同，但其表述的内涵却是相同的，即知识组织的目标是通过一定的原则和技术方法，对图书馆知识进行序化，便于用户利用的过程。

3.知识序化是知识创新的基础

通过有关整序技术与方法，使知识得以序化，为用户提供知识。而"知识组织的价值，不仅在于能够提供多少知识，更在于创新知识的多少；其目的是知识共享，最终目的是知识创新"②。目前，知识序化一般通过知识聚类、知识因子序化、知识关联网络化等方式来实现，其本身包含了知识创新。"知识聚类组织法，是指将知识按一定的聚类标准分门别类地加以类集和序化的过程③。"聚类和分类是一个过程的两个方面：分类的结果产生了聚类，聚类的结果产生了分类。只有合理、科学的聚类和分类，才能为用户所掌握、提供其所需的知识。知识因子序化过程也可以说是知识因子重组过程。它是将知识客体中的知识因子抽出，并对其进行形式上的归纳、选择、整理或整合，从而形成知识客体的检索指南系统的过程。知识关联网络化也就是知识关联序化或知识关联重组。即从相关知识领域中提取大量知识因子，并对其进行分析与综合，形成新的知识关联，从而生产出更高层次上的综合的知识产品的过程。其目的是改变知识因子间的原有联系，其结果可以提供新知识，也可以提供关于原知识的评价性或解释性知识。用户通过利用包含创新的序化知识，为其创造新的知识打下坚实的基础。

(三)图书馆知识序化的功能

1.提供知识功能

由于文献组织的实质是知识组织，因此，目前知识序化基本上仍是借助文献来进行的。知识序化的最终目的是向用户提供知识，所以有效向用户提供知识是知识序化的最基本的功能。

2.发展知识功能

发展知识功能也叫创新知识功能。即利用一定的技术和方法，对图书馆的多种知识、知识单元进行分化、合成，形成序化的、便于用户吸收、消化、利用的

---

① 黄建国,韩喜运.图书馆的知识组织变革[J].晋图学刊,2002(2):1-4.

② 邹曼莉,李宏轩.试论知识组织与知识创新[J].图书情报工作,2002(1):41-44,93.

③ 范宇中,张玉峰.网络信息资源的知识组织方法[J].情报理论与实践,2003(4):350-352.

新知识。在现实工作中,图书馆利用数据挖掘技术,使原有的杂乱数据、知识,通过整序知识因子和改变知识关联网络,找到有用的知识,并引导用户突破思维定式,帮助用户实现知识创新,提高创新能力。

3.锁定知识功能

知识锁定,即把图书馆获取和创新得到的知识转化为结构化和系统化的形式,并将这些知识进行有效存储,以简明的方式呈现给用户,并成为用户共同利用的知识,促进知识的交流和共享。如知识仓库就是一种知识锁定方式。

4.评价知识功能

知识序化还有评价知识的功能。针对用户领域的知识序化,要求系统不仅依据存储知识的主题与知识需求匹配,同时还要基于用户显示出的对状况理解的深度调整这种匹配,即对每个知识单元做多视角的评价。于是要求在现有知识加工水平基础上,进一步扩展和深化对知识对象的表征加工,使表征能反映知识接收者的知识水平和知识的需求目的。

5.诠释知识功能

知识序化的功能不仅要整序图书馆现有的知识,而且还要对控制图书馆知识无序增长有所作为,即为用户提供有用性与相关性的诠释知识。由于知识需求日趋表现出个性化和专业化特征,仅仅提供、发展、锁定和评价知识还不够,还要对现有知识内容进行参照、注释、互见、交替、说明、指引等方法的描述,进一步把握知识系统的全局,让用户清楚了解该知识与其他知识之间的关系,使用户尽快地对该知识形成总的看法,并做出正确的、有效的选择。

第三节 图书馆人本管理

图书馆人本管理的内容就是开发馆员、尊重馆员个性,满足馆员物质和精神需要,实现馆员均等、全面发展;图书馆人本管理机制应体现理性与人性的统一、个性之间的协调、权力与非权力的平衡、馆员的自由流动。

一、图书馆人本管理的实质

人本管理就是以人为本的管理。人是管理的主体,满足人性发展需要,尊重人的价值是人本管理的特点。其本质就是激活人的主观能动性,激励人的工作积极性、主动性,开发人的创造性,引导员工实现目标。其核心就是回归生命价值,顺应人性发展,共创美好未来。在网络将成为图书馆工作的一个要素时,把以人为本的创新、开放型管理模式移植到图书馆管理当中,将成为 21 世纪图书馆管理新模式。

因此,图书馆以人为本的实质就是对图书馆馆员的管理。因为在图书馆人、财、物等要素中,人是管理活动的第一要素;人既是管理的主体,又是管理的客体,离开了人就谈不上管理。现代图书馆的理念,是以网络化、数学化、电子化、虚拟化、自动化等高新信息技术为手段,对现实馆藏和虚拟馆藏的信息资源进行分析、加工、存储,为用户提供各种文献信息服务。馆员作为知识和智力的传播者,现代信息的加工者,将成为图书馆生存和发展的决定性因素。因此,图书馆事业的发展和繁荣,必须依靠馆员,充分调动他们的积极性、主动性和创造性,是图书馆管理工作的核心内容。

二、图书馆人本管理的内容

当今,图书馆不仅要求馆员具有采访、编目、信息咨询等学术性、技术性、专业性知识,更要求馆员充当好作为图书馆发展的参与者、网络信息资源的组织者、知识的创造者的角色。图书馆管理要满足馆员对物质和精神的欲望,开发、尊重馆员个性,实现馆员均等、全面发展的需要,让馆员个人目标与图书馆组织目标统一、协调起来,促进图书馆事业的发展。

(一)满足馆员物质和精神的需要

重视馆员的需要,是实施人本管理的重要环节。人的需要客观上可分物质需要和精神需要,物质需要就是人为了生存所需的生活资料,包括衣、食、住、行等必备的基本的生活类型的需求;精神需要也就是成就需要,包括社交需要和个人发展需要。在生存已不再成为主要问题时,人就会产生更高一层次的需要,即精神需要。现在,馆员普遍具有强烈追求受人尊重、注重个人社会地位、自身价值以及友好人际关系、实现自我发展与完善的需要。人本管理理念,能使每位馆员实现对欲望较大程度的满足,激发其对工作的热情,以迎合读者对图书馆文献资源的需求。

(二)开发馆员,尊重馆员个性

图书馆人力资源的开发,重要的一点就是对现有图书馆馆员各种能力的开发,激发馆员的创造力,使馆员的工作得到认可,实现其人生价值选择和目标追求。

诚然,馆员个体由于受教育、社会、政治、经济、文化、技术、心理等因素的影响,在具体工作过程中,所表现的工作方式、能力、兴趣及性格等都各不相同,有各自的个性特点。图书馆采用以人为本的管理理念,营造一个充分发挥馆员个性实现人生价值的舞台,充分发挥他们的工作积极性和创造性,使之能在实际工作过程中人尽其才,各得其所。这样,每个馆员在追求个人需要,追求自身生存和发展得以实现的同时,能更积极地回报社会,为社会、为他人奉献自己的力量。此时,馆员的尊严、人格就会得到社会的认可、尊重和肯定,促使馆员在工作中尽最大努力去完成自己应尽的职责,形成良性循环,实现图书馆管理的预期目标。

(三)实现馆员均等与全面发展

人人都有个性发展的机会,人人都有受教育的机会,馆员个性可以得到均等、全面的发展。这里的均等,就是所有馆员都有受教育的权利,包括业务进修、学历提高、更新知识、扩展知识面等机会。这样的机会对每个馆员而言是相同的,不是某一馆员或某一层次的馆员个体才可以享受。人越全面发展,社会的物质文化财富就会创造得越多,人们的生活就越能得到改善;而物质文化条件越充分,精神生活越会得到满足,又越能推进人的全面发展。馆员的全面发展,是由图书馆工作性质决定的,它要求每一个馆员不仅要掌握图书馆学、档案学、情报学、知识管理学、文献学、计算机科学等学科知识,而且还要掌握与图书馆工作相关的其他边缘学科和交叉学科。由于每个馆员的知识层次、能力大小不同,造成其需要、个性发展具有多样性和变化性,图书馆管理的人本理念,要求组织管理者,为各层次人员个性发展、自身价值实现,提供均等、全面发展机会,使馆员个性知识层次、工作能力得到提高,适应图书馆的发展要求。

三、图书馆人本管理的机制

在人本管理理念植入图书馆管理中进行有效管理时,关键是要建立一整套完善的管理机制和环境,使每一个馆员不是处在被管的被动状态,而是处于自动运转的主动状态,激励员工奋发向上、励精图治,使得图书馆的业务工作、读者服务工作在新的历史时期上一个新台阶。

(一)理性和人性的统一

理性主要指人的经验、学历、年龄、工作时间、工作绩效等因素,这种因素是可以量化并进行测试的。人性,则是与生俱来,又可以后天教化的,是指人的兴趣、爱好、情感、态度、责任心等。人的行为不仅受理性因素支配,而且还受人性因素左右,有时人性因素在工作过程中起决定性作用。

因此,人本管理理念,应该是顺应人性的一种管理方法,某种意义上,可以使管理更人性化,使人的本性不断升华。可以说人性具有光辉的、善的一面,也有懒散、消极、阴暗的一面,诱导人性善面,压制扬弃人性恶面,达到圆满管理效果是以人为本的管理思想所追求的目标。在图书馆管理中,为达到管理目标的实现,图书馆管理者通过采用保障、约束等机制使馆员先天恶面得到抑制,善面得到弘扬,加上后天教育教化,使馆员理性和人性统一,激发馆员对真善美的追求,完善馆员人格,造福读者。保障机制包括法律和社会保障体系的保证。法律保障,通过法律保证人的基本的生存、利益、名誉、人格等不受侵害。社会保障体系主要保证馆员在病、老、伤、残等情况下的正常生活,只有认真执行保障机制,才能解除馆员的后顾之忧,调动馆员的工作积极性。图书馆约束机制可分有形约束机制和无形约束机制。约束机制使馆员的行为遵循制度规范和伦理道德规范,各种图书馆工作条例、制度可约束馆员的行为规范,使之知道应该做什么,怎样做才对,明确馆员的工作责任,它是一种有形的约束;社会舆论和自我约束则规范馆员的伦理道德,使之意识到怎样做才符合理性、人性的要求,这是一种无形的约束。约束机制可使图书馆馆员的思想境界和工作责任心进一步提高,使馆员在工作过程中的行为规范转化为自觉的行为。

(二)个性之间的协调

图书馆管理者在管理过程中要认识馆员,了解馆员,摸清各个馆员个性,才能使馆员个性协调起来,凝聚馆员个体的力量,转化成图书馆集体力量。建立馆员之间和谐的人际关系,释放出最大的能量,提高图书馆的整体管理水平。由于馆员个体先天存在区别,加上后天教化形式和受教育程度不同,他们的个性有很大区别。以人为本的理念就是要承认个性的差异,通过激励机制、竞争机制来调整馆员个体之间的关系,从而提高图书馆馆员的工作效率。

激励机制是通过图书馆一整套的物质激励和精神激励制度方法,满足馆员物质需求、情感需求、发展需求,实现人生价值,调动馆员积极性。激励机制的实质是承认个性、尊重个性,摒弃工作过程中平均主义倾向,消除馆员个性与集体对立、馆员个性得不到发展的局面。

激励在具体运用中具有双重性。运用正激励,通过表彰和奖赏支持馆员符合社会需要或组织目标的行为;运用负激励,通过批评和惩罚,减弱和抑制馆员不符合社会需要或组织目标的行为。因此不论采用物质激励还是精神激励,都必须做到奖勤罚懒、奖优罚劣、赏罚分明,才能使馆员的积极性、主动性、创造性充分、持久、真正地调动起来,从而推动图书馆各项工作的顺利开展。

竞争机制就是通过竞争使馆员收入、工作分配趋于合理化。有竞争就有压力,竞争使人面临挑战,产生危机感。正是这种危机感和挑战,会使人产生一种拼搏向上的力量,促使馆员在具体工作中认真、负责、努力学习,不断提高自己。因而图书馆在用人、选人、工资、奖励等管理工作中,应充分发挥优胜劣汰的竞争机制,使馆员有明确的奋斗目标和责任,迫使馆员努力履行自己的岗位职责,引导人性向善面方向发展,从而实现人生价值。

(三)权力与非权力的平衡

权力是由管理者合法的职务、角色、地位等要素所构成的一种影响力。非权力影响力是由管理者自身条件,如道德、品格、能力、知识、情感等因素所造成的一种影响力。权力是制度化的影响力,非权力是被管理者内心认可的影响力。就图书馆而言,搞好权力与非权力的平衡,是创造良好的图书馆人际关系的条件。和谐、友善、融洽的人际关系,能发挥人的积极性和创造性。因此管理者在管理过程中,应在正确运用管理者职务权力,提高其影响力的同时,扩大自身非权力因素影响力,不断提高自身素质,确立管理者在管理中的主体地位,融艺术性和科学性于图书馆管理中,达到权力管理和非权力管理的平衡,改善管理者与被管理者的关系,创造一个良好的人际关系氛围,使管理者在执行管理、下达工作任务时,能被管理者所接纳、所依赖、所服从,这样就可以按计划实现管理目标。

(四)自由流动机制

在工作过程中,馆员有自由选择图书馆,图书馆也有自由选择馆员,即馆员有应聘和辞职、选择自己所服务图书馆的权力,以促进人才的合理流动,发挥其工作积极性,有利于人才的脱颖而出和优化组合,有利于建立图书馆合理的人才结构,促进图书馆人才素质优良化,稳定图书馆的工作队伍。在具体的操作过程中,管理者要做到"知人善任",对应聘者的知识、能力、性格、气质诸因素进行全面了解,把聘任者安排在图书馆合理的位置和工作岗位上,做到人才的合理配置,充分发挥馆员的主观能动性,让其有施展才华的机会。

图书馆人本管理各种机制的运用,可充分发挥每个人的聪明才智,调动馆员的积极性和创造性。把馆员协调和组织起来,一方面有利于发挥个体优势,释放个体最大能量,实现个体的价值;另一方面,有利于形成强大的图书馆集体力量,发挥群体优势,更好地搞好图书馆的各项业务,适应时代发展需要,推动图书馆事业向前发展。

四、图书馆组织重整

通过对图书馆组织重整含义的了解及图书馆现状分析,下文分别对图书馆重整内容和图书馆重整阻力进行了阐述,提出了图书馆组织重整的模式。

(一)图书馆组织重整的含义

著名组织学家巴纳德认为,由于生理的、心理的、物质的、社会的限制,人们为了达到个人的共同的目标,就必须合作,于是形成群体,群体发展为组织。组织也是按一定规则建立起来的人的集合体,以及对人的集合体中各个成员的角色安排和任务分派[①];是人类为实现共同目的,而一同完成复杂工作的场所,通过人们合作实现不同的任务,以完成共同的目标的机构或单位;可以说组织是由一定的人员按照一定的程序为着一定的目标而组成的合作性统一体[②]。

因此,组织重整是对组织现有的用来进行价值创造和工作流程与程序的方法加以重新分析和设计,丢弃那些落后于信息时代的东西。图书馆组织重整是对现有图书馆组织价值判断的重新分析,以及对现有图书馆工作流程与程序的重新设计。所以说图书馆组织重整的核心,就是要打破传统的组织理念和方法,建立图书馆在自动化环境下新的组织运行体系。图书馆组织重整的中心思想应该是:①以自动化工作流程为基础;②以提升专业素质为目标;③以便利读者服务为目的;④图书馆组织重整的基础是重新设计不适用的组织管理规范,按照图书馆的现行与将来工作运行规律,通过对图书馆工作的重新思考与分析,建立新的服务目标和组织体系,确立新时期图书馆信息资源中心的地位。

(二)图书馆组织现状分析

当前我国图书馆分别隶属各个系统、部门单位。它们相互之间联系很少,由于组织隶属关系不同,使共同开发文献资源变得不现实。这种组织体系,势必会出现以下问题:①文献资源的重复采购或采购不全;②大量有价值的文献闲置或文献资源匮乏;③投资大量浪费与投资分散,造成资金紧缺;④冗员过多,人浮于事,而专业人才严重不足。

图书馆长期以来形成了以采购、分类、编目、典藏、流通为主干线的组织工作体系。这种组织工作体系,馆与部门之间的关系是封闭的、单一的,因而就会

---

① 郭跃进.管理学[M].北京:经济管理出版社.1999.
② 吴照云.管理学[M].3版.北京:经济管理出版社.2000.

出现以下几种现象：①对馆藏文献信息的处理只是表面的，对文献资源不作深层次的揭示，不能活化馆藏文献信息资源。②馆员与用户只能通过出纳窗口建立关系。在这种关系中，馆员处在被动服务的位置上，不可能激活馆员的工作热情。对文献开发、用户实际需求分析研究的创新空间比较狭窄。③图书馆内部封闭式的锥形组织管理模式，使内部各组织管理部门无法形成协调一致的工作体系。

(三)图书馆组织重整内容

图书馆组织重整应包括组织结构、信息技术、人员、物理环境、组织文化等方面的重整。

1.组织结构重整

图书馆结构重整的核心就是重新设计图书馆现行的组织架构。评价一个组织的结构如何，是由组织的复杂性、正规化和集权化程度决定的。设计能适应现实环境的图书馆组织体系，就要结合当今图书馆各方因素加以考虑、系统分析，使图书馆工作流程简明化，避免工作重复，提高对文献资源的揭示能力和馆员的工作效率。

(1)拓宽组织管理跨度。一是部门转移或合并的方法。目前我国高校流行合、并、扩、升，在主体进行教学改革过程中，图书馆怎样规范、统筹各校区图书馆及各部门之间的组织构架，来适应和推动学校教学改革，是摆在图书馆人面前的一个现实问题。我认为只有通过部门转移和合并来实现。部门转移和合并的方式比较多，可采用：①采、访、编合一。这样就可以强化采访、编目的职能，统一规划、统一思想。②成立书目中心。将采访、抄录、编目、原始编目及期刊采购合一，将几个部门的职责组合在一起，精简一些机构部门，使图书馆基础工作内耗相互减少。③将流通、典藏、书库维护、馆际互借、现刊阅览服务及文献传递、复制合于一个部门，组建文献信息利用服务中心，提高图书馆基础文献的使用率。

二是部门名称改变，进行全馆重组。随着时代发展的需要，如原"情报—文献—信息"一词由于时代的不同，被赋予新的含义，同样图书馆也要适应新时代发展的需要，淡化各传统名称的功能，如可将文献利用与文献收集分开。

(2)增加图书馆组织管理功能。图书馆利用现代信息技术，如网络、光盘、多媒体、资讯等的设备越来越多，越来越复杂，用户利用图书馆文献信息资源的途径方法也越来越多。增加图书馆组织管理份额是形势所需，如增设工作部门，但这要根据文献开发需要和用户的客观需求及未来发展趋势来定。这样增加相应的管理部门，可以对用户需求做出快速反应，满足读者的实际需求。

(3)完善规章制度。这是图书馆组织的正规化程度所决定的。制定规范的规章制度应体现时代精神。如包括:①馆员的职责和要求。馆员的工作职责包括工作范围、工作程序、工作规范及文化程度要求等,并应形成严格的制度、规范。②用户的职责和要求。用户在利用图书馆文献信息资源过程中的责任、要求和规范。③图书馆设备利用的规章与制度等等。

2.信息技术重整

图书馆组织的信息技术重整,应以读者信息需求作为信息环境下技术改造的出发点。如计算机、网络、资讯等在图书馆组织管理上的运用,使信息文献资源处理和传递电子化、数字化等。

(1)图书馆工作流程的技术改造。高新技术的应用,可使图书馆文献信息资源得到深层次的揭示,提高图书馆文献资源的利用率,使各种电子出版物如光盘、网络刊物等,通过图书馆的技术重整,多渠道地为用户利用文献提供方便,增强图书馆信息中心的地位。

(2)对读者利用。图书馆文献信息资源的技术改造通过读者对文献、知识和信息需求的方式、手段、行为的技术改造,使读者在最短的时间内收集到他所需要的文献信息资源,一方面可让读者对知识掌握、科研水平提高充满信心,另一方面可提高图书馆在读者心中的地位。

3.人员重整

图书馆人员重整是所有重整的基础,是图书馆组织重整的前提。人员重整应包括馆员的工作服务态度、知识水平、技术能力、行为及能适应的工作性质等的重整。使图书馆组织中的个人或群体,通过内部人员的改造与筛选,改变图书馆的服务态度和行为。

新时期的图书馆需要全方位的图书馆馆员,馆员不但要具有传统服务精神、传统典藏和书目管理知识,更需要充分熟悉图书馆的新兴信息技术的应用,并充分利用高新技术,拓展服务方式,提高服务质量。这样就对图书馆馆员综合素质提出了新的要求。①知识方面,不仅要进一步巩固已经掌握的专业知识,还要充分了解电子出版物产生、生产、控制、传递和利用的全过程,掌握电子信息资源的组织、管理和处理等方面的知识,熟悉计算机、网络、资讯在图书馆中的应用;②技能方面,要具备电子信息资源的采集、存储、组织、控制和提供利用的技能,网上信息资源组织和筛选的技能,对各种形式和各种类型的电子信息资源进行技术适用性评估和价值判断的能力,对电子文献进行深层次的开发,以便形成新的信息和新的服务内容的能力。因此,新时期图书馆人员结构与传统图书馆人员结构相比已发生了根本的变化,这就要求图书馆人员,通过各种渠道进行角色转变,成为全方位、全职能的图书馆馆员。所谓全方位、全职能的图书馆馆员就是充分、全面地了解一个图书馆中各个组织管理环节、各种典藏媒体、各种服务方式的互动性、互补性与关联性[①]的专业图书馆馆员。

4.物理环境的重整

图书馆物理环境特指工作场所的选择、内部典藏的设计和技术设备布局等因素。首先,图书馆对工作场所的选择,可通过组建局域网络、计算机组织,把图书馆有些职能部门分散出去。这样,一方面可缓解馆舍紧张局面;另一方面,可以使图书馆资源得到受地理位置影响的用户的充分利用,便利读者,提高文献使用率。其次,图书馆内部典藏设计指图书馆各种书刊、电子出版物分布情况与室内装潢。图书馆典藏分布一方面要考虑馆员工作的便利,另一方面更要考虑用户利用典藏各种文献资源的方便。室内装潢要考虑整体布局的协调,如光线、图案、色彩、冷暖通风程度等;场馆的清洁及家具的配色都要体现时代特色和时代精神,创造一个能激发读者创造力、充分利用馆藏文献资源的良好氛围。最后,信息技术设备布局指现代化技术设备的添置与安装。要从文献资源利用的角度着重考虑,贯彻方便用户、服务用户的图书馆工作宗旨。能否使文献资源得到充分开发和利用,是判断技术设备是否满足图书馆需求的基本点。

5.组织文化的重整

组织文化是指一个组织共有的价值体系。图书馆组织文化特指图书馆组织共有的价值标准与规范。图书馆组织文化包括图书馆组织规范、共同价值观、习惯、作风和道德规范。

传统图书馆组织文化,是在某个历史时期形成的,由于历史的发展、技术的进步、环境的变化、服务方向的改变,图书馆组织文化有些方面已不适应时代发展的需求,已成为组织管理的绊脚石。可以说现代网络文化的形成,对传统文化造成了冲击。因此在图书馆组织文化重整交替时,要使传统组织文化自我更新、自我转型。传统的组织文化依附在传统的生产方式基础上,体现出一种传统的服务方式;网络时代的组织文化的产生、发展,也依附在网络的生产方式基础上。因此传统组织文化向现代网络组织文化转型,关键是使自己在传统生产力条件下的生产方式向现代高科技生产条件下的生产方式转型。传统的图书馆组织文化应从正面接受而不是消极抗拒网络组织文化的挑战。在变革中,一方面图书馆传统组织文化要自我扬弃,自我更新;另一方面,要构建图书馆现代

---

① 顾敏.千禧年初复合图书馆的服务及发展策略[J].图书情报工作,2000(3):5-8.

网络组织文化,建立新型的与时代相适应的组织规范、有共同价值与目标的文化,这样的文化才是活化的、有无穷创造力的图书馆组织文化。

(四)图书馆组织重整的阻力

随着图书馆外部环境和内部环境的变化,图书馆组织重整也是经常性的工作。为使组织改造能顺利进行,可从消除馆员个体阻力和消除组织的群体阻力这两方面来实现图书馆的组织重整。

1. 消除个体阻力

图书馆个体在接受新的组织形式构建时来自自身的阻力因素有:①个体习惯阻力。组织个体在长期的工作实践过程中,在知觉、个性和需要等方面,已形成了自己的工作方式、工作态度和生活习惯。组织体系一旦改变,个体往往在工作和生活过程中,会依赖于原有的习惯和模式做出反应,这会成为组织重整的阻力。②安全因素。组织变革不仅是部门的合并与转移,关键还涉及组织机构的个体调整与分流。通过组织重整,人们会感觉到自己的工作受到威胁,因而自觉或不自觉地人为抵制组织重整。③经济因素。尽管通过组织重整,自己能留任工作,但人们会对能否适应新的组织工作环境产生疑虑,导致个体的心理恐慌并抵制重整现象。④对未知的恐惧。人们在组织重整初期,对组织结构设想和组织规范等都是模糊的、不确定的;将已知的、固定的组织角色变为模糊的、不确定的图书馆组织角色,个体首先在心理上会对图书馆组织产生消极态度或产生功能失调的冲突。

消除以上四个方面图书馆组织个体阻力,应从以下几个方面入手:①图书馆个体面临信息环境的变化,进行积极的心理调整与适应。调整旧的组织习惯和对新组织结构的恐慌的心理状态,积极主动地创造条件与环境,消除心理障碍,以适应新的组织架构。②图书馆组织对个体进行业务指导和培训,使旧图书馆组织个体的综合素质能适应新图书馆组织个体的综合素质,变阻力为动力。③使图书馆个体参与图书馆组织结构重整。在实际操作过程中,个体很难抵制他们自己参与做出的变革决策。在重整前,把不同意见的人吸收到重整决策过程中,使他们自己参与做出组织结构的重整,可以减少重整阻力,因而使图书馆组织重整得以顺利进行。

2. 消除组织的阻力

图书馆新组织应该有开放、动态、扁平的管理方式,这样的组织才能够使图书馆真正成为信息媒介中心,才能够使图书馆信息文献资源充分发挥其效益,才能使图书馆的现代化技术设备得以充分的利用。但新的组织体系形成前,无论新的组织体系如何,总会受到旧的组织模式的抵制。因为组织本身就其本质来说是保守的。①组织结构的惯性,原有组织固有的运作机制保持了其稳定性。如图书馆组织制度下,图书馆馆员遵守工作程序、服务规则与服务范围等,当图书馆组织面临变革时,结构惯性会就充当起维持稳定的反作用力。②群体惯性,即使图书馆个体想改变他们的行为,群体规范也会成为其约束力。③对已有的组织权力关系的威胁,也会成为图书馆组织重整的阻力。消除组织阻力,使图书馆组织重整得以实施,有以下几个方面值得思考。首先要制定并实施全国性的图书馆法和各类型图书馆的服务标准。从组织管理上,对文献资源建设、读者服务和物质保障等各项建设及工作人员的社会地位予以法律和社会保障。通过立法,约束和规范图书馆组织健康发展。其次要强化图书馆监管体系的建设,提高图书馆组织体系的权威。图书馆监管体系的建立,一方面可通过用户代表与馆员个体共同组成的民主监督组织机构;另一方面,可由政府部门或主管部门建立对图书馆事业的监督管理机制,使图书馆组织成为图书馆优质服务的基础。最后要建立激励和约束相结合的组织规范,调动图书馆个体在组织重整当中的积极性,以求促进组织的顺利变革。

(五)图书馆组织重整的模式

1.参与式组织管理模式

图书馆传统的组织管理模式是锥型组织管理模式,这种管理方式以权威型组织管理为主,层级较多,各层级呆板,一个组织的好坏操纵在少数领导者手中。通过组建参与式组织管理方式,就可以克服锥型组织管理模式的缺点,鼓励图书馆管理者和部属共同积极参加决策,以群体决策方法共同解决问题,使图书馆内有不同背景、技术、知识水平的专业人员,通过参与式组织管理,彼此沟通和交换意见,共同推动图书馆各项业务的开展。

2.全面品质组织管理模式

全面品质组织管理对图书馆事业而言,是指在执行服务的每一个过程中,均以用户的需求为重,在图书馆的全面参与以及有充分的自主权的前提下,对图书馆的各项工作不断地改进,以求达到精确、时效性、完整、友善、预见顾客需求、知识丰富、专业伦理、信誉等服务标准。图书馆具有这样的服务品质,就能够提升自己在用户中的形象,推动图书馆事业的发展,在新的环境下,使图书馆仍具有竞争力。

3.信息资源管理组织模式

信息资源管理组织模式体现在图书馆服务上,使图书馆从传统的"被动服务"向"主动出击"服务意识拓展，以求用户信息需求得到全方位的满足，真正取代传统图书馆封闭式的服务方式，形成"全国文献资源一盘棋"的思想。

第四节　图书馆绩效管理

对图书馆绩效影响因素有个体因素和环境因素，从这两个角度进行分析，提出提高图书馆绩效的方法。

一、绩效管理含义

(一)绩效定义

绩效有组织绩效和员工个体绩效两个层面，这里侧重个体层面的绩效。个体的绩效在管理学上主要存在两种观点：一种把绩效看作为一种结果；另一种则把绩效看作为个体的行为。结果绩效可以用诸如产出、指标、任务、目标等词表示，并把绩效定义为产出的结果与人们日常的感受相符合，便于人们理解；同时结果作为绩效在进行绩效衡量时操作性强，有利于明确具体的指标，如生产总量、次品率、销售量等等，容易保持客观性。因此，Bernardin 把绩效定义为：在特定的时间里，由特定的工作职能或活动产生的产出记录。马新勇认为：绩效是指员工或部门的行为状态及行为结果。尽管绩效定义有所差异，但笔者认为绩效是组织成员行为的结果，也是组织对个体的一种良好的预期，组织也应努力为个体能够实现这种预期创造积极有利的环境和条件。

(二)绩效管理定义

所谓绩效管理，是指各级管理者和员工为了达到组织目标共同参与绩效计划制订、绩效辅导沟通、绩效考核评价、绩效结果应用、绩效目标提升的持续循环过程。绩效管理的目的是持续提升个人、部门和组织的绩效。企业的绩效管理是管理层、员工、消费者和投资者等相关利益群体共同的事情。由于各方信息的不对称性，同时各方试图追求自身效用的最大化，因此提供各方信息沟通和交流的平台，充分调动各方参与绩效管理的主动性，以此提高在绩效管理实施过程中的责任感显得尤为重要。Rogers 和 Bredrup 认为绩效管理是管理组织绩效的过程，并包括三个过程：计划、改进和考查。马凌、卢继勇从心理学角度关注个体绩效，把绩效定义在个体层面上，认为绩效管理是在特定的组织环境中，与特定的组织战略、目标相联系，对雇员的绩效进行管理，以期实现组织目标的过程。司强认为绩效管理是一个系统,是以人力资源管理为核心、对员工在一个时期工作表现的考查、评定、奖励与相关培训活动的全过程,它的核心内容就是保证实现组织的战略目标。

二、影响图书馆绩效的因素

绩效管理在图书馆的应用既要克服社会、个人对图书馆认知所带来的在绩效管理中的各种认知偏差,还要对绩效管理中的考核结果进行正确的归因分析。归因理论认为人们的行为结果受到四个因素的影响:能力、努力、工作难度和机遇。按照影响行为的原因区分,能力和努力是行为结果的外因。因此,影响图书馆绩效的因素也可分内因(个体因素)和外因(环境因素)。它们的关系如图3 1所示:

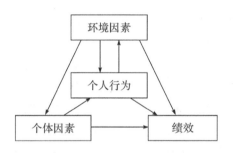

图 3-1 图书馆绩效影响因素

(一)图书馆个体因素

Campbell 认为员工的绩效有三个主要的决定因素:①陈述性知识;②程序性知识或技能;③动机。个体因素被划分为先决条件和直接决定因素。知识、技能和动机被看作是与工作直接相关的决定因素,而个体的其他特点,如性格、能力等,被认为是其他决定因素的潜在前提。而图书馆绩效是图书馆组织个体行为的结果,行为的产生是个体复杂的心理活动过程,个体心理活动过程受图书馆个体因素包括知识与技能、动机、性格、能力等因素的影响。

1.知识与技能

个体知识与技能是影响工作绩效的决定因素。图书馆组织目标的制定,是建立在图书馆组织发展基础之上的,是为了适应社会、组织、读者、信息用户和图书馆组织成员的实际需要。如果图书馆个体没有一定的专业知识和职业技能,是无法适应组织发展需要的,只有不断地掌握相关知识和职业技能,才能适应图书馆事业的发展。

2.动机

心理学认为一个人动机的产生受各方面因素影响,只有个体在满足某层次需要时,其产生的行为才是自觉的。由于图书馆个体不仅受到来自社会各方面的影响,如与长辈的亲情、感情,与同辈的友情,还有社会文化对个体成长的期望以及榜样模范的作用等,个体的社会价值、社会地位,无不与其所取得的成就以及周围人们的评价相联系。

3.性格

性格是一个人对现实的态度以及与此态度相适应的习惯化行为方式中比较稳定的、并具有核心意义的个性心理特征。性格可分为外向型和内向型。性格类型不同,工作行为结果表现方式、表现深度也不一样。图书馆在绩效管理过程中,为更好地提高管理绩效,一方面要研究和掌握馆员性格中的共同性和典型性;另一方面,又要特别注意了解和掌握馆员性格的个别差异,以便根据不同的对象,采取不同的方法进行管理。

4.能力

能力是个体自身综合素质的具体表现,受自身知识与技能(如图书情报基本知识、计算机应用技能、基本外语能力和基本社会知识及文字能力)、动机、性格等因素制约,是影响个体绩效的潜在前提。面对广泛的读者,不仅要提供知识,还要为用户提供所需要的各类文献信息资料,解答各学科领域的知识性咨询,提供文献综述、信息处理、信息分析等高层次信息服务。这需要图书馆个体掌握信息处理能力,信息分析、研究能力,较高水平的语言文字表达能力,组织、协调能力,以提高图书馆个体绩效。

(二)图书馆环境因素

环境因素也称为系统因素。Cardy、Dobbins 提出系统因素一般指个体不能控制的因素,如组织的生产设备、市场环境等。Campbell 认为环境因素对绩效也有很大的影响作用,如设备质量、职员支持程度、工作性质的不同,也可以导致员工绩效上的差异。根据 Cardy、Dobbins 和 Campbell 等对环境因素的分析,结合图书馆实际,笔者认为影响图书馆绩效的主要环境因素是图书馆读者与用户、拥有文献量、基本设施设备、组织目标和图书馆文化等。

1.图书馆读者与用户

图书馆的一切活动都是围绕读者与用户对图书馆文献资源的利用而进行的,读者与用户是最终检验图书馆个体工作量、图书馆工作效果的评价者。尽管图书馆采取多种渠道、多种形式方便读者与用户对文献资源的开发与利用，但由于影响读者与用户利用图书馆的因素是多方面的，如社会风气、经济因素、自身文化层次和职业等。因此，读者与用户是否积极利用图书馆个体组织和开发的文献资源，在一定程度上会影响图书馆个体的绩效。

2.图书馆拥有文献量

图书馆文献包括各种形式载体的文献资源。如传统的纸质载体期刊、图书和内部资料，磁质载体的磁带、音像带和磁盘，光电载体的电子期刊与图书、网络信息资源和数据库信息资源等。图书馆拥有文献多少，直接影响文献资源开发的全面性、准确性和前瞻性，从而影响图书馆个体文献资源开发的效果，影响读者与用户对图书馆文献资源的利用程度。

3.图书馆基础设施设备

图书馆基础设施设备包括借阅设备和技术设备。借阅设备包括图书馆家具、通风设施、照明设施和图书馆功能布局等；技术设备包括文献资源查阅系统、文献资源管理系统、计算机系统、网络系统和数据库系统等。优雅、明亮、宁静和方便的阅读氛围，能促进读者思维活跃度，提高读者的阅读效果；先进的技术设备能提高读者查阅文献的准确率、全面率和查阅速度，节省读者查阅文献资源所花费的时间，提高读者学习和研究水平。

4.图书馆组织目标

图书馆制定的近期目标或长期目标，在分解成图书馆个体目标时，如与图书馆个体的文化层次、专业知识和职业技能等相差很远，个体就会衡量自身特点，认为在规定时间内无法完成任务，就会采取消极和抵制的方式去履行自己的职责和任务，那么就会影响图书馆个体完成目标的积极性，直接影响图书馆个体绩效，最终影响图书馆组织目标的实现。因此，合理的图书馆组织目标，能够激励图书馆个体的工作积极性，提高图书馆个体绩效。

5.图书馆文化

图书馆文化包括图书馆物质文化、精神文化和行为文化。由于网络文化的形成和发展，促使传统图书馆文化内涵的扩张，形成当今图书馆文化的动态化、个性化和国际化，以及多元化文化特征，使图书馆个体的价值观念、思维方式、审美情趣、道德情操产生根本变化，直接影响图书馆个体的行为方式和工作方式。图书馆通过人文精神与科学精神的培育，人与图书馆信息资源的协调，自觉形成个体的积极性，使图书馆个体的实践活动走向自觉、规范的文化价值观念。

三、提高图书馆绩效的途径

既然个体因素与环境因素都影响组织的绩效，那么建立一个完善、科学的图书馆绩效管理系统应该能够帮助组织完成诸多任务，并实现图书馆组织和个体的双赢。提高图书馆绩效管理的途径可以从以下几个方面来实现。

(一)提高图书馆个体工作动机水平

绩效管理可从几个方面提高图书馆个体的动机水平：一是设立绩效工资。按照期望理论的观点，工资与绩效相联系，能激活个体的工作动机。图书馆在具体操作时要做到制定绩效工资制度和考虑绩效工资差距的合理性。二是通过提高图书馆个体对组织的信用度、满意感等激活图书馆个体的工作动机。同时对个体的工作进行指导，帮助他们排除工作中的障碍，对他们进行学习培训。趋于人性化的管理方式能提高图书馆个体对组织的承诺和对组织的满意感，从而激活个体的工作动机。三是通过图书馆目标设定来激励个体。Locke 于1967 年最先提出"目标设置理论"，认为目标本身就具有激励作用，目标能把人的需要转变为动机，使人们的行为朝着一定的方向努力，并将自己的行为结果与既定的目标相对照，及时进行调整和修正，从而实现目标。

(二)促进组织内部信息流通和图书馆文化建设

绩效管理非常重视个体的"参与"。从绩效目标的制定、绩效计划的形成、实行计划中的信息反馈和指导到绩效评估、对评估结果的运用以及提出新的绩效目标都需要个体的参与，需要图书馆管理者与图书馆个体的双方的相互沟通。这种"参与式"管理方式体现了对个体的尊重，不仅满足了个体的生理需要，同时也满足了图书馆个体的尊重需要和自我实现的需要，为组织创造了一种良好的氛围。McLagan 认为绩效管理对于创建一个民主的参与性的文化是非常重要的力量，从某种角度讲，图书馆组织管理者的行为就是图书馆文化。

(三)加强人力资源管理

绩效管理在图书馆的人力资源管理系统中处于核心的位置。它把人力资源的各项功能整合为一个内在联系的整体，并通过为图书馆个体设定个人目标从而将其与组织的整体目标和战略相联系。同时绩效管理为个体的薪酬制定、培训、晋升、工作安排和来年的目标设定提供依据；为图书馆人员招聘和选拔提供参考。根据绩效评估的结果进行提升和调换的用人制度，比传统的用人制度更加合理和科学。绩效管理是实现人力资源开发的前提,鼓励图书馆个体与组织一起确立个人的开发计划,是个体掌握、获得和提高所需知识和技能的有效途径。

(四)加强图书馆组织学习与培训

绩效管理的一个重要的思路是组织通过培训、指导、绩效反馈等方式帮助图书馆个体提高绩效。加强图书馆组织学习与培训也是提升图书馆个体能力的根本保证,是整合图书馆人本的有效过程。学会学习、学会做事、学会创新、学会协作是图书馆人本整合过程的主要内容。①学习:学习不仅仅指掌握知识,还包括了解人类自身及其主观世界,通过掌握学习方法,自觉更新自身文化层次和知识水平。②做事:信息化社会读者对图书馆的要求越来越高,个体单纯地掌握信息资源整序和服务的知识与技能远不能满足读者需要,还要掌握外语、计算机技术、网络技术等现代化的知识和技能。因此,图书馆不仅要强调学会掌握图书馆职业的实际技能,还要注重培养适应个性化、网络化服务的综合能力。③创新:图书馆个体通过思维变革和自身知识更新提高,引发图书馆个体的创新意识,让个体创造思维的潜能得到开发,促使个体在实践过程中达到工作创新、服务创新,提高信息资源开发效率,提高图书馆个体的工作绩效。④协作:了解自身、尊重他人,并让图书馆个体了解图书馆的发展目标以及各自努力的方向,发挥图书馆团队协作精神,使图书馆个体的能力提高和组织实力不断增强达到同步,并最终建立起一种学习型组织,完成个人和组织的共同发展。

(五)设计图书馆绩效考核体系

考核是绩效管理的基础,是提高个体绩效和组织绩效的手段。因此,图书馆在制定绩效考核指标体系时,应以图书馆业务的关键性和指导性指标体系作为衡量标准,并将图书馆个体所在岗位、职称、职位、学历、科研、工作量的基本标准、读者满意度和在工作过程中的特殊贡献等相互结合起来,建立一套完善的量化考核体系,给每一项指标一定的分值和权重,进行综合考核评价,并对评价考核结果进行综合分析,改进评价考核指标体系中的不合理指标、分值和权重,使图书馆考评体系更趋合理化,调动图书馆个体的潜能。图书馆在制定绩效评价指标体系时要注意以下几个原则:一是导向性原则。绩效评价指标体系要引导图书馆个体朝着组织设计的目标方向发展,促使个体积极完成本职工作。由于图书馆各部门工作性质不同,在设计评价值指标时应尽可能做到客观、合理、可行。二是全程性原则。绩效考核是绩效管理过程的一个手段。在对考核结果评价时,要注意考核评价的控制过程,要深入、全面分析图书馆各个工作过程和服务环节,使图书馆进行考核的指标具有普遍性。三是有效性原则。在执行评价考核标准与程序时,考核人不应该带任何感情和偏见,依据考核标准,严格执行程序,遵守各种考核规定,做到考核的公平、公正、公开,保证图书馆考核的权威性和有效性。

(六)构筑图书馆绩效反馈系统

绩效信息反馈是绩效管理能否取得成效的关键一步。建立和健全企业绩效反馈机制,增强绩效反馈对组织成员行为的强化作用并诱导其做出组织所期望的行为。由于绩效管理能为图书馆个体改善和维持组织所期望的行为提供有益的指导和支持。因此,图书馆可通过激励高绩效的个体来改善组织的绩效管理,通过组织的绩效管理促使个体理性地进行职业定位和选择,使他们了解自己实际的知识和技能,完成现有工作要求的知识和技能,职业发展需要应有的知识和技能,实现能力和工作需要之间的动态平衡,形成"绩效—满意—更好的绩效—更高度的满意"良性循环,促进图书馆目标的实现。

第五节　信息资源量化管理

信息商品化是信息社会的一个重要特征,作为交换的特殊商品信息资源,有别于有形的物质商品。信息资源的生产者、需求者和供给途径,会影响信息资源价值价格,而信息资源本身的信息含量则决定信息资源价值与价格。

信息资源作为能解决具体问题的知识,包含人类所感受到的事物运动状态及其变化方式,反映人类所表述的事物运动及其变化方式,可用语言、影视、数据等各种载体表示,在不同程度上加工成为知识。不论是个人还是团体的信息资源生产者,目的都是向信息需求者提供科研、生产和管理等方面的信息科研的成果、可行性论证报告、综述等商品,或者通过信息资源收集、管理、加工者提供的各类检索工具或数据库为信息资源需求者提供途径和二次信息资源。付出就需要回报,生产、管理、收集和加工而成的这类特殊商品,在交换过程中应有自己的价格价值规律,分析信息资源价格价值,对序化信息资源市场有着重要的现实意义。

一、信息资源价值相关因素分析

(一)生产信息资源的劳动时间

信息作为信息化社会中特殊的商品形式,其本身有着许多不同于其他产品的特点,其最大特点就是信息产品具有创新性、唯一性和非重复性,不存在与之比较的同类产品,无法确定社会必要劳动时间。无法衡量社会必要劳动时间,是信息产品不同于其他物质产品的根本区别之所在。计量信息资源有两种尺度,一是信息资源内在价值,即社会必要劳动时间;二是信息资源外在价值,即货币。信息资源的必要劳动时间就是创新信息(或知识)花费的总的时间量。总体上讲,开发信息复杂度越强,所需要的人力、财力和物力越多,其风险越大,信息资源外在价值越大,相应地花费的时间就越多,信息资源内在价值成倍放大,体现其信息量相对就越大。信息量越大,信息资源对社会或对个人的影响就越大,信息资源的效用价值和劳动价值就越大。在一定意义上说,生产一种信息在同样的技术设备、人员情况下,必要劳动时间越长,信息资源量越高,体现信息资源价值越大。信息价值(P)与所花费的必要劳动时间(t)成正比,即 P 值越大时,Δt 越长,P 值越小,Δt 就越短,如式(3.1)。

$$P = P_o + \Delta t \times K \tag{3.1}$$

其中,P_o 为元信息资源价值的常量,K 为开发新信息资源投入,Δt 是开发信息资源的时间量。

(二)风险系数

信息资源产品的生产过程和物质产品的生产过程同样要承担很大的风险,信息资源生产的主要投入是信息或知识投入,目的就是为了生产出新的信息和知识产品,投入越大,希望产出值也越大。但人们不可能达到有投入就有产出的理想境界,这就要承担风险,风险系数越大,危险越大,成功率就越小,成功价值体现就大,假如风险系数用 R 表示,投入信息量密集度用 H 表示,产出信息成功率为 A,则三者关系如式(3.2)。

$$R = H/A \tag{3.2}$$

(三)信息量

信息资源也就是产出新信息产品的信息量。前面提到过风险系数与投入的信息量关系,信息量即信宿接收信息变化的数量。美国数学家维纳在创立控制论过程中提出了"信息的负熵理论",在计算信息量公式用积分形式表达为：

$$H = -\sum_{i=1}^{n} P_{xi} \log_2(P_{xi}) \tag{3.3}$$

在式(3.3)中,P_{xi}作随机条件概念,当 $P_{xi}=1$ 时,表示可能为极大值,成为必然的条件,若 $P_{xi}=0$,则表示可能为极小值,成为不可能发生的条件,而一般的随机条件的概率下,P_{xi}介于 0 与 1,即 $0<P_{xi}<1$。因此,在单位信息资源价值一定的情况下,信息价值的大小就与信息量的大小成正比。

二、信息资源的需求

对信息资源本身而言,可划分为 know-what(关于是什么的知识),know-why(关于自然过程的原理和规律的知识),know-how(关于怎么做的知识)和 know-who(关于属于谁的知识)。

无论属于哪一类型或者多类型综合的信息资源商品,需求者都不存在多次重复购买的情况,因而对于单个需求者而言,只存在一个信息资源价格的临界点,只有等于或低于此临界点的价格时才会产生购买行为,他们的要求关系可以用坐标来体现(如图 3-2)。

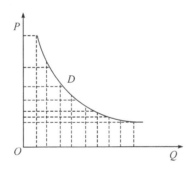

图 3-2　信息资源价格和购买行为关系

其中,P 为信息资源的价格,Q 为信息资源要求的数量,曲线 D 表示信息需求曲线。曲线 D 可以用函数关系来反映,即

$$D_i = D_i(P) = \begin{vmatrix} 0 & P < P_{oi} \\ 1 & P_{oi} \end{vmatrix} \tag{3.4}$$

其中,D_i表示个人对信息资源的要求,P 表示价格价值,P_{oi}表示对个人 i 的价格临界点,不同个人的 P_{oi} 是不同的。因此 P_o 的取值越大将排除越多的潜在购买者,即 $D_i=1$ 的机会越少,因而曲线 D 向右下方倾斜。它表示信息资源价格越低,信息资源需求者越多,信息资源流量就越大。随着时间的推移,人们只要

花费一些查阅费、复制费就可以获得相应信息资源。

三、信息资源的供给

对信息资源生产者而言,生产出有价值的信息资源,是以自身掌握一定的信息资源(元信息)为基础,吸收新的信息资源为前提,通过一定的时间实验实践,凝固转化成另一种新的信息资源(即新的信息和知识)的过程(如图 3-3)。在此过程中,信息资源生产者承担一定的风险,也就是风险与成功并存。

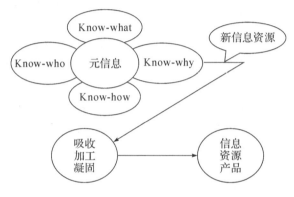

图 3-3　信息资源管理流程

信息资源的供给可以分为生产过程和复制过程两部分,为了对应需求分析,采用供给成本概念。根据以上分析,在信息资源生产过程中要投入很大的人力、财力和物力等,假如这些投入可以用货币价格来表示,且能把信息资源的生产和复制结合起来作为一个供给过程,就可以采用类似总成本、单位成本的分析方法加以研究。我们用 TC 表示信息资源的总供给边际供给成本,AC 表示平均供给成本,MC 表示信息资源边际供给成本,P_1 表示信息资源开发成本,P_2 表示信息资源的复制成本,Q 表示信息资源的复制数量,那么它们之间的关系应该是:

$$TC = P_1 + P_2 \tag{3.5}$$

由于 $P_2 \ll P_1$,故 $TC = P_1 + P_2 \approx P_1$,它表示在 $0 \sim 1$ 迅速上升,在 1 以后近于水平的总供给成本 TC。

$$P_2 = Q \times MC \tag{3.6}$$

$$AC \times (Q+1) = TC \approx PC \tag{3.7}$$

其中,AC 是一条连续下降的双曲线,它无限逼近 MC 的单位复制成本。

因此,相对于独占信息资源而言,信息资源供给线 S 是一条与纵轴平行,供给量为 1 的直线 S 的斜率为 ∞(如图 3-4)。

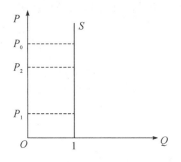

图 3-4　信息资源供给线

相对普通最新信息资源产品的供给而言,其价格一般高于或等于开发总成本,首次供给就可以完全补偿开发成本并可能获得利润。随着价格的不断下降和供给量的增长,拥有人获取高额垄断利润。其转让的价格数量及其供给的曲线 S 如图 3-5 所示。

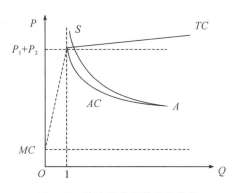

图 3-5　转让的价格数量及曲线

若用 TC 表示总复制成本,则总成本 $TC = X \times P_1 + P_2$,是一条斜率很小的向上射线。AC 表示平均成本,$AC = TC/AC = (X \times P_1 + P_2)/S = P_2/S + P_1$ (S 为总供给量,$S = X$),是一条单曲线,它无限接近于 $P = P_1$。$S = TC/AC$,据此绘制一条供给曲线,在此种情况下,总供给曲线最低点往往就是与平均成本曲线的相交点。若为 A 点,A 点的供给量为 S',供给价格 P' 等于平均成本,则总收益 $TP = S' \times P'$,总成本 $TC = S' \times P'$,$TP = TC$ 即总收益等于总成本。如若供给价格小于平均成本,供给方将处于亏本状态。但也可能出现首次供给价格低于总成本(如图 3-6)。随着价格的下降和供给求量的增长,会出现某一价格水平 P,并有 X 个消费者,即 $P \times X \geqslant TC = X \times P_1 + P_2$ 时,市场交易仍可达成并完成价值补偿。根据以上分析,信息资源价值的定量模型可以设计为:

$$W = C + P \times H$$

(3.8)

其中，C 为信息载体的价值，P 是单位信息资源的总成本，H 是信息载体中所容纳的信息量。

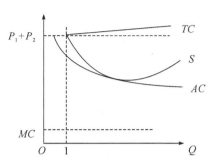

图 3-6　首次供给价格低于点成本

第四章 信息资源建设

现代图书馆信息资源建设更多地是使图书馆数字信息资源、纸质信息资源及各种载体形式、各种类型的信息资源配置有效化，通过信息资源的共建、共享的建设模式，达到信息资源建设效益最大化，从信息资源科学序化、组织与开发入手，确定原生信息资源的各种形态及构建有效的机构知识库服务平台，以求实现信息资源使用价值，形成立体的、多途径的信息资源保障体系。

第一节 信息资源建设科学发展观

在信息资源建设中，坚持信息资源的"共建、共享、共知"之路，科学合理地配置各学科、各类型、各载体信息资源的比例，促进图书馆事业与经济社会的持续、和谐发展，就需要以科学发展观为指导，建立和谐规范的信息组织、传播、交流和利用秩序，形成社会公共信息资源建设的系统观、效益观和科学观，在构建和谐信息社会中发挥作用。

一、信息资源配置的系统观

从系统论的角度来看，信息资源建设需要研究藏书的部分与整体、系统与环节、结构与功能之间关系的相互作用，按照图书馆系统自身的特点和规律来认识、调控、改造、优化图书馆藏书系统运行的效能，使图书馆的组织机构、管理决策、经费使用、采访方式、载体配置、编目整序、系统管理、典藏调拨、信息保存等一系列的环节得到整合，形成信息资源系统不可分割的统一体。因此，系统观是信息资源建设的依据，是关系到图书馆信息资源建设的全局性问题。只有把握信息资源建设的系统性、全面性，才能理顺信息资源选择与控制、复本量与使用权配置以及整体与品牌建设等因素之间的关系，才能实现图书馆信息资源建设的结构性和功能性调整，实现信息资源建设的战略目标。

(一)信息资源选择与控制的和谐观

图书馆营造和谐的信息社会就是要使信息资源能够均衡地流向各个行业、各个阶层,使每个用户都能使用合适的、充足的信息,从而实现信息资源的增值。但是数字鸿沟却破坏了信息资源的合理配置,信息更多地流向富裕、有文化的社会阶层,而低收入、低知识层次及残疾人等社会弱势群体,不仅用不起这些数字信息,也没有很多合适的信息供他们利用。数字鸿沟造成信息资源这种"多的更多,少的更少"的马太效应,显然有违于和谐社会信息利用的基本原则,不利于信息的增值,不利于社会的可持续发展。社会公共信息资源选择与控制的和谐观就是通过收集分散在社会中不同类型、不同载体的信息资源,对其经过科学的加工与组织,形成有序的、有效的方式提供给不同层次的用户使用①。当前,数字资源和印刷资源并存是大多数图书馆的选择,而这种选择背后,存在着经费投入的控制,不同载体信息资源比例的协调和不同学科信息资源比例的选择等问题。

由于不同类型、不同载体的信息资源在用户需求层次、教学科研、经济建设中所处的地位和作用各不相同,图书馆在采购社会公共信息资源时,要全面兼顾信息载体类型、学科类型的相互协调,合理使用信息购置经费,自由、平等地满足用户对不同类型的信息需求,这是信息资源建设和谐观的具体体现。不同类型的社会公共信息资源的采购方式存在差异,不同类型、不同载体、不同学科的信息资源之间是相互联系的,它们是局部与整体的关系,在整个国家的资源建设中互为依存,不可偏废。不同载体的信息资源有着各自的优缺点,如何合理地使用信息资源经费,科学地配置各学科、各类型、各载体信息资源的比例,在印刷型图书和电子图书、印刷型期刊与电子期刊、检索性期刊数据库和全文期刊数据库之间形成一个比例协调、相互补充、取长补短的有机体系,形成全面、协调、可持续发展的资源体系是值得深入探讨的。

(二)复本量与使用权配置的优化观

电子资源和数据库的出现使一个图书馆的书刊的复本概念复杂化。在传统图书馆中,书刊信息的载体形态相对单一,但目前,社会公共信息资源处在混合型载体信息时期,就产生了电子图书与印刷型图书、电子期刊与印刷型期刊的重复问题,也出现了不同数据库中有相同的书刊品种的问题。对这种重复,我们应区别对待,不能简单地认为它们就是复本。电子期刊的购置存在诸多复

---

① 陈益君.论网络信息控制的系统性[J].中国图书馆学报,2003(4):49-51.

杂性,有的是国家统购,有的是集团采购,有的是单个图书馆引进,有的只有使用权没有存取权,有的是远程镜像数据库,有的是本地镜像数据库。电子资源的价格模型与印刷型文献的价格模型存在很大差异。上述情况使书刊复本的认定变得困难、模糊。

因此,在信息资源的建设中如何减少重复购置,扩大有限经费的利用率,是优化资源配置的重要内容。

(三)信息资源建设的品牌观

学科是发展的,社会公共信息资源的建设是连续的,一个系统的信息资源体系是需要长期积累的,连续、系统、全面的信息资源体系会使一个单位的信息资源形成特色,产生无形资产,形成增值效应,其隐含的无形资产是无价的。信息资源建设不能急功近利,如果过分赶时髦、重效用、重评比、讲排场,被评价指标牵着鼻子走,势必助长盲目攀比的心理,就难以全面贯彻图书馆制定的中长期发展计划。这种功利性会造成"你有我有大家有"的局面,难以形成特色、创建藏书品牌。信息资源的无形资产是经过时间的积累完成的。在树立信息资源品牌时,必须注重信息资源建设的连续性,信息资源的连续性一旦被打破,图书馆不仅难以肩负利用、教学和科研所赋予的历史使命,也不可能带来无形资产的增值效应,而且难以创建自身的特色品牌。我们知道,不同类型的信息资源其特点不同,期刊和数据库的特点是连续性,停订就会破坏期刊资源的整个体系,数据库的订购也如此。所以,一旦确定订购计划就要持续不断,不要轻易改变,否则就难以创造出特色品牌。

二、信息资源建设的效益观

信息资源建设的效益观指图书馆的投入与产出相对平衡的问题,强调经济效益、社会效益问题。为提高信息资源的利用率,提高办馆效益,图书馆在信息资源建设时,就要建立起信息资源建设的价值观、效益观,并从静态的图书馆自身信息资源建设和动态的图书馆间信息资源分工协作、共建共享中,实现大图书馆信息资源体系建设,坚持远期图书馆信息资源建设和近期图书馆信息资源建设相结合,实现既定的图书馆信息资源建设目标,这是目前图书馆节省办馆经费,提高服务水平,提高图书馆信息资源效益以及用户需求满足率和满意度的基石。

(一)信息资源建设的用户观

用户观是信息资源建设的本质。随着信息技术的发展和广泛应用,信息社会化进程明显加快,促使人们对信息需求的增强。因此,信息资源建设的效益观,实质上体现了图书馆信息资源的用户观。信息资源建设的用户观要求建立以用户利用为核心的资源体系,充分考虑用户的信息行为与用户使用的方便性、高效性,并能有效开展合法用户的馆外信息获取服务,使用户方便地使用本单位购买或整合的信息资源。

近年来,美国高校图书馆兴起了一种信息共享空间(information commons)的服务模式。信息共享空间的主要目的是提供一站式信息服务,它改变了传统的服务方式,要求图书馆在信息资源建设时,一是要推介、宣传自己的资源、信息和服务;二是了解用户的需求、意见和建议,从而弥补网络虚拟服务方式中图书馆与用户信息沟通的不足,消除网络服务中人际交往的缺陷,形成一种与动态信息资源需求相适应的主动、互动的服务。

(二)信息资源建设共享观

信息资源建设共享观是资源共建共享的基础,是节省图书馆办馆经费,提高办馆效益,提高图书馆服务水平,提高用户需求满足率和满意度的重要手段[1]。当前,信息资源共享体系的建设已经取得一定的成绩,如我国已形成国家科技图书文献中心(NSTL)、中国高等教育文献保障系统(CALIS)和中国高校人文社会科学文献中心(CASHL)[2]。其宗旨是组织若干所具有学科优势、信息资源优势和服务条件优势的高等学校图书馆,有计划、系统地引进国外人文社会科学期刊,借助现代化的服务手段,为全国高校的人文社会科学教学和科研提供高水平的文献保障。因此,各个系统的基层图书馆要充分利用各种国家文献信息资源保障体系为本单位的用户服务,将馆藏资源的建设重点放在用户需求量大的那部分信息资源上,与国家信息资源保障体系形成协调的发展机制。

---

① 刘磊,郭世星.数字信息资源统一共享模式探讨[J].中国图书馆学报,2005(2):62-67.

② 肖珑,姚晓霞.我国图书馆电子资源集团采购模式研究[J].中国图书馆学报,2004(5):33-36.

(三)网络信息资源的开发观

美国的一项研究表明,美国一个图书馆试用互联网解答用户问题,结果61.7% 的问题都能用互联网的信息作答,且与使用传统方式查询结果一样准确。但是,互联网上的信息良莠不齐,有价值的学术信息往往被无用信息和垃圾信息所淹没,作为信息服务部门的图书馆,有责任制订一套对学术研究有用的信息资源的查找方案,并通过科学有序的方式提供给用户利用。目前,解决这一矛盾的一般做法是利用网络信息资源进行质量控制,即通过选择性控制网络信息资源,把影响搜索引擎查全率和查准率的一些信息质量低、稳定性较差、无用信息、垃圾信息等没有价值的信息剔除,利用信息过滤、信息筛选等人工干预手段来控制、发现、挖掘、跟踪有价值的信息,并按学科或特定主题加以组织利用,以最方便有效的方式提供给相应专业的用户使用。这样不仅能够丰富图书馆的信息资源,还有助于提高图书馆服务的层次,从而促进科学研究事业的发展。因此,我们必须重视免费资源的开发与利用,形成与商业信息资源相互兼顾、共存互补的机制,为节约型图书馆的形成创造有利的条件。

(四)集团采访方式的协调观

我国的信息资源集团采购开始于 1997 年,当时清华大学图书馆组建了全国第一个联合购买电子资源的集团——"Eivillage 中国集团",标志着图书馆电子信息资源集团采购的萌芽。由于集团采购方式有共享经费、节省经费、共享谈判资源、节省人力成本、共享设备和技术资源、有利于各类资源的共享与整合等方面的优点[①],它一产生就深受图书馆界的普遍欢迎。经过几年的努力,集团采购方式已取得辉煌的成就,基本形成了多层次、多渠道的电子资源共建共享体系,满足了各层次图书馆对信息资源的要求。

但是,由于自身的局限性,它也存在一些难以克服的缺点,如:集团采购受益面不足;加剧了我国信息资源分布的贫富差距;国家信息保障存在一定的隐患;集团采购的组织架构存在系统风险;不少用户对电子资源的使用心态不成熟,对知识产权的保护还不够重视,经常会出现不合理的使用行为等。因此,采用集团采购方式时,要用辩证、协调的观念去理解,要根据用户需求情况,并结合电子资源本身存在的层次结构去考虑。如检索性、工具性等公共基础信息数据库,在国家经费允许、网络带宽足够的情况下,其引进应采用国家统一购买的

---

① 杨毅,周迪,刘玉兰.集团采购——购买电子资源的有效方式[J].大学图书馆学报,2004(3):6-9.

方式;对于数据库供应商或出版商以信息集成的方式建立的综合性的多学科全文数据库,按照不同的情况区别对待,有些数据库可采用国家统购的方式引进,有些数据库可以继续采用集团购买的方式引进;对于某一学科或特定知识领域的专业性、边缘性学科数据库,包括专业性的文摘类数据库和专业性的全文数据库,要根据行业和用户的数量区别对待,采用图书馆自主引进,国家补贴、扶持相结合的方式进行。通过馆际互借、文献传递的方式来满足其他单位用户的需求,形成国家引进、集团引进和单个图书馆自主引进相结合的电子信息资源建设体系①。

三、信息资源组织的科学观

树立和落实图书馆信息资源组织的科学发展观,其实质就是确立信息资源组织的本质、目的、内涵和要求的总体看法和根本观点,以求满足信息需求者自身发展的需要。

(一)信息资源采访的民主观

信息资源采访民主观就是图书馆管理者和采访者,为了减少决策的盲目性,提升信息资源建设决策的质量,提高信息资源的利用率,通过相关途径和方法,使广大用户参与信息资源组织、采访的决策过程。信息资源建设的民主观体现在多个方面,不仅指资源采购时应考虑本单位的学科、读者对象,而且要让用户参与资源的评估与选择,让用户具有参与图书馆资源建设的知情权、评估权、推介权和决策权。这就需要图书馆借助多方面的力量和各种组织方法,建设更为合理和便捷的信息资源建设平台,便于广大用户参与到图书馆信息资源建设之中,并培育用户积极参与图书馆的管理事务,形成高效、透明的运作方式,与读者进行理性和务实的沟通和互动,保障其信息利益的同时,提高图书馆信息资源的使用率,共同实现信息社会的和谐。

(二)信息资源组织的整合观

图书馆馆员一直在探索社会公共信息资源组织方法的科学化、标准化和规范化问题,社会公共信息资源组织方法包括纸质资源组织方法和数字资源组织方法。数字资源的组织方法主要包括数字资源的描述、揭示、存档、建库、导航、发布等方面。数字资源整合是数字资源建设发展到一定阶段的必然要求,也是

---

① 吕惠平.我国电子资源引进的发展策略研究[J].情报学报,2004(4):490-494.

数字图书馆提供知识服务的重要基础。因此,在数字资源的组织、整合中,一是要自觉地以科学方法为指导,不断地探索、发现、应用相关技术,促进数字资源整合实践的发展;二是要在实践中不断地补充、完善、拓展数字资源整合的方法基础,构建科学的数字资源整合的方法体系,并以此为指导,推进数字资源组织、整合相关技术的完善与发展;三是要注意数字资源的关系、层次和功能的整合,既要反映数字资源对象间的结构和语义的内在关系,保持数字资源对象学科的完整性,也要对数字资源进行多维整合,体现资源整合的结构性和层次性,使数字资源整合得到优化。

(三)信息资源长期存取的安全观

随着数字化、多媒体化和网络化等信息资源在图书馆日益增长,数字资源的长期保存与维护,已引起人们的极大关注。从目前情况来看,影响数字信息长期存取的因素大致有存储信息的实体因素、技术因素、经济因素、社会因素和突发事件。另外,社会分工、合作精神、社会氛围、管理机制、信息政策等因素都会给数字信息的长期保存带来各种各样的影响,加上计算机软硬件系统存在的黑洞、缺陷,将来遭遇信息战或遭到黑客攻击时,也会遇到难以估计的后果。因此,目前世界上有许多国家非常重视数字信息的长期存取研究,成立了许多跨国的协调和研究性组织。1994 年 12 月,美国保护与存取委员会(CPA)与美国研究图书馆组织(RLG)共同组建了数字归档特别工作组,并承担了对数字信息长期存取的关键问题、技术方案的调研。保护与存取欧洲委员会(ECPA)与美国保护数字信息存取委员会、欧洲共同体、联合国教科文组织、国际图书馆协会、国际档案协会也共同就数字信息的保存问题进行了广泛的研究和协调[1]。

由于数字信息的长期存取牵涉面广,涉及机构、技术、法律、经济等方面的问题,这需要世界范围内各方面的协作、协调,才能取得最大的成效。因此,在我国,数字信息的长期存取首先要从我国图书馆事业可持续发展的整体要求出发,结合本单位的特点和经济状况,遵循标准化、选择性、经济性、网络化和协调性原则,选择那些学术价值高、便于检索利用的信息进行长期存储和有效维护。其次,图书馆应通过多种途径,采用多种方法,防范网络隐患,保护知识产权,并提供异地存取方式,同时在技术引进、系统升级时,应优先考虑系统的兼容性、技术的连续性、格式的标准化、信息迁移的可靠性等相关问题,从而为信息安全提供保障。

---

① 吴卫红.图书馆数字资源长期存取的策略探讨[J].情报杂志,2002(2):47-48.

第二节　原生信息资源建设

对目前大学图书馆原生数字信息资源利用、存在形式和内容的特点,提出构建大学图书馆原生数字信息资源服务平台的措施和方法,将分散在大学教师和研究人员中的原生数字信息资源实行集中管理和开放利用,提高原生数字信息资源的学术价值,更好地为社会发展和经济建设服务。

一、信息资源利用的悖论

众所周知,科研成果大多数是由大学及其科研机构生产的,大学教学和科研人员要使其教学科研成果得到社会的承认,必须在刊物上发表科研成果。而现实出版状况:一是由于出版商手中的稿件多、质量相对较高,如果其科研成果不是特别有社会价值和学术价值,就很难给予发表;二是由于现行的出版制度,国家没有足够的出版费用扶持、协助出版质量优价格低的高品质非营利性学术期刊机构的快速发展,所以有时要一些科研成果生产者,交付一定的出版费用才能给予发表;三是由于高价的商业性学术杂志的出现,在一定程度上影响了出版行业的原有出版规则。反之,当大学和科研机构需要利用这些科研成果时,不仅要向出版商支付越来越高昂的费用来采购这些信息,而由于其出版周期相对较长、传播速度相对较慢,一定程度上影响了人们在最短时间内获取所需信息的心理。在利用信息资源上形成了这样的悖论,因此信息资源生产者要发表科研成果时,一是信息资源生产者的学术观点在一定程度上受制于出版社编辑者和审查者的观点,二是有些生产者还要支付出版费用,并在利用自己的信息产品时,还需要花费一大笔经费来购买自己的信息产品。上述问题的普遍存在,加上每一个出版社都有自己的出版规律,在一定程度上延误了其论文发表发行的时间,阻碍了科学研究成果在社会大众之间的广泛传播,而昂贵的信息采购费和使用费把许多人阻挡在丰富的科研成果门外,严重地阻碍了科研成果的推广应用和科学发展。因此,在国家没有制定既有利于非营利性出版社自身发展,又能保护知识生产者的知识产权,并能有效、快速地利用相关的信息资源的政策制度前,作为信息管理、传播、开发和服务部门的大学图书馆,要更多地关注如何充分开发利用掌握在广大教学和科研人员手中的原生数字信息资源,以协助出版质量优价格低的高品质学术期刊,对抗高价的商业性学术杂志,以此来抑制学术期刊价格的上涨。

二、原生数字信息资源的现状

大学及相应的研究机构是原生数字信息资源的产生源。原生数字信息资源是通过科研人员有意识的思维活动,把客观存在的离散的原生态信息源经过一定的积累、分析、比较、判断、归纳和重组,经过数字化处理,创造出的符号化的知识。由于原生数字信息资源包括已公开发表的一次文献资源和未公开发表的灰色文献资源,因而原生数字信息资源具有原始性和原创性等特征。由于计算机的普及,人们普遍运用计算机来处理各种信息,这些原生数字信息资源就分散存储在研究人员和师生员工、院系或研究所、实验室的计算机上。由于大学和相应的研究机构人员教学科研的方向不同,体现为表现教学科研的成果类型和内容的不同,使原生数字信息资源的数据格式、呈现形式等方面变得更加丰富、多样。从原生数字信息资源的数据格式上分析,其格式根据内容或个人的喜好而定,没有统一的格式标准,相对比较随意,因此,数据格式多种多样。有以文本为主要内容的 Word 格式文件、HTML 格式文件、PDF 格式文件、Power Point 格式文件、各种类型的图形文件以及各种格式的音频文件、视频文件等。从原生数字信息资源内容上分析,原生数字信息资源作为第一手资料,往往需要及时反映研究过程中的思考、方案、措施、数据、发展方向。它包含了研究发现中最新的信息,内容全面而精炼。有调查显示,原生数字信息资源中包含的有关技术、方法、措施及实验中的详细信息,在后来的正式出版中很多都被省略掉了。因此,对于研究人员来说,原生数字信息资源通常是第一手资料和唯一的信息源。一方面这种原生数字信息资源格式多样化,不利于共享利用和易出现数据丢失现象;另一方面由于网络存储技术高速发展,在若干年之后,可能不为更新后的硬、软件所支持,而全面、精确的文献要求以快速的传播方式与大众见面,体现其社会价值和经济价值。

三、构建机构知识库服务平台

既然大学及相应的研究机构是原生数字信息资源的产生源,而且这些原生数字信息资源又大多分散存储在研究人员和师生员工、院系或研究所、实验室的计算机上,那么,大学及相应的研究机构便可以将这些分散存储的原生数字信息资源集中起来,构成所谓的机构知识库(Institutional Repository,IR),再通过校园网甚至通过校际之间的协议,开放利用(Open Access,OA)这些原生数字信息资源,提高原生数字信息资源的利用率和信息资源生产的速度。

（一）机构知识库的理念

Clifford Lynch 最早对大学的机构知识库（IR）下了定义：一个大学的机构知识库是学校为师生员工提供的一套服务系统，用于管理和发布由其所产生的数字化资料。简单地说，IR 是一个大学或研究机构通过网络来收集、保存、管理、检索和利用其学术资源的数据库服务系统。可从下面几个要素来理解 IR：①是基于网络的数据库；②存放的是信息资源；③基于一个大学或研究机构，即由一个特定的机构所界定的知识库，而不是基于某个学科的数据库；④数据记录具有累积性和长期性；⑤具有开放和互操作的性质，通过 OAI 兼容软件实现，因而是信息资源开放利用的工具；⑥它可以用来进行学术信息资源的收集、存储和发布，是一个大学或研究机构学术传播过程的组成部分；⑦是数字信息资源长期保存的工具。

（二）机构知识库的作用

大学图书馆是以知识的获取保存、组织管理和检索服务为目标的。而 IR 作为一个大学或研究机构内部的知识和信息存储与利用的枢纽，其目的在于推动和创建以科研服务为目的的基于网络的学术交流体系，不仅能以知识的获取为基础保存、组织管理和检索信息，同时具有加快知识和信息高速流动中介的作用，促进知识的共享与交流，有利于实现知识使用者、组织者和利用者的协作与沟通，帮助图书馆实现对用户知识的有效管理，并提供友好的人机检索接口。

1. 学术传播

根据 Lynch 的观点，学术传播（scholarly communication）的概念要比学术出版（scholarly publishing）宽泛得多，后者是前者的组成部分之一。IR 不是要取代学术出版，其最大优势在于可将原来不作为正式出版物的各种知识、信息通过网络发布，并具有知识、信息集成的作用。IR 是对外进行学术交流的重要窗口，可以展示一个大学及相应的研究机构的学术成果，提高论著的被引用率，扩大其在学术界的影响力。通过构建 IR，图书馆可进一步发挥在学术传播、信息存储和知识服务中的作用，提升图书馆在学校中的地位。

2. 原生数字信息资源管理

构建良好的原生数字信息资源网络平台，既为内部的知识流通与共享提供通道，又为获取外界知识或信息架设桥梁。建立专门服务于学校内部的局域网络平台是知识管理的基本条件。而 IR 将各种不同类型的知识和信息内容撷取，按照统一的格式（如 PDF）发布，通过 IR 的集中式数字对象管理和相互链接,一方面存储其中的信息和知识可方便、快捷、高效地为用户所利用,另一方面为大学及相应的研究机构的知识、信息提供一个长期保存的安全场所,从而克服部门或个人分散保存信息的弊端和风险。通过长期的积累,IR 将成为一个大学及相应的研究机构的知识宝库。

3.原生数字信息资源共享利用

IR 的目标是原生数字信息资源开放利用,不同的大学通过建立共享利用机制,在权利义务平衡的前提下,相互开放原生数字信息资源,可以加强校际之间的学术交流,使各大学师生可以利用 IR 丰富的教学信息资源,提高教学效果,学生可通过 IR 的各类课件进行自主学习、作业和考试,教师可通过 IR 交流、完善教学课件和教学方法,科研人员可通过 IR 进行继续教育和进修提高,对降低学术信息利用成本具有非常重要的作用。另外,IR 可作为对教师和研究人员科研活动的评价工具,可以使高校或研究机构方便地了解他们的研究成果。

(三)机构知识库管理中需要解决的几个问题

1.原生数字信息资源的版权问题

版权问题愈来愈受广泛重视。为减少原生数字信息资源生产、利用各方的冲突,各国都制定了相应的法律法规,如 1995 年 1 月世界贸易组织《与贸易有关的知识产权协议》(Agreement on Trade-related Aspects of Intellectual Property Rights,TRIPS)的生效,标志着国际知识产权制度进入了一个新阶段。随后面对后 TRIPS 时期信息化的新环境,国际上的一些政府组织、学者及时做出反应,开展研究。如美国信息基础设施工作队(Information Infrastructure Task Force)知识产权工作小组(是该组织的三个小组之一)的研究成果有《国家信息基础设施与知识产权》(1995);澳大利亚版权研究小组(Copyright Convergence Group)发表的研究成果有《信息高速公路变化:新传播环境下的版权》(1994)。尽管目前中国图书馆学报围绕其制定和发布了《关于网络环境下著作权问题的声明》,并对《信息网络转播权保护条例》制定产生了影响,可我国网络环境下的知识产权保护以及跨国信息流的控制等还没有一套完整的法律体系作为依据,更没有对具体的灰色文献信息资源进行立法研究。

2.原生数字信息资源管理问题

图书馆机构知识库的建设是以大学及相应的科研机构人员公开发表的一次文献资源和未公开发表的灰色文献资源为基础,而灰色文献资源大多尚处于研究过程,其思想体系不是很成熟,其内容又始终处于补充、考证、完善和发展中,其更新速度也很快,时效性显得特别强。未公开发表的灰色文献资源的不断更新、产生,决定着机构知识库的动态性。另外更主要的因素是电子信息资源的保存格式模式多样化。知识管理者不仅要把握相关文献知识动态分布情况,使机构知识库的文献知识收集的数据始终具有实用性、真实性、新颖性,能有效地服务于广大用户,更主要的是图书馆机构知识库的建立要具有开放性、良构性,机构知识库中的文献知识要便于传播、修改、扩充和使用。

因此,从技术上说,图书馆首先要在技术上取得突破进展,建立起支撑机构知识库的技术设施,包括因特网、存储结构、数据管理系统、数据收集加工技术、传播技术、通信技术、共享技术、联机分析与处理技术和多元分析信息技术等。

四、构建机构知识库管理与服务的对策

为解决大学机构知识库所面临的诸如原生数字信息资源的版权保护力度不等、原生数字信息资源获取难、原生数字信息资源内容数据容量大、长期保存费用高和长期保存难等问题,欧美一些大学通常采用按院、系或研究所、研究中心来组织内容,这对有效管理和充分利用这些原生数字信息资源起了很好的效果。

(一)提高图书馆对机构知识库的认识

作为图书馆馆员,不仅需要从图书馆的现实出发分析数字化的发展,更需要从纵向的、历史的维度和横向的、空间的方位寻求图书馆以及我们自身发展的新的增长点,以适应数字时代的挑战。另外还要持续不断地宣传,提高广大教师和科研工作者对 IR 和 OA 的认识,以及 IR 和 OA 对其教学和科研的作用和意义。

(二)构建良好的机构知识库标准规范

标准规范是机构知识库建设的生命,大学图书馆机构知识库标准化建设,可依据 CALIS 中心研制的专题特色库标准规范,如软硬件平台、元数据标引格式规范、文献著录标准、检索功能等要求来构建机构知识库,以便今后与全国各大学实现原生数字信息资源的共建共享。CALIS 中心已经推出和正逐步推出相应的元数据的标准规范,内容包括《描述型元数据及其著录规则》和《CALIS 数字对象唯一标识符命名规范》。其中《描述型元数据及其著录规则》涉及学位论文描述元数据规范、期刊论文描述元数据规范、会议论文

描述元数据规范、电子图书描述元数据规范、音频资料描述元数据规范、视频资料描述元数据规范、网络资料描述元数据规范及拓片描述元数据规范等。技术接口的标准规范包括 OAI/ODL 组件接口协议、Open URL 开放链接标准、SAML 标准、Portlet 规范、LDAP 标准、Web Services 组件封装规范、Z39.50 检索协议、Calis United Query and Resultset 统一检索接口规范等。

(三)制定保护机构知识库知识产权的措施

制定保护知识产权政策是构建机构知识库的一项重要内容。IR 作为原生数字信息资源长期保存管理与服务机构,知识产权问题是 IR 可持续服务的关键问题。因此,如何使一个高校或研究机构的教师、科研人员主动、及时地向 IR 提交内容,这就要求制定科学、合理、公平的内容提交和使用制度。第一,要提高用户保护知识产权意识。现在我国不同用户的信息获取能力存在很大差异,应加强各类数据库的检索利用培训,提高用户的信息获取能力,在鼓励用户利用各类数据库的同时,加强用户的知识产权保护教育,使用户自觉产生保护知识产权的意识,强化其保护知识产权的道德自律。第二,加强知识产权保护技术。通过技术保护措施使各方的利益达到相对平衡,在充分考虑原生数字信息资源创造者、原生数字信息资源的终端消费者利益的基础上,使原生数字信息资源收集、传播、存储、处理和利用形成有效的信息供应链,为用户提供内容、编辑、管理、元数据编辑的功能和用户访问利用内容的功能的同时,还应有内容提交的核准和用户认证与授权等制度。第三,制定相应的保护知识产权政策。参照相关的网络知识权的立法内容,对机构知识库中信息资源的收集、传播和利用进行法律和政策上的引导。第四,与非营利性出版商合作,共同开发建设相关的机构知识库,使相关的原生信息资源得到相应知识产权的保护。

第三节　数据管理

在科学发展的历程中,数据作为对自然、社会现象和科学实验等的定量或定性记录,一直是科学研究的重要基础。计算机的发明提高了人类的计算能力,也带来了新的数据存在形式和存储介质。以计算机、互联网为代表的通信技术和传感技术的持续创新和广泛应用,使人类的数据化能力和范围迅速发展,能够测量和记录的东西越来越多,对事物、现象的测量更加频繁、细致。21世纪以来,从宏观到微观、从自然到社会的观察、计算、传播等仪器设备和活动正在快速产生着海量、多样的数据,几乎每个领域都面临着空前的"数据爆炸",至 2020 年,每秒钟大约会产生 1.7 兆的信息量。毫无疑问,大数据业已经开始一场信息革命,这场革命很快会涉及每一项业务。随着各种数据量呈几何递增,人们有效组织各类数据以获得有用的商业见解的能力及知识创新能力也在增强。在大数据时代,作为数据管理中心的图书馆,在政府部门及相关机构制定有效数据政策的同时,通过有效挖掘开发、加工整理、组织序化等手段,强化科学数据管理,才能真正体现科学数据共享与服务的水平。

一、大数据

2009 年以来,"大数据"一路走红,受人关注,逐渐成为互联网信息技术行业的流行词汇,因为世界上的物联网、移动互联网、车联网、云计算、平板电脑、手机、PC 终端机以及遍布地球各个角落的各种各样的传感器,每时每刻都在产生大量数据或者承载各种数据。特别是 2012 年,大数据成为一颗闪耀星星,因为奥巴马总统竞选团队依据选民的 FaceBook 等社交媒体,实时分析选民对总统竞选人的喜好数据,并有针对性地对选民进行宣传,最终凭借精准的选民数据分析赢得了总统大选。2012 年 3 月 22 日,奥巴马政府宣布投资 2 亿美元,用于研发采集、组织和分析大数据的工具及技术,并拉动大数据相关产业发展,将"大数据战略"上升为国家战略,这意味对大数据的开发与挖掘将成为一种致富手段,曾有人预言,大数据开发价值可比石油和黄金,可以说,"大数据战略"是克林顿政府 1993 年推出的"信息高速公路"计划的延伸。在大数据时代中,数据作为一种战略资源,如何加以高效利用并开发出应有的价值,这已成为政府公共管理部门和企业界、投资者普遍关注的问题。

麦肯锡称:"数据,已经渗透到当今每一个行业和业务职能领域,成为重要的生产因素。人们对于海量数据的挖掘和运用,预示着新一波生产率增长和消费者盈余浪潮的到来。"[①]正如哈佛大学社会学教授加里·金所说的:"这是一场革命,庞大的数据资源使得各个领域开始了量化进程,无论学术界、商界还是政府,所有领域都将开始这种进程。"[②]IBM 中国研究院院长沈晓卫说:"大数据是未来信息技术变革的重要方向之一,中国面临前所未有的机遇,同时大数据

---

① 百科名片. 大数据时代[EB/OL]. [2013-07-17]. http://baike. baidu. comview9424571. htm.

② 大数据时代来临[EB/OL]. (2012-06-15)[2012-10-10]. http://bjwb. bjd. com. cn/html/2012-06/15/node_113. htm

将为推动中国经济转型发挥重要作用。"①事实上依托互联网技术,中国正朝这方向迅速发展。

(一)大数据概述

大数据是伴随着数据的大量产生而出现的描述性概念,其既包括传统数据库中的结构化数据,也包括进一步被业界关注的半结构化及非结构化数据。有人认为早在 20 世纪 80 年代美国就有人提出了"大数据"(big data)的概念②。而最早引用"大数据"这个术语的可追溯到 apache org 的开源项目 Nutch。当时,大数据用来描述为更新网络搜索索引需要同时进行批量处理或分析的大量数据集。随着谷歌 Map Reduce 和 Google File System(GFS)的发布,大数据不再仅用来描述大量的数据,还涵盖了处理数据的速度。

全球知名咨询公司麦肯锡于 2011 年发布大数据报告之后,"大数据"迅速成为计算机行业、电商领域以及学术界的研究热点。麦肯锡公司称,大数据是"其大小超出了典型数据库软件的采集、储存、管理和分析等能力的数据集合"③。此后,维基百科针对当下数据内容与数量提出自己的观点,认为大数据是网络公司日常运营所生成和积累的用户网络行为,而百度百科对大数据的描述则是:"大数据,或称巨量资料,指的是所涉及的资料量规模巨大到无法通过目前主流软件工具,在合理时间内达到撷取、管理、处理、并整理成为帮助企业经营决策更积极目的的资讯④。"而从技术角度思考,大数据是"指无法在一定时间内用常规软件工具对其内容进行抓取、管理和处理的数据集合"⑤。

大数据不仅指数据量大,还有另一层意思是指数据的复杂性"大"。2011年大数据世界论坛认为,大数据表现为数据体量巨大、数据类型繁多、价值密度低、处理速度快的特征。另外,由于大数据数据量大、不可控,不能利用主流软件工具在合理的时间或空间内帮助资讯管理部门处理目标数据。因此,从某种程度上说,大数据是多样化的信息资讯或信息资源,是多样化的巨量信息资讯集。"大数据"研究机构 Gartner 认为,大数据是需要新的处理模式才能具有更

① 新华网.大数据时代的中国机遇——访 IBM 中国研究院院长沈晓卫[EB/OL].(2013-04-30)[2013-07-17].http://baike.baidu.comview9424571.htm.

② 张文彦,武瑞原,于洁.大数据时代的图书馆初探[J].图书与情报,2012(6):15-21.

③ The age of big data[EB/OL].(2012-02-12)[2013-07-17].http://www.nytimes.com/2012/02/12/Sundayreviem/big-datas-inpact-in-the-world.Html? pagewanted=all.

④ 百度百科.大数据[EB/OL].[2013-07-17].http://baike.baidu.comview6954399.htm.

⑤ 维基百科.大数据[EB/OL].[2013-07-17].http://wiki.mbalib.com/wiki/大数据.

强的决策力、洞察发现力和流程优化能力的海量、高增长率和多样化的信息资产。

(二)大数据基本特征

大数据与数量这一维度密不可分,沈晓卫认为:"大数据主要包括社交媒体产生的数据,音频、视频、图像数据和来自物联网的数据。与商业交易等生成的传统数据相比,大数据具有海量、快速、多样性和不确定性等特点,规模呈指数级增长,给数据的采集、存储、组织、查询和管理都带来许多挑战。"[①]从其观点来看,大数据包括结构化、半结构化和非结构化数据,在大量的资料中,普遍将大数据概括为 4V 特征。经过进一步对大数据的认识,可以用 4V+1C 来概括大数据的基本特征。

容量大(volume)。数据量巨大,从 TB 级别,跃升到 PB、EB、ZB 级别(1 PB=1024 TB,1 EB=1024 PB),甚至更高,传统的集中存储与集中计算已经无法处理呈指数级别的数据增长速度。据 IDC(国际数据公司)统计,全球互联网上的数据每年以 50% 的速率增长,每两年便将翻一番,2011 年全球所产生的信息总量就有 1.8ZB,2012 年人类生产的所有印刷材料的数据量是 200PB,全人类历史上说过的所有话的数据量大约是 5EB,整个人类文明所获得的全部数据中,有 90% 是过去两年内产生的,至 2020 年全球数据量将攀升到 35.2ZB。IDC 中国发展研究报告称,"大数据"概念正在引领中国互联网行业的新一轮技术浪潮。

类型多(variety)。数据类型繁多,传统数据管理流程无法处理异构和可变的大数据,这些数据可能具备结构化、半结构化和非结构化等多种属性,如网络日志、音视频、图片、地理位置信息、网络检索历史记录、Email、社交媒体、博客、微信和传感器数据等。

高时效(velocity)。数据处理速度快,也叫 1 秒定律,数据实时生成,同时要求按需提供交互式的、实时或准实时的数据分析,而数据分析的新趋势,则是超越常规数据分析模型的深度分析需求的增长,因为用户不仅仅需要通过数据了解现在发生了什么,更需要利用数据及时地对将要发生什么进行预测。

低密度(vitality)。虽然数据的价值密度低,单条数据并无太多价值,但庞大的数据量蕴含着巨大财富,只有对所有数据(结构化数据、半结构化数据与非结构化数据)进行融合和分析后,才会挖掘出许多新的信息。以视频监控为例,

---

① 新华网.大数据时代的中国机遇——访 IBM 中国研究院院长沈晓卫[EB/OL].(2013-04-30)[2013-07-17].http://baike.baidu.comview9424571.htm.

连续不间断监控过程中,可能有用的数据仅仅有一两秒。

难分辨(complexity)。是指数据极度复杂而难于分辨的关系,即通过数据库处理持久存储的数据不再适用于大数据处理,而需要有新的方法来满足异构数据统一接入和实时数据处理的需求。

(三)大数据时代的影响

1.大数据的作用

浙江大学宁波理工学院图书馆馆长赵继海在《大数据时代图书馆面临的挑战机遇与对策》[①]中,对大数据的作用提出了以下四个方面的认识:

一是对大数据的处理分析业已成为新一代信息技术融合应用结点。如电子商务、移动互联网、物联网、社交网络、数字家庭等是新一代信息技术的应用形态,这些应用不断产生大数据。云计算为这些海量、多样化的大数据搭建存储和运算平台。对来自不同途径的数据进行管理、处理、分析与优化,将结果反馈到上述应用中,可以创造出可观经济和社会价值。可以说大数据具有催生社会变革的力量。释放这种能量,需要严谨的数据治理和富有洞见的数据分析及激发管理创新的环境。

二是大数据是信息产业持续高速增长的新引擎。日趋成熟的大数据市场里,新技术、新产品、新服务、新业态不断涌现。在硬件与集成设备领域,大数据将对芯片、存储产业产生巨大影响,并将催生一体化数据存储处理服务器、内存计算等。在软件与服务领域,大数据将会推动数据快速处理分析技术、数据挖掘技术和软件产品的发展。

三是大数据的开发利用将成为提高核心竞争力的关键因素,各行业的决策已经从"业务驱动"转变"数据驱动"。例如,通过对零售商进行实时数据分析,可以掌握市场动态并迅速做出应对,帮助商家制定精准而有效的营销策略,帮助企业为消费者提供优质个性化服务;在医疗领域,可为医生提高诊断准确性和药物有效性;在公共事业管理领域,大数据也能在促进经济发展、维护社会稳定等方面起到重要作用。

四是大数据时代科研方法与手段将发生重大改变。譬如,通过实时监测、跟踪研究对象在互联网上产生的海量行为数据,对其进行挖掘分析,能揭示事物内在规律性,提出事物研究结论和对策。

---

① 智库.百科.大数据[EB/OL].(2017-02-23)[2019-08-25].http://wiki.mbalib.com/wiki/大数据.

2. 大数据时代面对的主要问题

2011 年世界经济论坛称大数据为新财富;2012 年美国政府认为大数据关系到国家经济结构调整和产业升级,是"未来的新石油";2013 年,经济合作与发展组织报告指出,数据已经成为科研活动的核心和科技创新发展的核心驱动要素。"大数据"作为数字化革命的引擎为众多科学研究带来了新机遇,科学范式开始从模型驱动向数据驱动转变,开启了以数据为中心思考、设计和实施科学研究的新研究范式。学界普遍把此范式称为第四范式。

第四范式(4NF)是图灵奖得主 Jim Gray 在 2007 年提出的观点:仪器设备和模拟方法正在生产出大量的数据,科学的世界发生了变化,从第一科学研究范式以实验为基础的实验科学,第二科学研究范式以理论推理为基础的理论科学,第三科学研究范式以模型模拟为基础的计算科学,向第四科学研究范式以数据密集型科研为基础的数据密集型科学方式转变。

第四研究范式基本定义是设关系 $R(X,Y,Z)$,其中 X,Y,Z 是成对与不相交属性的集合。若存在非平凡多值依赖,则 R 中每个属性为:存在有函数依赖(X 必包含键)。那么,当关系 R 的属性集合 X 是非平凡多值依赖的域,它就包含关系 R 的键。这个定义和巴斯范式(BCNF)定义唯一的不同点是后者研究的是非平凡多值依赖的域。由于函数依赖是多值依赖的特定情况,因此,这直观地说明了 4NF 比 BCNF 更强些。

可以说,规范化的基本思想是逐步消除数据依赖中不合适的部分,使关系数据库模式中的各种关系模式达到某种程度的"分离",让一个关系只描述一个实体或者实体间的一种联系。如果多于一个实体(包括概念、联系等),则把它"分离"出来。如此,规范化实质上是概念的单一化,即一个关系表示一个实体。

《联合国教科文组织科学报告:面向 2030 年》认为:到 2030 年,不仅科学使用数据来创造,而且任何科学发现的基本产出也是数据,对未来可持续发展影响最大的将是大数据和开放,那么在大数据时代,谁掌握了数据,谁就站到了大数据研究的战略制高点。因此,对数据资源的争夺是大数据研究的必然阶段。然而,拥有数据这一重要的战略资源是不够的,保证使用者拿到大数据资源,并能够对其进行有效的分析研究、挖掘使用,才能充分发挥其战略资源的作用。所以,数据资源的整合、开放、共享是实施好大数据发展战略中极为重要的一个环节,这体现了第四研究范式强调以数据为中心思考、设计和实施科学研究,并认为科学发现依赖于对海量数据的收集和分析处理的原因。

当下,大数据业已成为未来数据分析和存储的新趋势,数据不等于信息、信息不等于智慧(insight)已成为大众共识,即数据量大不等于信息量大,更不代表信息就会成比例增多，可以说，信息直接与内容挂钩，与需要有资讯性（informative）相联系。而在这信息爆炸的时代，数据容量大、延迟性高、安全性低、成本大、灵活性低、数据法规遵从性低和应用感知弱等问题困扰着数据组织序化等管理工作。在日常工作中，如何在合理时间内达到数据截取、管理、处理，并整理成为人类所能解读的信息，这需要用数据的方法来研究科学和用科学的方法来研究数据，需要科学合理地对数据进行管理。而数据的高数量、高维度、高更新速度以及背后的高商业价值运用价值对传统的硬件存储、数据库管理、政策和法律、数据技术、数据人才等提出了更高的要求。

（1）基础设施。针对大数据的基本特征，探索利用大数据需要易用、开放和可扩展的数据基础设施，但现有基础设施能力往往比较有限，通常只针对特定学科和应用。因此，数据基础设施应充分考虑到大数据本身的特点、科学研究的现实、现在需求和成本效益问题，需要能支撑数据的整个生命周期，支持多学科研究和数据跨学科转移，通过连接不同学科的数据集，支持创建开放连接的数据空间，以及支持科学数据与文献的互操作等。

（2）政策和法律。整体而言，结构性数据、半结构性数据及非结构性数据的流动性和可获取性是大数据开发利用和数据密集型科研的关键保障，数据开放至关重要。数据开放不仅是技术问题，也是一个社会层面或与人相关的问题，需要发展要求数据开放的政策和法律来促进问题的解决。此外，还需要兼顾科学的整体利益与科研人员的个人利益，在为数据价值的充分发挥、科研的良性竞争和持续进步保驾护航的同时，又能对数据涉及的机密、隐私问题等予以充分保护。为此，需要结合各国国情来设计和制定利用数据的相关政策和法律。

（3）数据技术。IDC（互联网数据中心）认为，大数据技术是具备大规模的体量、多样化的种类的数据集以及对这种数据集进行高速采集、处理与分析以提取价值的技术架构与技术过程。通俗来讲就是从各种各样类型的数据中快速获得有价值信息的能力就是大数据技术[①]。因此，强化对大数据处理，如采集、导入与预处理、统计与分析和数据开发与挖掘等问题，都需要数据处理技术[②]。

数据采集：ETL 工具负责将分布的、异构数据源中的数据，如平面数据文件、关系数据等，抽取到临时中间层后进行清洗、转换、集成，并加载到数据仓库

---

① 潘永花. 中国大数据技术与服务市场 2012—2016 年预测与分析［R］. Internet Data Center,2012.

② 智库. 百科. 大数据［EB/OL］.（2017-02-23）［2019-08-25］. http://wiki. mbalib. com/wiki/大数据.

或数据集中,成为联机分析处理、数据挖掘的基础。

基础架构:云存储、分布式文件存储等。

数据存取:关系数据库、NOSQL、SQL 等。

数据处理:自然语言处理(Natural Language Processing,NLP)关键是要让计算机"理解"自然语言,自然语言处理又叫作自然语言理解(Natural Language Understanding,NLU),被称为计算语言学{JP(Computational Linguistics)。它是语言信息处理的一个分支,也是人工智能(Artificial Intelligence,AI)的核心课题之一。

统计分析:包含假设检验、差异分析、显著性检验、相关分析、方差分析、T 检验、卡方分析、距离分析、偏相关分析、回归分析、多元回归分析、简单回归分析、逐步回归分析、回归预测与残差分析、logistic 回归分析、岭回归、曲线估计、因子分析、聚类分析、主成分分析、因子分析、快速聚类法与聚类法、对应分析、判别分析、多元对应分析、bootstrap 技术等等。

数据挖掘:分类(classification)、估计(estimation)、预测(prediction)、相关性分组或关联规则(affinity grouping or association rules)、描述和可视化(description and visualization)、聚类(clustering)、复杂数据类型挖掘(text,web,图形图像,视频,音频等)

模型预测:机器学习、预测模型、建模仿真。

结果呈现:标签云、云计算、关系图等。

(4)数据人才。数据采集、存储、挖掘开发、分析组织、查询和管理等数据科学家/专家/人才的匮乏成为利用大数据、进行数据密集型科学发现的最大制约。清华大学计算机系武永卫教授指出:未来 3~5 年,中国需要 180 万数据人才,但目前只有约 30 万人,缺口达 150 万人。

目前国内外高校、企业积极探索数据人才的培养。如加州伯克利大学、伊利诺伊香槟大学、哥伦比亚大学、芝加哥大学、雪城大学、华盛顿大学等开设了数据科学相关的课程、项目、短期培训。教育部于 2015 年通过"数据科学与大数据技术"专业,首批 3 所高校获批设置该专业,2016 年再批准 32 所高校设置该专业,致力于数据人才的培养。

(四)大数据时代的科学数据

1.科学数据含义

科学数据存储和共享能极大地促进信息开放获取,科研人员可以利用公开数据对实验可靠性进行检验,提高实验可重复性。开放知识与开放创新工具和平台的发布与使用,将有效促进科学数据的公开,便于科研人员发布和使用科学数据,从而逐渐形成开放获取的科学数据环境①。国外对科学数据的研究远早于国内,对科学数据常见表述有 Research Data、Scientific Data、研究数据、科研数据等。国际上通用的表述是 Research Data Management(简称 RDM),意思为科研数据管理,是指对科学研究活动中所产生的数据进行有序地组织,从而实现数据的全生命周期管理②。

事实上,科学数据的定义有狭义与广义之分。从狭义上讲,其含义是"在自然科学、工程技术科学等领域,通过基础研究、应用研究、试验开发等产生的数据,以及通过观测监测、考察调查、检验检测等方式取得并用于科学研究活动的原始数据及其衍生数据"③。内容特指自然科学、工程技术科学等领域的数据,没有涵盖社会科学方面的数据,这也是传统意义上的科学数据。而从广义上讲,更多地接受中华人民共和国科技部 2004 年对科学数据的定义,认为"科学数据是指人类在认识世界、改造世界的科技活动中所产生的原始性、基础性数据,以及按照不同需求系统加工的数据产品和相关信息。它既包括了社会公益性事业部门所开展的大规模观测、探测、调查、实验和综合分析所获得的长期积累与整编的海量数据,也包括国家科技计划项目实施与科技工作者长年累月科学实践所产生的大量数据"④。

2.科学数据类型

但无论是狭义的科学数据还是广义的科学数据,都是基于不同的目的和通过不同的处理过程产生的,并能被分成不同的类别。每个类别的科学数据可以有不同的数据管理方式。从类型上,科学数据大体包括以下各方面数据:

观察数据:数据是实时捕获的,通常具有不可替代性,例如传感器数据、调查数据、样本数据、神经学影像资料。

试验数据:数据来自试验设备,通常是不可重复产生的和价值不菲的数据,例如基因序列数据、色谱图数据、磁场数据等。

---

① 张晓林.开放获取、开放知识、开放创新推动开放知识服务模式——3O 会聚与研究图书馆范式再转变[J].现代图书情报技术,2013(2):1-10.

② University of Leicester. What is Research Data Management [EB/OL]. (2019-12-11)[2019-12-20]. https://www.le.ac.uk/services/researchrdata/rdm/what-is-rdm.

③ 国务院办公厅.科学数据管理办法[R].(2018-04-02)[2018-04-17].

④ 中华人民共和国科学技术部.科学数据共享工程技术标准 SDS/T 1003—2004:科学数据共享概念和术语[S/OL].[2019-12-20]. http://www.doc88.com/p-0844658816404.html.

仿真数据：数据是由实验模型产生的，这里所指的模型和元数据比模型输出数据更加重要，例如气候模型、经济模型等。

参考文献或标准数据（reference or canonical）：是一个静态或有机组织的小型（同行评审）数据集的合并集合，例如基因序列数据银行、化学结构式，或者空间数据网站等。

事实上，在大数据时代，科学数据的概念被进一步扩大，不仅仅包含人们在科学研究活动中所产生的一切可以利用的数据，还包含所有与结构化和非结构化数据相关的内容，从准备、清理、分析和源于有用的视角开始，结合了数学、统计学、智能数据捕获、编程、问题解决、数据清理等不同的视角、准备和数据对齐等技术，在问题解决的过程中，从不同的视角挖掘所需的信息。而每一个信息被挖掘，则是对数据处理的几种技术和流程的组合，以获取有价值的业务视角，并通过科学的方法、算法、流程和系统来有效地提取信息，这些信息可以被用来做出关键的业务决策。因此，科学数据从形式上主要可以分为三类：

自然科学数据，包括各类实验室记录数据、测量仪器数据、传感器数据、测绘数据等。

社会科学数据，主要集中于经济、社会领域，其中使用最多的有两类数据：一类是国家统计部门的统计数据；另一类是为社会科学研究和政策制定而专门进行收集的调查数据，包括人口、健康、卫生、环境、能源等。

互联网数据，这是数量最大的一类数据，既包括社交网络上的各类帖子、电子商务和金融交易数据，还包括各类服务器日志记录和政府部门的公共服务数据，如医疗、电力、交通等数据。目前这类数据已经成为科研活动的主要研究分析对象。

3.科学数据生命周期

科研数据管理过程具有明显的周期性和阶段性特征，基于科研活动在不同阶段的数据形态和数据处理活动，形成了关于科研数据管理的相关生命周期理论。

数据管理生命周期存在许多模型，如英国数据存档库（UK Data Archive，UKDA）数据生命周期管模型，哈佛大学科学数据生命周期管理模型，DataTrain 科学数据生命周期管理模型，DataONE 科学数据生命周期管理模型。以 ICPSR 社会科学数据存档生命周期管理模型为例，其包括以下几个方面：

①制定发展与数据管理计划：必备要素、可选要素、案例等。

②构建项目：文件结构、命名、数据整合、数据集文档、项目文档、软件使

用等。

③数据收集与文件创建：定量数据、定性数据、其他类型的处理方式以及元数据创建。

④数据分析：主数据集与工作文件、版本控制、数据备份。

⑤数据共享准备：保密义务工作、披露风险限制、用户个人信息保护、数据集受限使用等。

⑥数据存档管理：文件格式、已有或二次数据分析文档存储。

从上述可以看出，科学数据管理生命周期模型具有以下共性特点：一是强调数据管理计划的指导意义；二是重视数据归档工作；三是阶段管理的规范化；四是管理策略多样；五是重视关键且容易被忽视的问题等。

(五)大数据时代图书馆数据特点

1.数据存储量大

大数据的特征表明，图书馆是信息与数据的发散地，是信息与数据的中心。图书馆拥有大量的数据库资源、电子书刊资源、音频视频资源等，既包括各种类型的原生数字资源，又包括其他虚拟馆藏等各种多媒体资源，并且每年都有大量新增数据，比如新购数据库、馆藏资源数字化等，这些数据是图书馆大数据的重要组成部分。另外，还有读者利用图书馆产生的各种信息，比如 RFID 数据、读者行为数据、移动设备数据。图书馆的外联数据，比如社交网络、馆际联盟、即时通信等所产生的数据，以及这些数据关联融合、重组再造之后产生的新生数据，这些数据都将构成图书馆的大数据，并且数据资源总量每天都在迅速增长，这是一个庞大的数据集，显然具有大数据的大量数据存储特征。

2.各类数据并存

大数据时代，图书馆的数据量不仅仅是目前正在建设的文献、书刊数据等结构化数据，也有图书馆目前还无法或还没有建设的非结构化数据和半结构化数据。在后 LIB 2.0 时代，用户不仅是信息的获取者，也是信息的制造者和传播者，社交网络如个人博客、微博、社交网站等产生的日志、评论、推荐数据等，移动图书馆、物联网等产生的读者及其行为信息，比如读者的地理位置、检索历史、检索时间、浏览历史等，这些数据很多是非结构化和半结构化数据，其数据量远远超过结构化数据量。可见，图书馆数据具有大数据多种异构数据并存特征。

数据处理迅速。随着移动网络的发展，图书馆很多数据都是实时生成的，而且读者对图书馆实时应用需求更加普遍，比如在图书馆 RFID 智能选座系统中，座位信息必须实时展现给读者，读者随时随地都能掌握座位信息。面对规模如此巨大的图书馆异构数据，图书馆需要在第一时间抓住重要事件发生的信息，显然处理数据的效率就是图书馆的生命力。

价值广泛存在。图书馆数据价值是广泛存在的，但也存在价值密度低的现象，比如在对一个图书馆 1 小时的监控视频资源分析过程中，也许只有其中一二秒的数据是有用的，要从数以 TB 计的视频资源中找有价值的几兆视频数据，必须利用大数据分析方法来处理。

二、科学数据管理政策

科学数据政策包括一般政策、数据标准、数据管理、数据共享、数据安全和辅助政策等内容。一般政策内容包括目的与原则、适用范围、术语定义、角色责任、历史版本信息、相关文件与法律政策、数据范围等；数据标准包括数据规范标准、元数据标准等；数据管理包括数据管理计划、数据保存、数据销毁、数据转移等；数据共享包括数据访问、数据审查、合作研究、数据共享等内容；数据安全包含数据隐私、知识产权等；辅助政策包含机构支持、资金支持、监督与评估等方面内容。

2016 年 7 月 26 日，欧盟委员会公布《2020 计划框架下的 FAIR 数据管理指南》，提出所有受 Horizon 2020 资助且参与"开放研究数据试行计划"的项目必须提交数据管理计划（Data Management Plan，DMP）。欧盟委员会向其项目经费获得者推荐用于 DMP 撰写的相关在线工具，包括：研究数据联盟（Research Data Alliance）提供的元数据标准目录（Metadata Standards Directory）、欧洲数据基础设施项目（EUDAT）的 B2SHARE 工具和数据存储库资源等。

对待科学数据管理与共享，政府部门、相关机构和一些公益科研项目资助主体对数据出版一直持积极态度。

2018 年 2 月，欧盟委员会开启两项新的项目服务，即欧洲开放科学云（EOSC－hub）和全球开放获取运动（OpenAIRE-Advance）项目。欧洲开放科学云（EOSC）的关键驱动力是帮助欧洲在科学数据基础设施方面获得全球领先地位，并确保科学家充分利用开放数据驱动科学发展。欧盟委员会开放科学云（European Open Science Cloud，EOSC）高层专家委员会前任主席、荷兰莱顿大学教授 Barend Mons 领衔提出了"FAIR"原则，是指 Findable，Accessible，Interoperable，Reusable，翻译成中文即是"可发现""可访问""可交互""可重用"。目前"FAIR"原则正成为科学数据管理、监管与出版的最新通用原则。

在我国，国家重视数据管理工作，出台了《科学数据管理办法》，发布了《科学数据引用》与《中国科学院科学数据管理与开放共享办法（试行）》等法规文件。

2018 年 3 月 17 日国务院办公厅印发《科学数据管理办法》（以下简称《办法》），从职责、科学数据采集、汇交与保存、共享与利用、保密与安全等方面对科学数据管理与共享进行规范。其中，第四章主要对科学数据的共享与利用进行规范。第四章第二十三条规定，"科学数据使用者应遵守知识产权相关规定，在论文发表、专利申请、专著出版等工作中注明所使用和参考引用的科学数据"。同时也明确了经营性活动需要使用科学数据时当事人双方的权利和义务。

科技部基础研究司司长叶玉江和国家科技基础条件平台中心副主任王瑞丹认为，《办法》着重从以下五个方面提出了具体措施：一是明确了主管部门和法人单位的职责，强化了法人单位的主体责任，体现"谁拥有、谁负责""谁开放、谁受益"。同时，对科学数据的生产者和使用者提出了明确要求。二是加强科学数据交流和利用的监管，明确主管部门和法人单位依法确定科学数据的密级及开放条件。三是加强知识产权保护，对科学数据使用者的行为进行了规范，体现对科学数据知识产权的尊重。同时，对科学数据生产者也做出了约束，如出现数据造假等行为，将受到相应惩罚。四是加强数据积累，促进开放共享，要求科技计划项目产生的科学数据进行强制性汇交，并通过科学数据中心规范管理和长期保存。五是加强科学数据管理能力建设，提出法人单位要在岗位设置、绩效收入、职称评定等方面建立激励机制，将科学数据工作情况作为重要的考核内容。

《办法》要重点把握以下方面：一是深刻把握大数据时代科学数据发展趋势，充分借鉴国内外先进经验和成熟做法，加强科学数据全生命周期管理；二是把确保数据安全放在首要位置，建立数据共享和对外交流的安全审查机制；三是按照"开放为常态、不开放为例外"的共享理念，明确为公益事业无偿服务的政策导向，充分发挥科学数据的重要作用。

中国科学院在 2019 年 2 月 21 日率先制定并发布了《中国科学院科学数据管理与开放共享办法（试行）》，为进一步加强科学数据管理，保障科学数据安全，提高科学数据开放共享水平提供了制度规范。《中国科学院科学数据管理与开放共享办法（试行）》分为 8 章，共 32 条，对中科院科学数据管理与开放共享的总体原则、职责分工、管理要求、保障机制及安全保密等方面的内容进行了明确。这是落实国家大数据战略和《科学数据管理办法》的重要举措，亦为各大高校、科研院所和企业等法人单位在科学数据管理制度规定方面提供了参考。

《科学数据引用》于 2017 年 12 月 29 日正式发布实施，随后国家标准化管理委员会正式发布《信息技术科学数据引用》国家标准,并于 2018 年 7 月 1 日起正式实施。

《科学数据引用》针对科学数据传播机构和数据使用者,规定了科学数据引用元素描述方法、引用元素详细说明、引用格式等内容。其中,科学数据传播机构可根据该标准设计数据引用系统,并声明数据引用规则,数据使用者可根据该标准著录科学数据引用信息。《科学数据引用》国家标准的正式发布,标志着科学数据可以像学术论文一样被同行标准化引用,这将在一定程度上促进数据拥有者开放共享其数据。

同时,为加强科技创新基础能力建设,推动我国科技资源整合共享与高效利用,打破科技信息滞留和数据垄断格局,"十一五"以来,我国科技部、财政部组织开展国家科技基础条件平台建设工作,目前科学数据共享领域已经建成林业科学数据平台、地球系统科学数据共享平台、人口与健康科学数据共享平台、农业科学数据共享中心、农业科学院农业信息研究所、地震科学数据共享中心和气象科学数据共享中心等 7 个平台。其目的就是要重点集成各部门的科学数据资源,整合离散科学数据资源,开发数据集产品,构建面向全社会的科学数据管理与共享服务设施。

三、科学数据管理实践

(一)国外数据中心建设

美国芝加哥大学全国民意调查研究中心(National Opinion Research Center,NORC)与综合社会调查(General Social Survey,GSS)。美国全国民意调查研究中心 NORC 成立于 1941 年,自 1947 年起与芝加哥大学合作建设,目前总部设在芝加哥大学。1972 年创立的 GSS 是 NORC 最重要的品牌标志性调查项目。

GSS 是美国 NSF 迄今为止支持的最大的社会科学调研项目。GSS 数据在全美仅次于美国人口普查局的人口普查资料,在社会科学领域的引用率居第二位。GSS 的原始调查数据为 SPSS 和 STADA 两种格式,平台采用伯克利大学开发的调查文档和分析(Survey Documentation and Analysis,SDA)和挪威的 NESSTAR 系统。

密歇根大学社会研究所(Institute for Social Research,ISR)与校际政治和社会研究联盟数据档案(Inter-university Consortium for Political and Social Research,ICPSR)。密歇根大学 ISR 成立于 1949 年,是目前世界上最大的社

会科学调查与研究机构。ISR 共有员工 1000 余人，其中教学与科研人员 250 余人，采取大学与研究院"双聘"的方式。ICPSR 是 ISR 下属的一个研究机构，成立于 1962 年，在全球有 700 多个成员，包括 394 个美国机构。工作内容包括：获取和存储社科数据、向研究者分发数据、数据的长期保存、提供定量方法的培训。

哈佛大学定量社会科学研究所（Institute for Quantitative Social Science，IQSS）和一个由哈佛大学和麻省理工学院联合创建的数据中心（Harvard-MIT Data Center，HMDC），是 IQSS 的一个成员。HMDC 成立于 20 世纪 60 年代初，是哈佛大学政治和社会科学最早的数据中心，它提供研究技术咨询，包括数据管理、研究方法和计划、软件培训、编程支持等。

加州伯克利大学数据中心的 D-Lab。加州伯克利大学数据中心的 D-Lab，由中心主任 Jon Stiles 负责接待，成立于 2013 年，已经与 UC DATA 合并。目前全职人员有 9 人，兼职学生 7 人。主要为伯克利的师生和研究人员提供一些社会科学数据的服务和支持，以促进数据密集型社会科学数据的研究，包括基于数据生命周期的一系列服务：项目设计，数据采集，获取和增值，数据分析与可视化，数据监护和管理等。D-lab 目前的元数据使用 DDI，数据格式主要是 spss、stata，在线分享软件使用伯克利大学自己开发的 SDA，目前提供的 170 个数据集也存放在 SDA 平台上。

英国信息系统联合委员会（Joint Information Systems Committee，JISC）。JISC 是于 1993 年 4 月成立的英国信息共建共享组织。JISC 的管理研究数据（Managing Research Data，MRD）项目通过管理和共享数据来增强科学过程。2011 年 JISC 通过在英国各大科学数据中心的调研，发布了《科学数据中心：使用、价值、影响》报告。

澳大利亚科学数据管理 Australian code。2007 年澳大利亚政府为规范澳大利亚研究所和科研机构的科研行为制定了澳大利亚科学数据管理文件（Australian code for the responsible conduct of research，简称 Australian code）。文件与科学数据共享相关的内容分为科研责任和研究数据管理两部分，提供了学术界普遍可接受的全面框架，对科学数据共享提出了明确要求。

（二）国内数据中心建设

在国内建成的较有影响的数据中心有中国综合社会调查、中国地球与地质物理数据共享子平台、北京大学中国社会科学调查中心、复旦大学社会科学数据中心等。

1. 研究院所数据中心建设情况

科研数据管理是高校优化资源建设、深化学科服务的重要途径，是高校图书馆数据重要工作。从全国高校来看，北京大学中国社会科学调查中心（Institute of Social Science Survey，ISSS）是开展中国社会问题实证研究的跨学科平台，目前承担两个大型社会调查项目——中国家庭动态跟踪调查和中国健康养老追踪调查。在数据共享服务方面，ISSS 通过组织业界专家学者共享利用这些科学数据撰写研究报告并提供服务，用户已经超过 9000 人。中国综合社会调查（Chinese General Social Survey，CGSS）是中国第一个全国性、综合性、连续性的大型社会调查项目，2003 年在中国人民大学建立，2007 年被国际社会调查合作组织（International Social Survey Programme，ISSP）接纳为代表中国的会员单位。

复旦大学图书馆在加强和规范科研数据管理、保障科研数据安全、提高开放共享水平等问题上的实践，为全国高校图书馆的科研数据管理提供了借鉴。复旦大学社会科学数据中心（Fudan Institute of Social Research，FISR）成立于2011 年。中心定位在学校层面统筹推动数据库建设，整合和开发全校学术数据资源，构建学校人文社会科学数据库建设平台，为复旦大学履行大学传承、记录文明的职责和为"国家智库"提供基础性的支撑。中心设有学术委员会和国际学术顾问委员会，指导中心业务发展。中心下设数据服务部、社会调查部和研究部。其中，数据服务部的职责主要包括研发与维护社会科学数据共享平台，制定元数据及其著录规则以及推动学校层面制定科学数据共享的支持政策，人员主要来自校图书馆、社会政策学院、计算机学院。其主要任务：一是社会科学数据的搜集、提交、保存、管理、共享与利用，对于研究者、科研机构、高校、国家均具有重大价值和意义，是促进学术交流、推动学术发展的重要保障；二是国外知名的社会科学数据中心至今已有五十余年的发展历史，已构建了比较成熟的数据交换共享平台，反观国内，社会科学数据中心起步较晚，针对科研机构产生的社会科学数据的长期保存和共享利用虽有尝试，但仍处于初级阶段，亟待发展。其目标是整合、开发、共享、利用人文与社科领域的各类数据资源；实现人文和社会科学数据监护理论创新和研究范式的转变；培养适应大数据时代需求的人文社科复合型研究人才；推动人文社科科研成果的转化应用；为人文社科学科的研究模式提供智慧化和精准性的科学依据。

在实践中，复旦大学社会科学数据中心科研数据管理主要涉及的工作：一是对科研过程中产生的各种数据、文档、资料等，由学科馆员结合数据特点和专业的信息组织能力，提出数据规范方面的建议或标准。二是与科研团队、科研项目组合作,参与数据、文档、资料的整理、分类和归档等工作。三是对人文社科类研究数据,基于双方的协商,提供"复旦大学社会科学数据平台"服务,并提供使用培训。

目前,复旦大学社会科学数据中心实行数据共享,已经有长三角居民消费与碳排放数据库、中华人民共和国成立后历次人口普查分省数据库、中国人口、消费与碳排放数据库等科学数据库进入数据共享平台,共计数据空间148个,数据集639个,数据文件2441个,初步实现科学数据长期保存和公开获取,用户访问量达441万人次,下载达69万次。同时出台了《复旦大学社会科学数据平台管理条例》(以下简称《条例》),《条例》共有4章25条,其主要内容如下:

第一章　　　总则

第一条　　　社会科学数据交换共享的意义

第二条　　　复旦大学社会科学数据平台的定位

第三条　　　社会科学数据的内容与分类

第四条　　　社会科学数据平台的目标和宗旨

第二章　　　社会科学数据汇交

第五条　　　社会科学数据的法律属性

第六条　　　社会科学数据统一汇交的制度

第七条　　　社会科学数据汇交的程序

第八条　　　数据提供者之义务

第九条　　　数据提供者之权利

第十条　　　激励措施

第十一条　　数据访问等级

第十二条　　数据提供者提供的数据被公开及使用的权限

第三章　　　社会科学数据共享与数据使用

第十三条　　复旦大学社会科学数据平台的开放对象

第十四条　　社会科学数据使用者的分级

第十五条　　申请使用社会科学数据的程序

第十六条　　数据使用者所承担之义务

第十七条　　数据使用者之权利

第十八条　　收费制度

第十九条　　发表成果相关规定

第二十条　　有关版权问题

第四章 免责申明与争议处理
第二十一条——第二十五条

《条例》的出台,为科学数据合理开发与利用和科学数据平台的正常运行提供了依据,其严格遵守相关保密协议和安全政策,为科研人员利用科学数据提供了保障。

2.省(区、市)科学数据共享平台建设情况

从各省(区、市)科学数据共享平台来看,科学数据共享平台是我国科技基础条件平台建设的分支机构,2014 年检索到天津、山西、吉林、上海、浙江、江西、湖北、广东和陕西 9 个省市建有科学数据共享平台网站,其中除陕西省数据平台具有独立网站外,其余 8 个省市的网站都是在大平台网站下的二级网页。各网站都包括平台简介功能,大部分网站包括数据展示或资源导航功能,但对于其他功能的导航设计基本不同。

总体上看,各高校科学数据共享平台相对成熟,而各省科学数据共享平台的总体情况不优,处于较低的运行水平,且不同程度存在非独立运行网点、功能单一、数据涉及领域较为狭窄、可浏览可检索程度不完备、共享程度不高等现象。上海、天津、陕西、山西等省市的科学数据共享平台所拥有的科学数据资源较多,集成了与本地区地域特点和产业发展重点密切相关的特色科学数据。如上海的生命科学数据库、天津的海洋科技数据库、陕西的秦巴山区数据库和山西的能源化工数据库等,明显体现了地区行业特色与地区资源特点。其中上海、湖北科学数据共享平台的数据资源表现形式多样,共建单位较多,共享服务权限层级较为清晰。陕西科学数据共享平台拥有数据管理功能以及数据资源调查功能,在数据共享的前端和后端都有所延伸。

在建设中也存在一些问题。一是完善制度体系建设。在已经出台的《科学数据管理办法》基础上,应出台一系列更具有操作性的政策文件,对科学数据的数据标准,数据价值,数据质量,数据审核、汇交、使用、共享,数据监管,数据安全等方面制定更为明确、统一、详细的操作细则,为科学数据共享的落地实施提供良好的政策保障。

二是创新组织管理形式。成立由省政府领导、各个领域牵头单位参与的协同工作小组,打破科学数据孤立、分离的局面,协同工作小组解决科学数据共享中有关制度建设、任务分工、共享管理、权益分配等方面的问题。

三是形成持久的工作流程。组织开展省级范围内的大规模科学数据资源调查,摸清地区科学数据资源的基本状况,建立常规性、持久性的科学数据调查、汇交、审核、共享工作流程,在数据源头上为科学数据共享奠定资源基础。

四是探索地方科学数据管理运行机制。各省（区、市）更应该结合本地区的实际，在科学数据共享的制度安排、机制研究、共享模式、数据安全、技术应用等方面创新实践，推动省级层面科学数据共享发展。

（三）大数据时代科学数据管理

关于科学数据管理和开放共享方面的实践，欧美发达国家相对成熟，早已形成了一批国家级的科学数据中心或高水平数据库，且有一套较系统的科学数据管理模式。相比之下，我国科学数据管理与应用起步较晚，加之管理形式多样、过程复杂，尚处在多模式管理磨合期。主要有以下几种观点：

彭建波在借鉴美国社会科学数据管理联盟（Data-PASS）的经验的基础上，提出了构建"全国中心—省级中心—数据管理单位"的三级科学数据联盟管理架构①。2015 年，孟祥保等依据荷兰 3TU. Datacentrum 的建立模式，提出构建我国高校图书馆科学数据联盟②。2017 年，司莉等提出科研数据机构库联盟（Institutional Research Data Re pository Alliance，IRDRA）的七种经典组织机构模式③，分别为直线结构、职能结构、事业部式结构、矩阵式结构、星型结构、平行结构和联邦结构。李志芳采用网络调研的方式对国外 iSchool 高校图书馆科学数据联盟的管理经验进行总结，指出数据管理模式的借鉴是基础，融合自身特点创新是核心的观点④。尽管我国对科学数据管理模式尚需进一步提升，但许多学者已从科学数据的组织架构、管理架构、管理模式等方面进行了有效梳理。但总体而言，研究视角高度不够，没有从全局视角考虑管理数据，在一定程度上影响其数据管理系统化与全面性，影响从国家战略层次对科学数据管理模式的构建。

而在具体实践中，我们对科学数据管理有单一机构管理方式与机构联盟管理方式。

①　彭建波.美国社会科学数据管理联盟（Data-PASS）的发展与借鉴［J］.图书情报工作，2014，58（10）：117-121.

②　孟祥保，叶兰，常娥.高校图书馆科研数据联盟建设策略——以荷兰 3TU. Datacentrum 为例［J］.图书情报工作，2015，59（2）：31-37.

③　司莉，陈玄凝.科研数据机构库联盟组织结构的角色主体定位［J］.图书馆论坛，2017，37（5）：81-88.

④　李志芳.国外 iSchool 联盟高校图书馆科研数据管理调查［J］.图书馆论坛，2017，37（10）：121-130.

1.单一机构管理模式

单一机构管理模式是以独立研究机构或高校的数据管理为责任主体单位,将本研究机构或高校科学研究工作者在研究过程中所产生的数据经过组织与开发编成数据集,供用户使用。在开发组织过程中,没有合作者单位与上级主管部门,只根据本部门用户需要而整合科学数据,供大家共享。国内采用这种模式比较典型的是武汉大学图书馆主持的高校科学数据共享平台,国外比较典型是美国约翰·霍普金斯大学图书馆主持的科学数据管理服务平台。单一机构管理模式所掌握的科学数据有限,经费保障较弱,数据更新能力较差,科学数据的持续性、完整性和开放性难以保障,科学数据利用价值未能得到充分发挥。

2.联盟管理模式

联盟管理模式由上级政府部门或有条件的责任主体的法人单位进行承担,涉及多部门、多单位,通过项目运作方式,构建科学数据中心或数据平台,由项目组的成员将数据文件上传到中心或数据平台,与项目组成员单位共享。此管理模式由政府部门、高校及科研机构共同参与。目前国内外大多数科学数据管理实践都基于这种模式。如前面提及建于 2006 年的"中国社会科学调查中心"由北京大学创办,主要经费来源为国家自然科学基金委,其主要学科数据类型为社会学、经济学和教育学等;2009 年成立的"中国调查与数据中心",由中国人民大学创办,经费来源为国家自然科学基金委、中国人民大学科学研究基金、美国科学研究基金会,其主要学科数据类型为社会学、经济学等;2003 年成立的"中国科学院资源环境科学数据中心"由中国科学院创办,经费来源为会员费和项目基金,其主要学科数据类型为环境科学,机构分为中心本部和分中心,其中中心本部设在地理科学与资源研究所,目前分中心包括 9 个挂靠相关共建研究所。中国科学院资源环境科学数据中心执行会员管理制度。其主要特点是由机构统一制定完善的联盟科学数据管理政策,构建相对完善的运行机制,并有一定的经费保障,使得科学数据能真正实现开放共享。

但无论构建何种数据管理模式,第一是对科学数据的管理,涉及的对象既包括研究者个人如何合理地做科学数据管理规划,也包含研究机构如何制定机构层面的科学数据管理与服务政策,搭建机构科学数据管理与服务平台,既能实现机构科学数据的有效管理,又能进行科学数据的共享利用,实现科学数据的增值服务。第二是科学数据的共享服务,在机构或者研究者个人有效管理科学数据的基础上,通过科学数据交换共享协议,利用科学数据共享服务平台实现数据共享服务。因此,在具体实践过程中,既要考虑构建数据管理模式环境,又要考虑科学数据类型、数量与人力资源等因素。

从资源建设环境上理解，良好的大数据时代科学数据管理对科研人员而言，能节省时间，提升研究质量，更好地管理科学研究成果；能更加方便、快捷地得到研究者所需的原始数据及处理后的数据；数据管理中的新技巧能够提高数据的利用效率；大大方便科学数据的传播，包括数据引用以及数据的再利用；在版权管理方面，研究者可以清楚地知道版权与知识产权的归属，了解科学数据再利用时的注意条件和事项。科学数据管理与服务还可降低数据盗用、丢失和误用的危险，同时减少这些行为对研究者声誉可能带来的影响。

大数据时代科学数据管理对研究机构而言，能够使研究机构发现新的研究机会和研究内容；能辨识更多的研究成果，并且通过这些成果的引用和再利用衡量成果的重要性；促进建立新的研究网络和跨课题研究，包括研究项目、研究平台、专业社区等。科研机构有机会通过更多的渠道，获取更多的资金支持，还可通过第三方对研究机构提供的科学数据的利用而发表的科研成果等衍生物，进一步扩大科研机构的影响力和知名度。

因此，大数据时代科学数据管理无论采用了何种管理模式，其数据都不是一个独立或孤立的管理对象，它要对数据生产，诸如经历科研之初的初始数据、科研进行过程中经过整理或清洗（Data Cleaning）的中间数据、最终发布的结果数据，以及对这些数据的再利用并进入下一个科研活动的周期等整个流程的数据进行管理，从而需要将作为研究对象的数字表达、科研过程中从初始数据到中间数据再到结果数据的各项数据记录，以及科研过程作为工作流的数字表达等视为一个整体的一系列科学数据去考虑。即在建构数据管理模式时，既要从科学数据存量、类型与人力方面考虑，又要考虑数据资源存储、数据服务对象及科学数据资源平台内容等。

数据资源存储。科学数据大量产生于科研活动，而大多数科研工作者或者用户，一方面缺乏对数据进行存储、整合与管理的精力，另一方面也缺乏数据存储、整合与管理技术，这需要具有专业数据处理技术的团队，对科学数据进行有效管理，并将日常研究中产生的各类科学数据进行提取，实现合理分类与长期保存，进而避免重要数据丢失或损坏。现代图书馆在数据生产、管理、服务链中，本身具备辅助科研、教学以及传递科学信息的职能，对科学数据管理与长期存储有借鉴作用，特别在大数据时代，图书馆可通过开展数据资源组织存储、整理加工、发掘处理等数据管理工作，为科研人员提供科学数据长期存储的场所，提供必要的数据传输与转化工具，方便用户获取使用，发挥科学数据应有价值。

数据服务机构。对科学数据的组织管理，不仅要体现在某单一数据单元的价值上，更要体现在其不同数据内容关联上。对科学数据进行深入挖掘，开发数据资源的内在关联性,能帮助用户更好地利用科学数据,更快掌握专业领域的研究趋势与动态,节省科学研究时间。图书馆专业人员通过对科学数据的整合、挖掘工作,并借助专门的信息技术工具,为用户提供全面而系统的科学数据。大数据时代作为现代化的图书馆,在数据资源保存、组织与管理上,拥有先进的设备和技术、专业的服务团队,能够全面为用户做好数据组织、信息咨询等服务工作。

科学数据共享平台建设。在大数据时代,科学数据的重要性更加明显。图书馆作为数据管理的专门机构,拥有专业的数据服务团队,在数据语义描述、元数据规范与数据分析等方面有着丰富的经验,通过数据共享平台建设,为科研人员获取与利用数据信息提供支持。

四、科学数据共享

新型科学研究范式下,科研人员需要处理的数据量不断增加,数据计算变得更加复杂,个性化计算需求越来越多。数据驱动的科学研究中,需要更多领域/层面/机构/人员的合作,协作与管控"粒度"更细,安全要求更复杂、更具体,分工更明确。由此,需要数据管理者,尤其是图书馆管理工作者,在数据共享与服务工作上要有新的突破,以适应与满足新时代读者对数据的需求。

(一)大数据时代用户数据需求

对图书馆而言,其创新变革经历了数字图书馆(Digital Library,DL)、信息共享空间(Information Commons,IC)、射频识别(Radio Frequency Identification,IFRD)、机构知识库(Institutional Repositories,IR)、移动图书馆(Mobil Library,ML)、云计算等,数字资源的积累经历了传统的数字化到原生数字资源的发展过程。可以说,到目前为止,中文纸质图书、期刊、学位论文等文献类型,已大部分完成数字化转换。英文及其他文种的纸质资也正在进行大规模数字化。事实上,传统资源只占数字资源的很小部分,而原生资源(Born-digital resources)在每台终端机、每个用户中不断地产生信息。可以说,未来图书馆大数据主要来自RFID射频数据、传感器数据、社交网络交互数据和移动互联数据等。而对用户来说,其宗旨就是如何利用相关数据技术从海量、多样性的数据中,即省时又省钱,并精确、全面、快速地获得有价值的信息。

对数据时效性要求。互联网上每天都在产生大量数据,这些数据都是以无序化、多样化等形式出现的,读者因其时间有限且不具备一定的数据挖掘技术,难以去归纳、整理适合自己的数据,这意味着这些数据将失去市场先机,失去研究价值和社会效益。因此,图书馆需要通过数据挖掘技术,为用户迅速从大量的、不完全的、有噪声的、模糊的、随机的实际应用数据中,组织、提取隐含在其中人们事先不知道的、但又是潜在有用的信息,通过推送技术推送到用户手中。

对数据精确性与全面性要求。云华时代智能科技有限公司董事长郭昕认为,大数据不仅改变了我们的思维方式,而且改变了我们的生产方式和生活方式,我们的精神世界和物质世界都将构建在大数据之上。大数据不仅仅是一门技术,更是一种全新的商业模式,它与云计算共同构成了下一代经济的生态系统。事实上,对数据、对互联网的依赖已经嵌入到人们的生活中。作为数据生产链过程中,负责数据管理与服务的图书馆,将购置的数据资源、嵌入到图书馆中的相关资源、社交网络资源、移动互联网资源和图书馆一些传感器所产生的资源等各种形式的数据,通过图书馆专业技术人员,运用相应的数据挖掘技术,对信息进行实时分析,为用户提供系统、全面而精确的数据。

对数据内容要求。客观地说,用户利用信息资源的动机一般由需要、认知、学习等内因与文化、社会、家庭、小群体、参考群体等外因共同决定。一方面用户利用信息资源的层次、范畴和内容,受其知识背景、学科专业、科学研究方向等方面影响,另一方面由于数据有不同的结构形式,为用户提供服务时,要根据用户对数据需要,在用户与数据之间建立一种关系,这种关系是对应关系,通过开通网络全覆盖进行内容定向和行为定向服务,即提供个性化数据服务。

（二）拓展数据资源与服务模式

大数据时代,通信、金融、传媒、交易、健康医疗等领域的全样本数据为研究人员的科研学术带来了新的思路,政府数据开放的浪潮为科研人员的研究、教学以及科研成果的转化带来了新的可能,这些数据的获取和利用对于科研教学、政府决策、产业创新意义重大。然而,尽管这些数据的价值和意义毋庸置疑,但研究人员往往缺少获取和使用这些数据的途径和渠道。研究人员难以迅速与相关部门、机构取得联系,获得信任,形成合作。这类数据或涉及敏感信息,或涉及机密信息,相关机构缺少可靠、可控的数据提供办法。这需要拓展数据资源服务形式与服务渠道,通过制定相应政策为其提供服务。

因此,大数据时代,作为以用户为服务核心的图书馆,首先要重视用户感受,为用户提供个性化、专业化、多元化的数据服务体系。这种服务体系的建立应以强大的数据资源为基础,以先进数据挖掘、数据分析与数据序化等数据整合为方法,以强大的专业服务团队为核心,以服务为导向,为用户提供各类型、各形式等多元化数据资源。其次是加强馆际之间的合作,整合数据资源,加强团队人力资源,使有限的资源形成全力,为用户提供精准的数据,提升资源的价值。

(三)交流合作中寻求新发展

为促进我国研究数据管理的发展,2014 年 10 月 23 日,复旦大学图书馆、北京大学图书馆、清华大学图书馆、上海交通大学图书馆、浙江大学图书馆、武汉大学图书馆、北京理工大学图书馆、上海外国语大学图书馆、同济大学图书馆 9 家单位共同成立了中国高校图书馆研究数据管理推进工作组。工作组秘书处设立在复旦大学。在 2016 年年会上,工作组决定正式更名为中国高校研究数据管理推进工作组,其目标为:

一是宣传推动研究数据的科学管理;

二是推进研究数据管理措施和政策的制定和施行;

三是提升图书馆馆员和科研人员的数据素养及研究数据管理理念和技能;

四是推进研究数据的创建、收集、存储、发布、应用、重用、出版及共享;

五是在中国乃至全球范围内,促进跨学科、跨部门、跨区域研究数据共享与利用;

六是推进研究数据相关标准规范的制定和实施;

七是推荐或提供可信任的研究数据管理与共享的平台与工具;

八是为高校图书馆的研究数据管理建设提供最佳实践案例。

其内部既有分工,又有协作,共同推进数据管理。如环境扫描方面内容由北大牵头,北理工、清华等参与;梳理研究数据管理的框架方面则由上外牵头,北理工、北大、清华参与;而平台和工具的调研、系统选型、汉化和二次开发则由复旦牵头,同济、上交大、北大、清华等参与建设;研究数据相关标准规范的制定和实施交由武大牵头,上交大、浙大参与。

2016 年 5 月 20 日工作组联合组织召开"治理数据,启迪智能:2016 年中国高校研究数据管理暨图书馆前沿技术论坛(IT4L)",来自国内近 60 个高校及公共图书馆等单位的业界专家、学者及代表共 120 余人参加了本次论坛。在论坛上发布了研究数据管理倡议书。倡议书具体内容为:"一是传播和提升数据管理和开放共享意识,推动相关政策制定,促进科研创新;二是推动研究数据管理标准规范的制定、完善和应用;三是通过广泛协作,推进研究数据的采集、存储、出版、共享利用;四是开展数据素养教育,培养从事研究数据管理的专业人员;五是促进图书馆与研究数据相关行业和领域的合作交流,发挥图书馆在研究数据管理领域的作用。"从内容上可以看出,一是要强化全国高校及科研院所进一步提升数据管理和开放共享的意识,二是要积极推动相关政策的制定,三是要加强研究数据相关行业和领域的合作交流,特别是要促进图书馆在研究数据管理领域发挥作用,通过广泛协作,推进研究数据的采集、存储、出版、共享及利用,以促进科研创新。

因此,科学数据的价值及数据管理与共享开放的意义更加明晰,政策导向更加清晰。数据管理与数据开放的理念逐步落地实践,新兴技术提供持续助力,推动更好发展。数据权益和数据安全依然是多方关注的焦点,合作与共赢是不变的发展之道,不论科研领域,不论利益群体,不论地区机构,未来更大的发展需要多方为了共同的目标,不忘初心,砥砺前行。

因此,寻求数据服务合作,需要多元化的途径或者手段加以实现,图书馆应以虚实结合的方式为用户提供数据资源,通过提供相应的电子设施设备,建立数据管理中心展示平台,扩大数据服务与应用影响力。

第四节　电子资源集团采购

电子资源集团采购成为图书馆信息资源共建共享的一种主要方式。但电子资源集团采购在建构与实践过程中遇到了一些困难。本节在制度的框架下,通过制度创新对目前图书馆电子资源采购的发展历程和研究的必然性进行说明,同时回顾和展望了我国"电子资源集团采购"的制度性建设,指出我国电子资源集团采购的制度缺失与实现电子资源集团采购可持续发展的补救措施,从而构建科学合理的电子资源集团采购体系。

一、"电子资源集团采购"的形成

电脑和互联网日益普及,购买电子资源不再是大型图书馆的专利,各种类型、各种规模的图书馆纷纷加入电子资源购买者的行列。由于采用图书馆集团采购的方式能有效地降低成本,方便各图书馆用户在任何时间和地点获取所需的信息资源,这种联盟性合作方式在全球范围内得到迅速发展。另外,为了用有限经费购置最佳资源,图书馆界已不再满足于以数据库、期刊库为单位的捆绑销售模式,希望也能订购单种电子期刊、单本电子书或专题性的子数据库,这促进了电子资源价格模型的多样性。同时,经济一体化、贸易全球化的发展,呼唤着政府职能的根本性转变,可是由于经济实力的不同,数字鸿沟的存在,如何让国家机构参与电子资源的采购,保护不同类型、不同领域、不同水平、不同层次、不同文化背景的教学科研人员或公民共享信息化利益,这是实施电子资源国家发展战略面临的一道难题。

(一)"电子资源集团采购"模式理念的学术解读

1."电子资源集团采购"模式产生的背景

我国的集团采购开始于 1997 年,当时清华大学图书馆组建了全国第一个联合购买电子资源的集团——"Ei Village 中国集团"①。同年,国家自然科学基金委和美国 *Science* 周刊达成协议,购买 Science Online 在中国的使用权,Science Online 成为我国首例全体公民可以免费访问的电子资源②。经过 6 年多的发展,我国对国外电子资源进行集团联合采购,已取得辉煌的成就。仅引进国外的数据库,就已有 40 多个团次、500 多个图书馆参加,与国外 27 家数据库商或出版商谈判、合作,引进的数据库已达到 120 多个,其中包括外文全文电子期刊 12000 多种。这其中,中国高等教育文献保障系统(China Academic Library & Information System,CALIS)发挥了积极的主导作用。1998 年 11 月正式启动的"中国高等教育文献保障体系(CALIS)"是我国高等教育系统文献资源共建共享的典范。与此同时,在经济比较发达的北京、上海、广州及其他一些地区的高校图书馆也纷纷建起了以实现本地区资源共享为目标的图书馆网络系统。如在北京中关村地区的"图书情报网"上可以访问北大图书馆的书目数据库及学位论文等数据库;在已经连接了上海交大、复旦大学等 32 所高校的"上海教育网络图书(www.shelib.edu.cn)"上可以查询到上海 19 所高校图书馆的书目数据库、上海高校重点学科外文核心期刊等百余种数据库;以教科网(China Education and Research Network,CERNET)为基础的"广东省高校图书馆信息服务网络系统"也已基本建成。在高等教育保障体系中,2001 年江苏省高等教育文献保障系统(Jiangsu Academic Library and Information System,JALIS)推出了一期工程,建立了 5 个学科文献中心和 3 个地区文献中心,引进了 60 多种国外数据库。在高校图书馆系统文献信息资源共建共享的先导作用下,公共和科研系统图书馆也纷纷开展了基于网络环境下的文献信息资源共建共享活动,目前已基本形成了公共、高校、科研三大系统三足鼎立的文献信息资源共建共享的格局。所有这些无疑对全国图书馆数据库建设起到了巨大的推动作用。正因如此,图书馆"电子资源集团采购"模式的产生有技术与市场等外部因素的共同影响③。一是技术因素。计算机技术、通信技术和网

---

① 杨毅,周迪,刘玉兰.集团采购——购买电子资源的有效方式[J].大学图书馆学报,2004(3):6-9.

② 强自力.电子资源的"国家采购"[J].图书情报工作,2003(4):91-94.

③ 白献阳.电子资源集团采购的优劣分析[J].四川图书馆学报,2005(3):46-49.

络技术的飞速发展,为图书馆的合作和资源共享带来了新的课题。计算机网络技术消除了各图书馆之间的物理距离,为它们之间的合作带来了极大的便利,实现了文献传递方式的变革。在现代信息技术的影响下,电子出版业轰轰烈烈地发展起来,电子资源成为一种新的媒体形式,并且数量与日俱增。由于电子资源传递迅速、便于检索、节约空间,受到了信息用户的青睐。这些因素为电子资源集团采购提供了技术条件和可能性。二是图书馆的压力。在新的环境下,图书馆面临着不断增加的用户信息需求、飞速增长的出版物数量、高涨的学术期刊价格和迅速的技术更新等压力。但图书馆的预算经费并没有相应地增加,造成了无法满足图书馆用户信息需求的矛盾。迫于经济压力,图书馆不得不寻求新的资源建设模式,调整印刷型文献和电子资源的比例,以期满足用户的信息需求。同时,由于电子资源的价格昂贵以及知识产权的影响,图书馆有必要形成联盟,组成资源采购集团,一方面增强在电子资源采购中的呼声,另一方面克服经费不足的矛盾。既要提高服务质量,又要降低成本,成为电子资源集团采购的内在推动力。三是市场因素。在电子资源的销售中,资源提供商往往将电子资源与印刷型资源完全捆绑销售作为唯一方式,并制定比较严格的许可协议,给图书馆的采访和资源建设带来了新的困难。另外,一部分电子资源提供商比较愿意与多个图书馆进行资源采购谈判,可以节省他们大量的交易时间,一次获得更多的交易额。为了向资源提供商施加压力,获得合理的采购模式和定价模式,图书馆只能通过合作,形成集团采购,才能实现这些目标。

与此同时,对国内数据库的集团采购也取得了很好的效果,如 2002 年初,江苏省高校通过集团采购的方式,购买了清华同方的"中国学术期刊"数据库、重庆维普"中文科技期刊数据库"和超星公司的 40 多万种数字图书,开启了集团采购的先河。可以说,信息全球化的一个重要标志是实现全球信息资源的共享,而实现信息资源的共建共享是这一目标的基础和前提,而市场需求因素加速了采购集团的形成。

2."电子资源集团采购"内涵

图书馆电子信息资源的采购方式主要有三种,即个体图书馆自己采购、国家站点许可和集团采购三种方法。个体图书馆自己采购是各图书馆个体根据各自教学、科研和服务对象的实际需要,制定购买相应的电子信息资源的方法;国家站点许可是由图书馆联盟支付订购电子资源的所需费用,联盟成员无须任何额外费用即可免费使用的资源采购方法;集团采购是多个图书馆按照自愿的原则组成联盟,以资金委托的方式,以集团的名义与电子信息资源提供者进行谈判,签订有关协议,购买电子信息资源或其使用权的方法①。目前,集团采购是高校、科研系统图书馆进行电子资源建设的首选方案。

肖珑认为:电子资源集团采购指由多个图书馆自愿组成集团,联合采购某种电子资源,共同承担电子资源的购买费用,以最少的经费,获取最优价格、最佳服务和最符合需求的电子资源的方式。它已成为电子资源尤其是网络数据库的主要购买方式,是图书馆资源共建共享在网络环境下产生的一种新模式②。吕慧平在《我国电子资源引进的发展策略研究》一文中提到,所谓集团采购(Consortia Acquisition)就是:"某一地域或系统的多个图书馆通过建立采购联盟,共同推举谈判代表与电子资源提供商进行谈判价格与使用条款,最终购买合同则由提供商与各成员馆签订,购买费用由各成员馆自行支付给提供商。"③集团购买可通过联合的优势,享受到批量购买的优惠,同时节省各个单位自行谈判的时间和人力成本。集团采购虽然是一种颇受欢迎的采购方式,但因单位分散,其联系沟通存在一定的困难,且因各单位的经费调整、人员变更、技术故障等不确定因素的存在,容易产生系统风险。

电子资源的种类繁多,包括二次文献数据库(书目数据库、期刊篇名目次数据库、文摘索引数据库等)、电子期刊、电子图书、专利文献数据库、会议论文数据库、学位论文数据库、标准文献数据库、产品样本数据库等。电子资源引进规划有以下对策:①制定电子资源引进的国家发展规划方案。制定科学合理的电子资源引进国家发展规划,事关国家科教兴国的国策,事关国家科技、教育和经济发展,事关国家经费的合理配置和科学运用,应根据不同类型电子资源在教学、科研和经济建设中的地位与作用,根据公共基础性、专业研究性和个别需求性的特点,分清轻重缓急,有组织地、分门别类地加以引进。②加强不同图书馆系统之间的联系与合作。电子资源,尤其是网络电子期刊的采购,通过国家职能部门的组织或参与可充分发挥统一采购的优势。国家可以将相关职能委托给国家图书馆、CALIS项目管理中心和国家科技图书文献中心,在它们的组织协调和集体谈判的运作机制下,充分发挥国家联合采购、统一谈判的优势,大幅度地降低数据库的采购价格,科学管理电子资源,充分保障全国科技工作者的信息平等权利,为提高电子资源在全国的使用效益奠定坚实的基础。③确保决策的科学性和民主化。

① 刘秉文.集团采购——高校图书馆信息资源建设的必由之路[J].医学信息,2003 (10):585-587.

② 肖珑,姚晓霞.我国图书馆电子资源集团采购模式研究[J].中国图书馆学报,2004 (5):33-36.

③ 吕惠平.我国电子资源引进的发展策略研究[J].情报学报,2004(4):490-494.

通过公开、公正、透明的运作机制,保证决策过程的科学性、民主性、广泛性和有效性。应开通有关网站,随时发布数据库试用、购买信息,征求社会公众信息,听取各方意见。数据库购买前要有一定的试用期,充分了解社会对数据库的需求,客观评价数据库的质量及存在的问题,通过事先向有关专家或学者咨询,既可以减少工作的失误,又可以落实用户的知情权和监督权。④设立风险基金和发展基金,确保电子资源引进的可持续发展。目前,我国各类图书馆对电子资源及其他文献的购置普遍采取"寅吃卯粮"的办法,缺乏发展规划,没有为下一年度的采购留出余地,一旦遇上书、刊、数据库涨价等突发事件,就会出现"砍书保刊,砍刊保库"这种无可奈何的事情。由于没有发展基金,已订购的期刊和数据库因书刊涨价无法续订,或新出现的高质量期刊和数据库无法购置,给集团采购带来很大的系统风险。而对于集团采购的数据库,若出现个别成员馆科研骨干调动、学校或图书馆领导人事变更,或图书馆经费削减等因素,会导致中途撤订、拒付费用等情况。个别订户的变更或缺乏诚信会导致整个集团的用户无法利用所订购的数据库,因故成员馆的减少给其他成员馆增加经费支出,若其他成员馆不愿承担额外的费用,将使整个集团的采购难以进行。所以,设立风险基金和发展基金,以应对可能出现的各种情况是非常必要的。⑤充分揭示数字资源,方便用户利用。对集团采购的各类数据库应明确不同图书馆的权利、职责和义务,通过图书馆之间的分工、协调,实现对各类数字资源的统一组织和揭示,通过不同图书馆按数据库包干的方式,实现对数据库中各类资源的及时、动态的维护,通过构建统一平台和信息整合,实现异构数据库跨库检索,提高检索效率,方便用户利用。⑥加强用户培训,保护知识产权。现在,我国不同用户的信息获取能力存在很大差异,应加强各类数据库的检索利用培训,提高用户的信息获取能力,在鼓励用户利用各类数据库的同时,应加强用户的知识产权保护教育。我国不少用户对电子资源的使用心态还不成熟,对知识产权的保护还不够重视,经常会出现不合理的使用行为,这种情况会导致整个校园网 IP 地址被数据库供应商切断,从而给其他用户的利用造成困难。⑦长期保存数字资源,确保国家信息安全。拥有与存取是一对矛盾,在数字资源的引进中如果不能科学地处理好两者之间的关系,将会影响图书馆当前需要与将来需要,短期发展和长期可持续发展的关系,将会影响国家科研需求与国家信息安全等相关问题。数据库使用权、存取权和拥有权之间的费用存在很大差异,若费用太高,难以实现数字资源的长期存取,我们对已经购置的数据库,至少在租赁协议中应明确具有永久的使用权,对所有租赁使用的数据库,至少应在国内两个图书馆建立镜像站点,确保减小战争、地震、火灾等灾难给数字资源长期使用造成的影响,提高数据备份、系统恢复的能力。总之,国家采购、集团采购和单个图书馆自主采购各有优缺点,但也都存在制约因素和局限性。如何根据不同类型电子资源的特点,形成多层次、有序化的电子资源建设体系,形成结构合理、组织科学、揭示及时、共享充分的国家信息资源保障系统,事关国家经济发展和信息安全。

3."电子资源集团采购"存在的问题

长期以来,我国的文献服务机构由三大服务群体组成,即科技系统(主要是中科院图书馆系统和情报所系统)、高校图书馆系统和公共图书馆系统。各服务群体由于隶属关系和管理体制的不同,相互之间缺乏横向联系和整体协调,具体表现在数据库存建设上是条块分割、各自为政,本位主义严重,以至于所建成的数据库往往结构单一、规模小、专业面狭窄,且大多只能是自用数据库,根本就无法上网使用。而对于那些专门的数据库开发商来说,由于国家对之缺乏宏观调控,既没有一个负责对数据库建设实行整体规划和协调数据库建设多方参与者之间利益的权威性机构,也缺乏有数据库产业内部行业自律机制的行业协会,这必然造成各数据库开发商各自为政盲目建库的局面。但随着因特网的普及和网络技术的成熟,三大系统之间实现网络互联和资源互动,已成为当今时代文献资源社会共享发展的必然趋势。这就暴露了我国图书馆数据库建设"单打独斗"已经成为数据库产业发展严重的桎梏。

通过联合与合作,统筹规划,共同开发,联合共建,易于形成我国数据库建设的整体优势,开发一批全国性、全局性的大型数据库,建设一批有特色的专题数据库或特色数据库,对信息资源进行有效的配置和可持续开发,这样不仅可以改变以往数据库建设自建自用、"大而全"、"小而全"的格局,而且可以避免重复建库和留下空白学科,使每一学科的建设达到相当完备的程度,为资源共享创造良好的网络环境和物质保障。令人欣喜的是我国在这方面的工作已开展得有声有色:在数据库开发商方面,万方数据公司在建立自主版权数据库的同时,致力于民族数据库产业的发展,相继对国内 100 多个有影响力的数据库进行了统一的标准化加工整理和同类项合并,形成了几大系列的数据仓库体系;在高校图书馆系统,CALIS 系统于 1998 年 11 月正式启动,其总体目标就是在第九个五年计划期间建成以 CERNET 为依托的网上信息资源共享系统;在地方上,JALIS 于 2001 年推出了一期工程;在公共图书馆系统中,1999 年由国家图书馆发起并成立了"全国图书馆信息咨询协作网",该网以网员信息资源为主,组建资源信息库,供网员共享使用①。

---

① 陈小敦.我国图书馆数据库建设的现状、存在问题及其对策[J].图书馆论坛,2003(4):57-59.

(二)"电子资源集团采购"模式的实践

肖珑、姚晓霞认为,在集团采购过程中,决定集团是否组成、能否成功的 4 个重要因素是:集团结构与组织模式,采购与价格模式,资源共享模式,数据库访问模式[1]。目前,我国电子资源集团采购模式包括地区集团、行业集团、复合和全国集团 3 种模式。但无论是哪种模式,集团中主要发挥作用的两种角色都是集团组织者和参加单位(即成员馆)。

集团组织者通常由一个,也可由几个机构联合组成,也可以是专门的组织。其角色是负责集团的组织工作,包括对资源进行评估、与数据库商/代理商谈判、组织数据库试用和宣传、审核并代表集团签订集团合同等。目前国家级的集团组织者主要有:教育部中国高等教育文献保障系统、中国科学院国家科学数字图书馆、科技部国家科技图书文献中心(National Science and Technology Library,NSTL)。大部分图书馆的角色是参加单位,可向集团组织者提出合理建议和要求,根据组团方案确定本馆是否参加集团,并签订合同。一旦参加集团,即可享受集团的各种优惠政策,同时要承担义务和责任,遵守合同和集团内的各种约定。

1.采购模式

Hirshon 的分析认为,目前的采购模式可以分为 3 种[2]:①俱乐部模式(Buying Club);也可称会员制模式。即每个参加机构独立支付费用,通过集团购买资源,享受集团的优惠价格和服务。这是目前被大部分图书馆采用的、比较主要的采购模式。②中央资金模式(Central Funding)。即由政府或政府立项的项目支付全部费用,成员单位享受服务。例如目前我国所有的科学家、教师、学生都可以使用的 Science Online(科学在线),其年费是由科技部国家科技图书文献中心逐年支付的。这种模式适用于应用性比较广泛、总体价格偏低的数据库,例如有些地区集团采取这种模式来购买一些比较常用的中文资源。③合作购买模式(Coordinated Purchasing)。政府和参加机构之间合作出资购买资源,政府补贴部分经费,参加成员自行支付其余经费。例如 CALIS 组织集团采购的 ProQuest 国外博硕士论文数据库,就是由 CALIS 给所有首批加入的高校成员补贴了数据库价格 20% 的经费,再由成员馆支付其余费用的。这种

---

①　肖珑,姚晓霞.我国图书馆电子资源集团采购模式研究[J].中国图书馆学报,2004(5):33-36.

②　肖珑,姚晓霞.我国图书馆电子资源集团采购模式研究[J].中国图书馆学报,2004(5):33-36.

模式比较适合于价格偏高、质量较好的资源，政府补贴的经费主要发挥了引导订购的作用。

第一种方式是集团成员共同购买一定的数据库并发用户数，共享并发用户个数。参加单位根据其规模大小、使用统计等规则，支付数据库使用费。这种模式目前应用较少，CALIS 集团购买 OCLC FirstSearch 和 UnCover 数据库就是这种方式。其特点是各馆支付的费用不多，但可使用的资源很多。不足之处是随着集团扩大，并发用户数量需要不断增加；且网络条件不好的参加成员由于登录速度慢，在并发用户的使用上总是不如网络条件好的成员占有量大。

第二种情况是成员馆各自拥有一个电子版的复份，买的复份越多，价格越低，集团内对资源的总体拥有量也就越高。也就是说，数据库的使用许可，是以图书馆（在高校中为校园网）为单位的。这种情况是目前比较普遍的数据库使用模式，我国图书馆在前期购买数据库时大多采用这种方式。随着集团采购的经验不断增加，集团组织者也在探讨第三种资源共享模式：参加集团采购的成员馆共同拥有一份电子版，每馆购买数据库的一部分内容，合并成一个数据库后，由参加集团采购的单位共同使用。这种模式的特点就是把图书馆分散的基金集中起来使用，每个参加单位只需要贡献很少的、一部分资金就可以使用很丰富的一批资源。这种模式的初期，主要是集中在电子期刊的采购上，各馆以自己购买的印刷型期刊作为合作的投入，共同使用一份电子期刊；发展到后来，参加单位可直接购买数据库的一部分记录作为投入，在电子版资源基础上进行合作。这方面典型的实例是 PQDT 学位论文全文数据库中国集团，每个参加图书馆按年度购买一定数量的、不重复的学位论文，这些学位论文合并成 PQDT 学位论文全文数据库（目前总量已发展到 4 万多篇），所有参加成员共同使用。这种模式由于其资源的不重复购买、又可以共享使用的特点，被称为"真正意义上的共享"。电子资源的迅速增长，资源价格的飞速上涨以及图书馆经费的不足等，使个体图书馆往往难以独自承担这种采购任务。因此，目前图书馆的电子信息资源采购一般以集团采购的运作模式为主。其主要优势在于：第一，集团增强了图书馆的谈判力量、竞争实力，降低了资源及服务价格。一般国内外的信息提供商都会给联合采购的集团较大的折扣优惠和更好的服务与技术支持，集团强大的资金力量也会使信息提供商更加重视集团提出的要求和意见。对于集团各成员馆来说，这也是有效地利用有限的经费进行资源购置的较好方式。第二，从信息提供商的角度来说，集团是一个单一的谈判对象，它不再需要与个体机构去一一接触，从而极大地节约了双方的时间。第三，采购集团作为信息提供商和参加采购的图书馆的中间人，为双方提供了接洽平台,促进了双方的理性沟通,增强了电子资源选择和提供的针对性。第四,集团采购加强了电子资源建设的宏观协调。集团虽然是一个临时性的机构,但各成员馆赋予了其合作期间的实质性职权。集团在综合各成员馆的需求之后,根据具体情况分摊费用、划分订购任务,实现了资源的共建共享。

目前,国内外数字化的期刊文献、专利文献、标准文献、学位论文、电子图书等大都以数据库的方式出版发行,每个数据库通常包含成百上千种电子期刊、学位论文和电子图书,数据库中的期刊、图书、学位论文通常只能"包库"购买其使用权,很难采用零散的方式对其中某几种期刊或某个学科或专题的资料进行个性化购买。例如,Elsevier Science 全文期刊数据库,汇集了 1500 多种电子期刊,ProQuest 汇集了数千种期刊的文摘或全文。一个图书馆的经费是有限的,只有多个图书馆联合起来,使各馆有限的经费得以共享,才能起到经费的放大效用,才能使各个图书馆购买到更多的信息资源。集团购买就是通过联合的优势,争取到比单个图书馆更多的优惠、更优的服务,享受到批量购买的好处,达到降低费用、减少投入、节省经费的目的。

2. 共享谈判资源、节省人力成本

现在,我国引进的各类数据库已达 200 多个,如果各个图书馆自行与数据库提供商一一谈判,其花费的时间与精力是非常大的,数据库供应商也不愿与图书馆一个一个的谈判,而且不是每个图书馆都具备从事谈判的人才。因此,通过集团购买,由集团代表参与谈判,既可以争取到批量购买的优惠,又能节省各个单位自行谈判的时间和人力成本,从而提高谈判效果和工作效率。

3. 共享设备和技术资源

电子资源的价格主要是由用户量、访问时间、下载量、镜像站点数量、使用权、保存权等因素决定的。若各馆自行引进各类数据库,分别对各类数据库进行存储、设立镜像站点,其中的人力、设备、技术、网络等资源的投入势必造成巨大的浪费,并且大多数图书馆都不具有这样的经济条件和技术人才,也不符合网络运行的安全性和可靠性要求。

4. 有利于各类资源的共享与整合

集团采购可以促进集团内各图书情报机构之间的联系与交流,通过人员的培训和技术的交流,便于提高图书情报系统的整体业务水平,提高图书馆的服务质量,有利于将各馆的信息资源、人力资源、技术资源和服务资源融为一体。CALIS 和国家科技图书文献中心是这方面成功的典范。

CALIS 管理中心基于对资源服务进行整合调度的设想,为读者提供外文期刊目次、馆藏、全文、馆际互借、文献传递服务等相互密切关联的深层次服务。

其中 CCC 数据库通过引进 EBSCO 期刊目次库,将期刊篇名目次检索、来源刊被 9 种二次文献收录的情况、国内 100 多所图书馆馆藏情况的揭示、国内馆藏期刊的 OPAC 链接、15 个国内联盟采购的电子期刊数据库(约 8000 种期刊)的链接、各种统计、馆际互借及文献传递、定题服务等功能融为一体,实现数据库资源的增值服务。另外,集团采购方式,通过成员馆之间的分工与合作,有利于电子期刊导航系统的建立,有利于实现电子期刊的联机编目,实现期刊信息的集成服务。

二、电子资源集团采购存在的问题

(一)电子资源国家集团采购层面存在的问题

1. 电子资源集团采购方式比较单一

自 1999 年以来,我国主要依靠集团采购的方式引进国外文献数据库。CALIS 的文理中心和工程中心以及中国科学院系统,将本系统具有共同需求的图书情报机构以联盟的方式组织起来,通过集团采购的方式,用有限的经费为各图书馆引进了大量的电子资源。但是,以集团采购为主的引进方式,只能满足规模大、经费足的图书情报机构的共性需求,难以满足经费少、规模小的专业性机构的个性化需求;我国引进的各类电子资源,一般只有使用权,缺乏拥有权和长期存取权,存在信息资源使用权分布的失衡和使用效益的较大差异,使整个国家的科技信息保障存在一定的隐患。

2. 电子资源集团采购缺乏长远规划

过去全国范围信息资源的整体化规划、布局,其障碍主要在于无法实现无障碍检索和快速传递文献资源以及降低传输成本。今天,随着互联网的普及,信息资源的利用已不存在时空障碍,无论是远程服务器、远程镜像站点上的资源,还是本地服务器、局域网上的信息资源都可以畅通无阻地利用,这就为全国或某个地区信息资源的整体化规划和建设,特别是各类数字资源的国家或区域范围的整体引进、共享利用提供了条件。但是国家科技文献信息保障体系和高等教育文献信息保障系统,对我国电子资源的引进没有做出整体规划,不同系统之间尚缺少沟通和协调,全国电子资源的整体布局也缺乏深入研究,没有形成一个可持续发展的方案。各个图书馆也普遍存在"寅吃卯粮"的现象。随着书、刊、数据库等的涨价,普遍出现"砍书保刊,砍刊保库"的无奈之举。

3. 电子资源集团采购国家调控缺乏规划

据不完全统计,国家图书馆 2002 年对 Elsevier Science 全文期刊数据库的利用只有清华大学同期利用量的 4.08％,中科院图书馆的 5.32％。又如 OCLC FirstSearch 数据库,2002 年全年使用量最大的是武汉大学,使用了 25128 次,用得最少的高校(均为第一批进入"211"的高校)还不到 500 次,只有 武汉大学的 2％。对使用量较小的图书馆而言,采用集团引进是否合算? 或者 是否存在更加理想的方式可供选择? 能否与数据库提供商协商,采用服务器代 理并根据流量计费的方式使用,诸如此类的问题还有待评估和分析研究。

4.集团采购的组织架构存在系统风险

集团成员的经费调整、人员变更、技术故障等不确定因素,会给集团采购带 来系统风险,书刊文献和数据库的涨价,会使成员馆调整采访策略,从而影响数 据库的续订,或者无法添置高质量的新数据库,给整个集团的采购产生影响。 因为集团采购的数据库,若个别成员馆出现科研骨干调动,学校或图书馆领导 等人事变更,或图书馆经费削减等因素,会导致中途撤订、拒付经费等不确定因 素。个别订户的变更或缺乏诚信会使整个集团的用户无法利用所订购的数据 库,或因成员馆的减少给其他成员馆增加经费支出,若其他成员馆不愿承担额 外的费用,将使整个集团的采购难以进行。有关调查表明,23 个集团采购方式 引进的期刊数据库,其价格与成员馆数量有关的为 16 个,占 69.57％,价格与 成员馆数量无关的为 7 个,占 30.43％。

5.国家信息保障存在一定的隐患

我国引进的各类数据库,一般只有使用权,缺乏拥有权和本地化永久保存 权,而要将其长期保存下来,其昂贵的成本是图书馆联盟难以承受的。拥有与 存取是一对矛盾,在数字资源的引进中如果不能科学地处理好两者之间的关 系,将会影响当前需要与将来需要,短期发展和长期可持续发展的关系,将会影 响国家科研近期需求与国家信息长期保障等相关问题。数据库使用权、存取权 和拥有权之间的费用是存在很大差异的,我们对已经购置的数据库至少在租赁 协议中应明确对其具有永久的使用权,对所有租赁使用的数据库,至少应在国 内两个图书馆建立镜像站点,减少单一服务器出现故障给用户利用造成的损 失,确保减小战争、地震、火灾等灾难对数字资源长期使用产生的影响,应提高 数据备份、系统恢复的能力。

(二)电子资源地区集团采购层面存在的问题

1.电子资源地区集团采购加剧了信息资源的鸿沟

电子资源以数据库和期刊库作为销售单位,通常价格不菲,因而只有经济 好的地方和大型图书馆才能加入购买集团,中西部地区和一些中小型图书馆往往无法受益。2003 年,我国通过集团采购的方式,组织 496 个图书馆购买了 Springer 期刊数据库;92 个图书馆购买了 Science Direct On Site;53 个图书馆购买了 ACM;30 多所高校购买了 Kluwer Online、ASE、BSP;20 多所高校购买了 IEL、ABI、ARL;10 多所高校购买了 IOPP 等数据库。这些数据库的引进对我国的教育和科学研究事业的发展发挥了很好的作用。但是,这些数字资源使用权的分布是很不平衡的,主要集中于北京、上海、江苏等经济发达、科研院所集中的地区。从而导致信息资本在某一地区的重复投资,产生资金、设备、技术、人力资源的严重浪费,同时造成信息资源使用权在某些地区的密集堆积,产生图书馆投入与产出效率的巨大反差。

2. 电子资源的组织揭示不充分

与印刷文献资源一样,电子文献资源如果不进行科学地组织和有效地揭示将影响用户的利用。尽管很多图书馆组织人力对数据库中的电子期刊进行了编目,实现了与 OPAC 的连接,并建立了电子期刊导航系统,给用户的利用带来很大的便利。但是,许多商业机构的数据库,像 ARL、ABI、ASE、BSP 等数千种电子期刊每年的收录品种都处于变化状态,出版商之间的收购兼并,使得电子期刊的网址及其信息也发生了相应变化;同时自然停刊、合刊、分刊的现象在各数据库中也普遍存在,所以一次编目不可能一劳永逸,这就给数字资源的动态维护工作提出了新的挑战。

3. 电子资源的知识产权保护不力

我国不少读者存在知识产权保护意识淡薄的问题,各个单位滥用数据库的现象时有发生。有的读者为了节省检索、下载数据的时间,用网络蚂蚁等软件下载期刊全文,有的读者不知道过度利用的危害,一次性批量下载文献,导致非法下载数据所在的 IP 段被外国数据库供应商全部切断,从而影响本单位的声誉,影响其他用户的检索利用。

三、构建科学合理的电子信息资源集团采购体系

(一)构建全国电子信息资源采购集团协调机构

目前,电子信息资源的集团采购存在多种形式,如地区集团采购形式、行业集团采购形式、全国集团采购形式等。地区集团采购形式以某一个地区或某一个省为核心,由这个地区的若干个图书馆组成。如由上海地区的专业图书馆和大学图书馆联合组成的上海地区集团。行业集团采购形式以某一个行业为基础,由行业内的图书馆组成,如由高校图书馆组成的、最早开展电子资源集团采

购的 CALLS 集团,中国科学院系统的 CSDL(国家科学数字图书馆)集团等。全国集团采购形式则囊括了行业集团、地区集团和若干没有加入任何集团的单个图书馆。比较典型的例子是 SpringerLink 电子期刊集团,参加单位有 400 多个,包括大学图书馆集团和专业图书馆集团。

而上述的全国集团采购形式是一种采购模式,并不是真正意义上的全国性集团采购机构。因此,现在我们最需要的是成立具有统领全局能力的全国性电子信息资源集团采购机构。如对教育部中国高等教育文献保障系统、中国科学院国家科学数字图书馆、科技部国家科技图书文献中心(NSTL)等单位进行有效整合,组建全国性电子信息资源集团采购建设协调机构。其作用在于对引进的电子信息资源进行评估认证;指导地区集团采购和行业集团采购的业务工作;制定包括资源评估、组织试用、谈判、组团、审核合同、签订协议、组织付款、改善服务、组织图书馆馆员开展培训、使用统计和再评估等诸多环节在内的标准工作流程;对需要引进某电子信息资源的单位和用户进行评估和协调,并为具体采购单位提供必要的人力、物力支持,为没有采购该电子信息资源的图书馆提供文献传递服务等。

(二)形成多层次的全国电子资源建设体系

电子资源与印刷资源一样也是存在等级和层次结构的,不同层次的电子资源是相互联系、互为关联的有机整体。因此,我们要根据用户需求情况,结合电子资源本身存在的层次结构,形成国家引进、集团引进和单个图书馆自主引进相结合的电子资源建设体系。

1.公共基础层

公共基础信息,一般是指在信息资源建设中居于基础地位,起着工具性和检索性作用的信息。公共基础信息主要是检索性、工具性的数据库,如文摘、索引、书目等二次文献数据库,以及词典、百科全书等三次文献数据库。著名的基础性二次文献数据库有 Web of Science,Ei Village,ISTP,IN-SPEC,PQDD,CSA,OCLC FirstSearch 等。在国家经费允许、网络带宽足够的情况下,这类数据库的引进应采用国家统一购买的方式。

2.综合性、多学科全文数据库层

数据库供应商或出版商,通常将来自不同位置或不同出版商的不同学科领域的电子资源以信息集成的方式建立数据库,所以综合性、多学科性是数据库中普遍存在的现象。著名的综合性全文数据库或网络期刊主要有 Science Online(《科学》杂志的网络数据库),*Nature*(《自然》杂志),ScienceDirect

OnSite(爱思唯尔电子期刊数据库)，SpringerLink(施普林格)，ASTP(应用科学技术数据库)，ARL(学术研究图书馆)，Wiley Interscience(电子期刊数据库)，World SciNet(世界科技期刊网)等。这类数据库的价格普遍昂贵，目前我国的 CALIS 和中国科学院系统主要采用集团采购的方式引进，我们应作进一步的调查研究，按照不同的情况区别对待，其中的部分数据库可采用国家统购的方式引进，其中的部分数据库可以继续采用集团购买的方式引进。

3.专业性、边缘性学科数据库层。

专业性数据库是某一学科或特定知识领域内容的数据库。专业性的文摘类数据库主要有 Biosos Preview(美国生物科学信息服务社文摘索引数据库，简称 BP)，Chemical Abstracts(化学文摘网络数据库，简称 CA)，GeoRef(地学参考数据库)，GeoBase(地学数据库)等；专业性的全文数据库主要有 ABI/INFORM Global(商业信息全文数据库)，Association for Computing Machinery(美国计算机协会全文数据库，简称 ACM)，American Chemical Society(美国化学学会数据库，简称 ACS)，American Chemical Society(美国物理学会数据库，简称 APS)，The American Society of Civil Engineers(美国土木工程师协会数据库，简称 ASCE)，Business Source Premier(商业资源全文数据库，简称 BSP)，IEEE/IET Electronic Library(电气电子工程师协会 IEEE 和国际工程技术协会 IET 的全文库，简称 IEL)，Institute of Physics Publishing(英国物理学会出版社数据库，简称 IOPP)，Lippincott,Williams & Wilkins(LWW 出版社医学电子期刊全文数据库，简称 LWW)，Proquest Medical Library(医学期刊全文数据库，简称 PML)，Royal Society of Chemistry(英国皇家化学学会数据库，简称 RSC)等。

对这类专业数据库应采取国家统购的方式，例如 Association for Computing Machinery(美国计算机协会全文数据库，简称 ACM)，Chemical Abstracts(化学文摘网络数据库，简称 CA)，IEEE/IET Electronic Library(电气电子工程师协会 IEEE 和国际工程技术协会 IET 的全文库，简称 IEL)，Lippincott,Williams & Wilkins(LWW 出版社医学电子期刊全文数据库，简称 LWW)，Proquest Medical Library(医学期刊全文数据库，简称 PML)等数据库。而对那些学科面窄、科研人员少、需求量不大的数据库或电子期刊，我们应从国家文献保障体系建设的角度出发，采用图书馆自主引进，国家补贴、扶持相结合的方式进行，通过馆际互借、文献传递的方式来满足其他单位用户的需求。

第五章　图书馆信息资源利用

2008 年,中国图书馆学会发布《图书馆服务宣言(2008)》认为:"图书馆是通向知识之门,它通过系统收集、保存与组织文献信息,实现传播知识、传承文明的社会功能。现代图书馆秉承对全社会开放的理念,承担实现和保障公民文化权利、缩小社会信息鸿沟的使命。中国图书馆人经过不懈的追求与努力,逐步确立了对社会普遍开放、平等服务、以人为本的基本原则。"其目标是:图书馆以公益性服务为基本原则,以实现和保障公民基本阅读权利为天职,以读者需求为一切工作的出发点,致力于消除弱势群体利用图书馆的困难,为全体读者提供人性化、便利化的服务,向读者提供平等服务,保障全体社会成员普遍均等地享有图书馆服务。利用现代图书馆信息技术,提高数字资源提供能力和使用效率,以服务创新应对信息时代的挑战,向用户提供优质、高效、专业的服务。通过加强协调与合作,促进全社会信息资源的有效利用。利用各种途径促进全民阅读,为公民终身学习提供保障,促进学习型社会的建设。

第一节　信息咨询服务

现代图书馆在某种意义上说是复合图书馆,即通过现代信息技术与网络技术的普及与应用,让传统信息资源与网络信息资源实现多方位、多形式为用户提供信息和服务的混合利用,在此环境下,对基于网络技术与信息技术应用的信息咨询服务提出了新的要求。

一、复合图书馆信息咨询的内涵

网络技术的发展,使复合图书馆信息咨询业务活动的内容、方式和手段与传统图书馆相比有很多变化,信息咨询工作不仅能帮助、协助和引导读者利用文献资源,而且还具有组织、筛选、查新和提供文献源等特点,因而提出了复合图书馆信息咨询应围绕完善一个技术条件、加强两个方面基础业务工作和深化五个方面基本条件的工作模式。

（一）复合图书馆信息咨询的内涵

对国内外图书馆界来说，复合图书馆（hybrid-library，又称混合图书馆）是一个较新的图书馆专业名称，从英国学者苏顿（Jeenette Sutton）1996年首次提出复合图书馆概念至今，已有不少国内外专家学者对复合图书馆进行研究，并提出各自的看法，概括起来，即复合图书馆是虚拟图书馆与传统图书馆之间的复合，即信息资源经过数字化处理，通过通信网络使全球信息资源联合在一起，以纸质、光盘、磁盘、音像带等为载体传播的传统信息资源，实现多方位、多形式为用户提供信息和服务的混合模式。因此复合图书馆具有以下几方面的特征：①信息载体多样化。即传统印刷型和数字化信息资源共有互补。②管理服务集成化。即对不同载体的信息资源进行有效整合，实现复合图书馆信息资源的集成管理和服务。③图书馆功能复合化。即传统图书馆管理和服务与数字图书馆的管理和服务进行有机结合，形成优势互补的统一体。

（二）复合图书馆信息咨询的特点

1.复合图书馆信息咨询的含义

1876年，美国伍斯特公共图书馆馆长格林向美国图协提交了一篇论文，名为《图书馆馆员和读者之间的个人关系》，开创了传统图书馆信息咨询服务新纪元。经后人总结，图书馆信息咨询的基本内容有指导利用图书馆、咨询服务和编制书目。它的基本特点是：①指导性。通过编制图书馆利用指南、读者手册等，指导读者利用图书馆，达到读者寻求知识和利用文献的目的。②协助性。通过编制一些目录、专题索引等检索工具，协助读者利用图书馆的文献资源。③帮助性。图书馆馆员掌握图书馆学、情报学和目录学的基础知识及熟悉中外文工具书、专题索引的检索方法和途径，为读者利用图书馆文献资源提供帮助。

当今，由于光盘技术、联机检索技术的发展，特别是网络信息处理技术的普遍应用，给复合图书馆信息咨询工作提供了一个全新的服务概念。第一，馆藏信息资源的变化。目前各图书馆不仅拥有印刷型、光盘型的文献信息资源，而且拥有虚拟的网络信息资源，改变了单一的收藏观念。第二，信息咨询内容的变化。图书馆不仅可以指导读者使用图书馆、帮助和协助读者获得馆藏信息资源，还可以提供经过综合处理的二次信息，为读者完成定题、查新、检索等具体工作。第三，信息咨询方式的变化。尽管网络信息资源不断丰富，但读者利用图书馆文献时，既需要有印刷型文献信息服务，又要有联机检索、光盘检索和网络信息资源服务,还要有信息咨询和培训等信息咨询服务。第四,图书馆信息咨询服务范围的变化。图书馆的馆藏文献不仅包括现实馆藏资源,而且也包括虚拟的网络信息资源,使读者不仅能获得知识,从无序信息中获得实效信息,而且读者不一定要到图书馆来查询,只要点击某一网站,就能在任何地方得到帮助。因此信息咨询服务范围的扩大,改变了图书馆信息咨询的服务功能。第五,服务对象的变化。图书馆保持服务对象相对稳定性的同时,包含着服务对象的不确定因素。一方面相对稳定的读者对图书馆咨询服务范围扩大和层次的要求不断提高;另一方面不确定的读者通过网络、电话、电子邮件等方式,向图书馆提出方方面面的咨询请求。因此读者对象的不确定性,也改变了复合图书馆信息咨询的功能。

综上所述,复合图书馆信息咨询就是在复合状态下,图书馆通过对信息资源的组织、筛选,运用各种方法和途径对读者的文献利用、寻求知识和信息服务提供帮助和指导,它以协助检索、解答咨询和提供专题文献报道、文献查新等方式向读者提供事实、数据、文献线索和内容。

2.复合图书馆信息咨询的基本特点

复合图书馆信息咨询内涵的丰富与扩大,使复合图书馆信息咨询针对馆藏文献资源的变化和读者需求的变化,包括信息内容和获取信息的技巧、方法等方面提供全程性、全方位性的咨询服务成为现实。它的基本特征是通过信息咨询的智力活动将文献中的知识与信息提供给读者。因此复合图书馆信息咨询不仅具有帮助性、指导性、组织性,而且还应具有筛选性、查新性和提供性等特点。

(1)复合图书馆信息咨询的帮助性。读者对信息资源的需求是图书馆信息咨询服务工作的前提。社会知识化和信息化,促使读者信息意识的提高和读者信息需求的增加。越来越多的读者为了获得知识和信息动态,从无序信息中获得有效知识、信息和为了获得或理解一篇文献中相关的信息,需要求助于图书馆馆员,而图书馆是人类知识、信息的中心,又有许多为读者提供满足其知识、信息需求服务的馆员,帮助和协助读者掌握一般利用图书馆信息资源、途径、方法和步骤,提高读者自身的信息能力,完成读者实现基本信息需求的自我服务能力。

(2)复合图书馆信息咨询的指导性。读者初次利用图书馆或与某一相关问题初次接触时,对图书馆的文献资源的收藏情况、服务内容、检索途径和方法是陌生的。因此图书馆通过编制图书馆利用指南、图书馆网页指导库、导读手册、检索途径和方法的介绍等,使读者了解图书馆拥有文献资源等相关内容的基本信息,实现读者信息需求中的自我服务。图书馆信息咨询指导功能的发挥主要可通过编制指导性文件和文献检索教育等两方面来实现。

(3)复合图书馆信息咨询的组织性。从传统图书馆信息咨询到当今复合图书馆信息咨询,图书馆始终不遗余力地通过各种途径和方法,把图书馆信息资源有效组织、序化。一方面编制分类、主题、书名、作者、目录和书目等组织文献,便于读者查找利用有关文献资源;另一方面参考馆员对图书馆大量的网络信息资源和现实馆藏文献资源进行的有效鉴别、选择,编制通过对数字化和编制类目的层层浏览来查找信息的目录型检索工具、直接在搜索框中输入检索或进行查找的检索型检索工具和同时具有以上两种方式都具备的兼容型检索工具,以及用于查找不同学科、不同专题信息资源的综合型检索工具,并建立数字目录,提供链接。

(4)复合图书馆信息咨询的筛子性。复合图书馆信息咨询的筛子性,一方面为根据本馆馆藏信息资源特色和图书馆人员结构,提供有特色的信息咨询服务,另一方面表现为对信息资源的有效选择。在为读者提供信息资源时,可通过利用馆员的信息能力,进行收集、分析、加工和组织,形成有效的信息资源和二次文献,既能准确地满足读者对信息资源的需求,又能节省读者分析、判断信息资源前瞻性和有效性所耗费的时间。

(5)复合图书馆信息咨询的查新性。尽管图书馆信息检索功能多样、全面,但由于图书馆信息资源的庞杂,读者却变得越来越难以掌握最新信息资源和最新信息动态。只能通过图书馆馆员精湛的检索技术、信息分析能力及各种途径和方法,为读者查找有关的科研立项、科技成果鉴定、新产品设计与开发、引进技术项目论证、科技奖励申报和专利、标准等最新信息动态。查新咨询既是科研选题、立项的基础,又是科研成果评价与科技管理决策的依据,是促进成果向生产转化的中介。

(6)复合图书馆信息咨询的提供性。随着图书馆信息咨询工作的不断发展,图书馆不仅要运用信息资源的检索途径和方法,给读者提供查阅,而且还要根据读者的要求,提供信息资源、信息报导的结果。也就是说读者不满足于从馆员那里得到"答案在哪里"的传统信息咨询服务,更需要的是"答案是什么"的参与式科研型信息咨询服务。这就需要图书馆馆员提供经过综合分析处理和筛选的信息资源和二次信息资源,为读者完成定题、查新和筛选检索等工作。

二、复合图书馆信息咨询的工作模式

复合图书馆根据馆藏资源、参考资源内容、信息咨询方式和信息咨询服务范围的变化,要满足复合图书馆信息咨询对读者的帮助、指导、组织、筛选、查新和提供信息资源的要求,就要改变以往图书馆信息咨询的工作模式,实现对读者多元化、全方位的信息资源服务。

　　根据读者需求,完善一个条件、加强二个基础和深化五个方面工作是实现复合图书信息咨询工作的关键。

(一)完善复合图书馆服务设施和技术条件

　　复合图书馆信息咨询是以现实文献资源和网络信息资源为基础,并以现代通信设备和计算机网络设备技术为支撑的。一方面信息资源通过数字化转换成机读形式和网络信息资源,另一方面信息资源还要通过数据通信网络来实现信息的存取与传递。因此,完善的复合图书馆的基础设备无疑是搞好信息咨询服务工作的技术保障。应根据实际情况建立稳定可靠的开放式储存化管理系统和性能优良、与内外联网的开放性网络,必要时配备相应的计算机管理设备和图书馆集成管理系统,使图书馆基础设备和技术符合网络技术发展的需要。

(二)加强文献资源建设和信息咨询的基本内容

1.加强复合图书馆文献信息资源建设

　　图书馆文献信息资源是实现信息咨询服务的基础,只有加强图书馆文献资源保障体系建设,才能有效地为读者提供信息咨询服务。复合图书馆文献资源建设,一是要优化网络信息资源。丰富的网络信息资源具有高密度储存、高效率处理和高速传递的功能,是复合图书馆信息咨询服务工作的主要方式。因此要通过合理配置和有效协调,增加联机数据库、光盘数据库和电子读物,并有效组织网络信息资源。二是加强复合图书馆现实馆藏特色化文献资源建设。尽管联机检索、光盘检索、网上信息服务已成为复合图书馆信息咨询的主要方式,但现实馆藏的文献资源还是深化信息咨询工作的基本因素。

2.加强复合图书馆信息咨询的基础业务工作

　　加强复合图书馆信息咨询的基础业务工作是做好读者一般咨询服务的前提条件。一是编制指导性文件。通过编制推荐书目、导读书目和举办书刊展评等多种方式进行读者阅读辅导,并提供如馆情介绍(包括馆藏文献资源结构、文献资源布局、文献利用导示图、开馆时间、图书馆机构设置与职责和图书馆服务功能简介等)、馆藏目录(如机读目录查询方法)、读者借阅状况查询和通过制作主页提供一些常规性的信息咨询等服务。二是检索咨询。通过各种途径和方法帮助或协助读者了解图书馆有关检索工具的使用方法和网络信息资源检索技能,例如通过主页建立电子公告板(BBS)、发布新书公告等。这样任何一个读者只要到图书馆或用联网计算机,就随时可以在利用图书馆信息资源方面得到帮助。

(三)深化复合图书馆信息咨询的条件

1.提高复合图书馆读者的信息素养

复合图书馆读者的信息素养内涵既包含理论知识素养,也包含信息实践能力、利用信息的治学能力和应用信息的分析问题、解决问题的能力。①复合图书馆信息资源的组成、信息理论、方法与技能的教育;②复合图书馆信息意识教育;③信息观念教育,如信息道德、信息价值观、信息法律等,核心是信息价值观教育。

因此,通过对读者的信息素养教育,一是可以使他们了解现实馆藏信息资源的排列体系和现实馆藏信息资源的分类体系,以及虚拟馆藏的发展形势及信息资源的内容。二是可以使读者了解虚拟馆藏的知识组织;了解虚拟馆藏的信息技术基础,虚拟馆藏的数据库建设,如数据库中的知识发现技术、数据挖掘技术;了解网络资源的技术基础,如网上自动标引;了解多媒体的格式与应用,如超媒体数据模型、动态链技术、查问语言、通信协议和互操作性等;了解虚拟馆藏的信息存取与利用,包括虚拟馆藏的利用、信息资源评价和信息的加工处理等。三是文献检索教育。文献检索教育可以使读者掌握各类现实馆藏的检索方式,掌握信息检索引擎、智能检索技术。

这样,图书馆可以通过利用课堂式的文献检索教育与培训,也可以利用因特网对读者进行远程教育与培训,如利用 E-mail 或文件传送发送学习资料给读者,提高读者自我信息处理能力和自我信息咨询能力,实现读者初步利用图书馆文献资源的能力,提高图书馆文献资源的利用率。

2.强化复合图书馆信息咨询的管理

由于复合图书馆淡化了现实文献资源管理模式,形成了大图书馆馆藏管理概念,其信息资源极其丰富,且信息内容杂乱。通过图书馆对信息资源的有效组织和管理,咨询馆员可借助娴熟的信息处理能力、高超的计算机操作技术和一定的外语水平,为读者筛选文献、提供定题服务和文献查新。这些工作开展的前提是各馆有科学的咨询管理体制,有提高咨询馆员开展深层次信息咨询积极性的机制,有开展馆际协作咨询的管理方法和机制。这样才能实现复合图书馆信息咨询的基本特性,满足读者的各种咨询需求。

3.增强复合图书馆信息咨询馆际协作

复合图书馆信息资源丰富且更新速度快,读者需求层次高,读者咨询范围广泛,由于各馆信息资源的局限性和信息咨询能力的有限性,无法满足读者所有的定题、查新等咨询请求。只有利用馆际间协作咨询才能为读者提供全面的定题、查新等信息咨询服务。这样,一方面可弥补各馆咨询人才的不足,另一方面可提高各馆特色文献资源的利用率,满足多层次、多角度的立体化咨询服务,提高图书馆咨询解答率。1998 年中国国家图书馆牵头筹建了"全国图书馆信息咨询协作网",该协作网吸纳全国各类型图书馆的馆员,为信息提供者和信息需要者提供了优良的服务平台。随着网络的进一步普及,在更大范围内实施协作咨询,将大大提高图书馆信息咨询的查新服务、定题服务和课题跟踪服务水平,提高信息咨询服务的准确性。

4.深化复合图书馆信息资源的开发

复合图书馆信息咨询是以文献资源为基础,有针对性地向读者提供文献资源、解答相关问题的服务。因此,积极开发具有本馆特色的数据库和开发利用网络信息资源是提高文献咨询服务水平的基础。第一要积极开发具有本馆特色的数据库。各馆经过长期的文献积累,形成了各具特色的文献收藏体系,只要经过馆员加工,形成数字化文献,即可提供网上信息资源服务,使"静态"的馆藏文献资源变成"动态"的文献资源。如丽水学院图书馆经过长期文献积累,收藏了占世界 80% 的陶行知研究资料,经过馆员挖掘加工,出版发行了《20 世纪陶行知研究资料索引》,并准备将其条目和相关论文数字化,供网上查阅,满足读者对陶研文献资料的需要。第二是开发利用网络资源。随着网络信息资源的不断丰富,读者习惯于利用网络技术来学习知识,利用信息资源和进行信息咨询请求,因为网络查阅快速、方便,且界面友好,可全天候地提供知识和信息与提供咨询,使读者得到实惠。因此,图书馆要开发网络资源,开展 etmet 漫游检索、网络信息咨询服务,利用网络优势,拓展咨询服务范围,形成立体的书目索引咨询、文献检索、专题咨询、文献查新、课题跟踪等咨询服务。

5.加强复合图书馆咨询队伍建设

读者需求的深入和变化,促使图书馆咨询人员的自身素质不断变化与发展。图书馆员或许是现代信息技术处理、信息判断、信息检索、组织和整理的专家,但却不是各个学科领域的专家。目前由于图书馆咨询队伍结构不合理,在一定程度上影响了信息咨询提供和查新功能。因此,图书馆首先要调整现有咨询队伍的自身专业素质和知识结构,使参考馆员掌握英语、计算机应用技术、网络技术、数据库技术、知识组织管理方式,并掌握一定的学科专业知识,图书馆才能更深入地为读者提供专、深信息资源的咨询服务,满足复合图书馆读者的咨询请求,提高咨询答复率。其次图书馆要走向信息咨询队伍社会化,建立信息咨询学科专业专家库,使图书馆的查新、定题、课题跟踪等服务更深入、更完善。

第二节　信息资源服务

针对目前大学图书馆原生数字信息资源与电子期刊的利用、存在形式和内容的特点,一方面是通过构建大学图书馆原生数字信息资源服务平台的措施和方法,使分散在大学教师和研究人员中的原生数字信息资源实行集中管理和开放利用,提高原生数字信息资源的学术价值。另一方面是对电子期刊出版类型、发行、订购的揭示及对电子期刊的利用进行分析,使读者对电子期刊有一个全面了解,能正确使用电子期刊,提高电子期刊的利用率,更好地为社会发展和经济建设服务。

一、原生信息资源利用

前文已经对原生信息资源的概念与现状、建设与管理进行了详细阐述。但基于原生信息资源的机构知识库在服务方面存在原生数字信息资源获取难的问题。在具体操作过程中,会出现诸如教师和研究人员参与 IR 内容提交的积极性存在较大差距。尤其是原生数字化资源中的灰色文献资源获取难问题。即使一些大学图书馆能够获得灰色文献资源的版权,并向用户提供一般意义上的使用权,如个人的研究需要或非商业目的的使用。而灰色文献一经图书馆发布,对于任何形式的复制、分发、存储等目的的使用,图书馆是很难控制之事实,是造成灰色文献资源获取难的重要原因。因此,如何使灰色文献资源获取既要尊重和保护作者的知识产权,满足文献生产者对成果的保密性需要,又能使文献的作用和价值充分发挥出来,是解决灰色文献资源获取难的关键。

对于上述问题,可以采取以下措施对服务进行改进。

围绕机构知识库服务加强培训力度。此处培训分为对内的服务人员培训,及对外的使用人员培训。对服务人员培训,保证其对机构知识库有深刻的认知,以提高应对咨询及其他服务的能力。对外使用人员的培训,一方面让使用者熟悉机构知识库使用流程,了解机构知识库作用,提高积极性。另一方面通过对外培训实现机构知识库宣传,通过交流,发现问题改进问题,为让使用者需求实现机构知识库不断的升级。

制定行之有效的服务政策。正确的政策指引是实现良好服务的保障。可以参照类似机构的政策制度,结合本机构知识库实际情况,制定符合现实且可行的服务政策。通过该政策的实施,保证服务者及被服务者的权利与义务。

与时俱进,引进先进技术,提高服务体验。计算机技术的高速发展,越来越多的服务得以通过网络操作完成,越来越多的功能可以在网络上实现。积极了解最新技术动态,与机构知识库服务需求相结合,引进相应技术,实现数据库服务升级,是实现服务改进的必要路径。

二、电子期刊的利用

当前信息高速发展,印刷型期刊随着社会发展而发展的同时,光盘版、网络版出版物如雨后春笋般发展起来。根据统计,1995 年美国在 Internet 上发行电子版学术刊物 142 种,1996 年为 1465 种,1998 年增长到 5000 多种①。我国于 1998 年 6 月,以在中国科学院诞生的《网络报》和《互联网周刊》为开端,于 1999 年 6 月 18 日网上开通"中国期刊网"②,成为我国期刊信息电子化建设的一个里程碑。"中国期刊网"集成了我国 6600 种中英文期刊全文、摘要、引文,为读者利用最新信息资料提供了一条快捷通道。电子期刊正以不可逆转的发展趋势进入人们的生活、工作、学习当中。了解电子期刊的特性,有利于我们更快、更好地利用电子期刊的信息。

(一)电子期刊定义与特点

电子期刊,亦称为电子出版物、网上出版物。根据 Lancaster 的描述,就广义而言,任何以电子形式存在的期刊皆可称为电子期刊,涵盖通过联机网络可检索到的期刊和以 CD-ROM 形式发行的期刊,更严格地讲,电子期刊是以电子媒体形式产生的,而且仅能以此媒体获得的期刊③;电子期刊以其编辑、出版、发行等与印刷型期刊有着本质的区别,淡化了"期"和"刊"的概念。因此,我认为电子期刊是以高新技术(包括光盘、网络通信技术)为载体,经过信息技术人员加工处理,运用现代化技术检索手段,以满足信息需求的出版物。

---

① 黄美君.大型网络电子期刊检索系统的比较研究[J].图书情报工作,2000(7):25-28,71.

② 丁丁.我国网上科技期刊的现状及发展之思考[J].中国图书馆学报,2000(2):46-49.

③ Lancaster F W. The Evolution of Electronic Publishing[J]. Library Trends,1995,43(4):713-740.

相对于印刷型期刊,电子期刊具有以下特点:①传播速度快。学术研究通过电子传播得以更快地出版,可与著者、编者、用户实现网上交流。②图文声并茂。表达研究成果和数据信息的方式得以革新,如模拟数据的模型、运动、声音、超文本和超媒体链接。③可检索性强。电子期刊的检索途径多,检索速度快,查全率和查准率比印刷型期刊优越。④成本低。读者可以以更低的成本获取文献。⑤阅读方便舒适。不论是独立的计算机,还是网络工作站,打开电子期刊的文献后,只要坐在屏幕前就可阅读。

(二)电子期刊出版形式

电子期刊出版形式与印刷型期刊有着很大的不同,其载体、出版、发行和订购有自己的特性。

1.电子期刊的类型

电子期刊分为光盘版电子期刊和网上电子期刊。清华大学出版发行的《中国学术期刊(光盘版)》(简称 CAJ—CD)是我国第一个以电子期刊方式按月连续出版的大型集成化学术现刊原版全文数据库[①]。网上电子期刊:目前在 Internet 上可检索大量网络电子出版物的系统有 OCLC(Electronic Collections Online),UMI Porquest Research Library,OVID Technologies 公司的 Journals Ovid Full Text,Elsevier Science 的 Science Server,Swets Net,Dialog CARL,Blackwell's EJN,中国的"中国期刊网"。它们通过定期式或日更新的形式发行。

2.电子期刊的出版发行

有些印刷型出版社为了提供多渠道供读者利用刊物,自行配有光盘版或由编辑部利用本单位的网站提供免费查阅目次服务。光盘、网络数据库上的电子期刊一般以定期形式发行。这种形式很难满足读者对其相关学科、相关文献信息的查询的需求。目前电子期刊一般由大型的信息服务机构与电子出版社联合,电子出版社委托信息服务机构,由它们统一出版发行,这样一方面可以扩大电子期刊订阅数量,另一方面可以通过信息服务机构提供的检索平台,提高电子期刊的利用率。

3.电子期刊的订购

大多数电子期刊通过出版社网页提供订阅和免费查阅服务,也可以通过信

---

① 夏英华.《中国学术期刊(光盘版)》检索系统使用技巧初探[J].图书情报知识,2000(1):52-53.

息服务机构的网址订阅。订阅者需先与电子期刊出版者或订阅服务机构(代理商)签订许可证,并将订购费支付给出版者,再付给信息服务机构一笔访问费,即可得到电子期刊的阅览权。

(三)电子期刊的利用

电子期刊的利用可分为信息服务人员利用和读者直接利用,无论是出版社直接发行的光盘版电子期刊、网上电子期刊,还是信息服务机构中介发行的光盘版电子期刊和网上电子期刊,都会提供一种或几种检索方法。掌握他们的检索方法,读者就可以充分利用电子期刊上所需要的信息资料。

1.外国主要电子期刊的利用

目前外国主要在 Internet 上发行的网络电子出版物,由大型信息服务机构提供检索平台,主要的系统有以下几个:

(1) OCLC Electronic Collections Online (ECO) (http://www. o-clc. org oclcmenu/eco. htm)

OCLC ECO 是一个面向图书馆等机构提供电子期刊访问的检索系统,有2200 多种覆盖各领域的电子期刊,提供全部期刊论文的全文检索服务,全部付费后可通过 First-search 界面进行访问,多数以 PDF 格式显示,或以 Realpage 和 HTML 格式显示[①]。

PDF(Portable Document Format)文件格式,是世界第三大个人计算机软件公司 Adobe 制作的文件格式,能保留印刷版期刊的所有细节。电子期刊的出版者,需购买 Adobe 公司的软件包 Adobe Acrobat,并应用这个软件包来制作 PDF 格式文件。主要包括 Adobe Distiller、Adobe Caputre、Acrobat Catalog、Acrobat Exchange、Acrobat Reader 等软件。

Realpage 文件格是 Catchword 公司 Realpage 软件的专用文件格式,面向印刷学术期刊出版者提供 WWW 网电子学术期刊出版的服务,服务收取费用。学术期刊出版者将用于制版的文件转为 PostScript 格式的文件,并由 CatchWord 公司来完成文件制作。RealPage 软件包含 Realset、Client Access Manger、RealPage Browser 三个组件。

HTML(超文本标记语言)文件格式,是一种描述文件结构的语言。用HTML 语言格式写成的普通的文本文件,不含任何与平台和程序相关的信息,

---

① 黄美君.大型网络电子期刊检索系统的比较研究[J].图书情报工作,2000(7):25-28,71.

扩展名为.html 或.htm。HTML 文件可以利用任何文本编辑器来编写,或者由网页编辑器自动生成,用于在 WWW 浏览器上显示。当前最强大的 HTML 文件编辑软件由 FrontPage 在 WWW 服务器上发布,用户通过 IE 或 Netscape 等 WWW 浏览器来浏览。在 WWW 服务器上发布的电子期刊都提供免费服务。

(2)UMI Proquest Research Library(http://www.umi.com/globalauto)

UMI Proquest Research Library 是专为大学图书馆和研究图书馆设计的综合性学术期刊数据库,有 2308 种综合性期刊和报纸,其中全文刊有 1472 种。包括商业、经济、教育、历史、传播学、法律、军事、文化、科学、医学、艺术、心理学、宗教与社会学等学科,收录了 1971 年以来的文摘和 1986 年以来的全文,以 PDF、HTML 格式显示。

(3) Elsevier Science 的 ScienceServer(http://www.elsevier.com)。Elsevier Science 公司出版的期刊是世界上公认的高品位学术期刊,收录期刊 3800 多种,图书 34000 多种,涵盖数学、物理学、天文学、化学、计算机等 24 个学科领域。在 Internet 上通过 ScieaceServer 系统提供检索服务,收取服务费比较高,有 100 多种期刊的电子版全文信息免费供印刷版期刊订户使用,以 PDF 格式显示。

(4)SwetsNet(http://www.swetsnet.com)。SWETS 公司是荷兰一家世界著名的书刊代理商,该数据库目前拥有 1850 种重要期刊的全文记录,近 1500 种期刊的目次记录以及数万种期刊的电子订购服务。SwetsNet 还对 1027 种印刷版期刊订户免费提供其电子版检索查询服务,多数以 PDF 格式显示,也有以 RealPage、HTML 格式显示的。

2.我国电子期刊的利用

我国电子期刊主要有《中国学术期刊(光盘版)》(简称 CAJ-CD)、中国期刊网(China Journals Net,CJN)和中文科技期刊数据库(简称 CBISTIC)等。

(1)《中国学术期刊(光盘版)》。CAJ-CD 是我国第一个以电子期刊方式按月连续出版的学术现刊原文数据库,从我国近 8000 种期刊中收选了 3500 多种核心期刊和专业特色期刊,依照《中国图书馆分类法》进行分类,可提供整刊全文、篇名、关键词、作者、机构、中英文摘要、引文检索。可在单机局域网上浏览、检索、打印,具有期刊印刷原版格式的全文数据。CAJ-CD 由光盘检索、系统管理员、清华双向词典、费用查询、借阅复印费、试刊光盘检索、THSERVER 等程序组成。THSERVER 用于启动全文检索系统服务器,该图标只建立在插有系统加密卡的工作站上,对应的可执行文件为 THSERVER.EXE。在网格上,首先启动 THSERVER,方能在每台计算机上进行光盘检索操作,并且在整个检索期间,THSERVER 不得关闭。

(2)中国期刊网于 1999 年 6 月 18 日网上开通,集成我国 6600 种中英文期刊,可提供全文、摘要、引文检索。CJN 的用户使用 Internet Explorer 等浏览器可上网查询检索和下载数据,即 CJN 使用浏览器/服务器(B/S)方式,浏览器的界面较易掌握。采取"题录＋摘要＋全文索引"为核心的检索工具,检索结果在浏览器中每 15 条记录作为一帧显示。CJN 中的全文需要用 CAJ Viewer 打开,打开后,为查找某一特定的信息,需要在全文中进行定位检索,常见的编辑器有 Notepad、Word、Wordpad 等。

(3)中文科技期刊数据库(简称 CBISTIC)。CBISTIC 是题录型光盘数据库,收录了 1989 年以来的所有自然科学、工程技术以及经济、文化、教育、图书情报等社科领域的中文期刊 6000 多种、报纸 200 多种,其中包括港台核心期刊200 余种。年文献报道量 30 万条,基本上覆盖了全国邮发和非邮发的报刊。著录字段包括分类号、记录号、著者、篇名、著者单位、刊名、主题词、信息出处、文摘等 9 项。2000 年起本数据库更名为中文期刊数据库,在中文期刊数据库基础上分为中文期刊数据库题录文摘版和中文期刊数据库专题资料全文版。收录了 2000 年后的出版期刊 12000 种以上,分社会科学、自然科学、工业技术、农业科学、医药卫生等 5 个系列,共 36 个专辑。数据每季更新一次。

(4)国内网上电子期刊获取方式。目前在我国网上获取电子期刊的方式很多,通常有:①利用搜索引擎(search engies)进行网上搜索。在 Internet 上有大量的搜索引擎如 AltaVista(http://www.altavista.com);Yahoo(http://www.yahoo.com);Excite(http://www.excite.com);HotBot(http://www.hotbot.com);WebCrawler(http://www.webcrawler.com);Lycos(http://www.lycos.com);Infoseek(http://www.infoseek.com)等。用户可根据需要对网上一定特征的信息进行跟踪搜索。②可利用 Gopher、www 等软件上网获取电子期刊。③利用 E-mail 获取所需的网络电子期刊。④从印刷型期刊或出版社发布上获取有关期刊的 URL 位置。

随着信息技术的发展,电子期刊这特殊出版物,尽管由于其活动性强,给读者带来诸如阅览不够舒适、打印困难、没有书签性能、可圈阅性差和检索系统不统一、没有印刷型期刊可随带性等种种不便。但由于其信息量大、信息多样化、发行周期短,费用相对印刷型期刊便宜,图文声并茂等优势,越来越受到人们的普遍关注。

第三节　信息共享空间

从信息共享空间(Information Commons,IC)的概念出发,信息共享空间是通过整合、协调相关资源,为学习者、交流者、创作者和研究者在同一个平台上获取信息资源和提高信息素养而提供的一种特定空间,实质上体现了空间共用、资源共用的一站式信息服务思想;IC 的构成因素包括馆外空间、馆内空间和组织管理空间等三个方面;要实现 IC 须有实体空间、软硬件设备、信息资源和组织管理等方面的保障。

通过对国外 Information Commons 理念的形成与发展、IC 服务类型、IC 服务功能和 IC 服务条件的分析,本书提出构成 IC 需要有馆外空间、馆内空间、组织管理空间和信息资源等因素的支持,指出大学图书馆实现 IC 服务关键在于形成大学图书馆 IC 服务理念、整合大学图书馆 IC 服务资源和完善大学图书馆 IC 服务管理体制。

一、信息共享空间的概念与特征

信息共享空间最早出现在 20 世纪 90 年代初期的美国大学图书馆,是伴随着计算机技术、多媒体技术、网络技术、信息处理技术和现代通信技术逐步发展起来的。其初衷是提供学生写作和编程的学习场所,后来经过扩展,成为学生获取数字信息资源并与信息咨询人员形成良好沟通的一种开放式服务模式。这种新型信息服务模式经过十几年的发展,其服务内容不断充实,现已成为美国大学图书馆的主流服务模式。信息共享空间实质上是通过整合图书馆资源,改变传统的静态信息服务模式为动态信息服务模式,为信息时代图书馆的发展提供了理论基础和实践经验。

(一)信息共享空间的概念

信息共享空间,尽管从出现到现在已有十几年,但还没有统一的概念界定。美国北卡罗来纳大学图书馆前负责人 Donald Beagle 对信息共享空间提出了两种不同的概念:①信息共享空间是一种独特的在线环境。在该环境下,用户通过图形用户界面可以获得多种数字服务,通过安装在网络工作站上的搜索引擎可以同时检索馆藏的其他数字资源。②信息共享空间是一种新型物理设施和空间,能够在数字环境下整合管理工作空间和提供服务,这种空间可以是图书馆的一个部门、一个楼层或独立的物理设施,它构成了一种新的信息环境,并在第一种模式的基础上增加了图书馆馆员的服务①。其理念的核心是一种综合性服务设施和协作学习环境。美国图书馆协会前主席 Nancy Kran 从社会学的角度提出，信息共享空间是社会共有设施，目的是满足社会公众对信息资源的自由存取和利用，认为"信息共享空间确保对理想信念的开放存取和利用，它以价值、法律、组织、通信设施和资源等内容为特征，促进信息共享，共有和自由存取，鼓励人们在民主讨论中学习、思考和实践，它是民主活动的基础"②。我国学者孙瑾在总结国外关于信息共享空间理念的基础上，从信息共享空间的结构功能出发，提出"信息共享空间是一个由物理空间和虚拟空间共同构成的，拥有最新技术设备，提供一站式的专业的信息服务，培养用户信息能力和计算机能力，注重协作，供用户共享信息资源和原创作品、交流学术的空间和平台"③。

从以上信息共享空间含义的分析可以看出，尽管人们对信息共享空间概念的文字表述有所不同，但对信息共享空间理念核心的理解是相同的，体现了"空间共用、资源共用"的"一站式"信息服务思想，其实质是利用最新技术设备，整合实体和虚拟空间中的相关资源，使图书馆与相关部门形成良好的资源协作，为从事学习、交流、创作和研究的用户在同一个平台上获取信息资源、获得信息帮助、提高信息素养提供一种特定空间。

（二）信息共享空间的基本特征

信息共享空间是一个经特意设计的学习、交流、创作和研究环境，是目前国外大学图书馆的信息服务核心，目的是以最先进的计算机、网络和通信设备为基础，以丰富的知识库、电子资源和教育资源将校园内的学生、教师、技术专家、图书馆馆员、写作指导教师等联系在一起，为读者提供一站式信息服务。因此，美国的罗伯特·希尔（Robert Seal）认为信息共享空间具有普遍性、适应性、灵活性和公共性等四个基本特征④。

普遍性（ubiquity）即是每一台机器都有相同的界面和检索电子资源的软

① Beagle D. Conceptualizing an Information Commons [J]. Journal of Academic Librarianship, 1999, 25(2): 82-89.

② 任树怀, 孙桂春. 信息共享空间在美国大学图书馆的发展与启示[J]. 大学图书馆学报, 2006(3): 24-27, 32.

③ 孙瑾. 国内外 Information Commons 的理论研究综述[J]. 图书馆杂志, 2006(10): 11-15, 74.

④ Seal R A. The Information Commons: New Pathways to Digital Resources and Knowledge Management[M]// University Libraries: Faculty Publications & Other Works. 2005.

件。整合图书馆内外相关的知识库、电子资源,安装信息检索工具软件以及提供相关帮助学习和使用信息工具。

适应性(utility),即是指能适应各种用户的需求。通过经常更新计算机、多媒体、网络等硬件设备,利用最新的信息检索和查新技术及相关的图表设计等软件,满足图书馆用户的实际需求。

灵活性(flexibility),即是能适应不断变化的需求环境和技术的发展。通过友好协作与交流,根据现实的信息环境和信息技术的发展,为读者提供相互合作学习和研究的空间,并及时地培养用户的信息检索、信息测评、信息使用和计算机操作等能力。

公共性(community),即是能提供共同合作和交流的空间。通过合作和交流,为用户提供高性能计算机、彩色打印机、扫描仪、高清晰显示器以及运行在电脑上的各种软件,并使读者可以直接从图书馆馆员和计算机技术专家以及媒体工作者那里获得比较专业的联合咨询服务。

因此,信息共享空间是一个综合的学习、交流和研究的信息服务环境,可将参考咨询、网络技术服务和多媒体资源结合在一起,为读者提供一个促进学习交流、互动合作、研究创新相对无缝的信息共享环境,具有为用户提供一站式信息服务、提高信息素养和推动研究与学习三方面的特点①。

二、信息共享空间的构成元素

从国外大学图书馆的信息共享空间实践经验可以看出,信息共享空间可为用户提供以下服务:①为用户提供获取各种形式信息资源的向导和技术支持;②为用户提供合适的硬件和软件;③为用户提供物理空间,支持进行学术研究和创作;④有创作、支持和维护等由各类专家组成的工作小组;⑤提供用户学术研究、创作的文化环境和运行机制②。美国国家标准和技术学院图书馆的Nancy Allmang 与 Donald Beagle,从信息共享空间服务功能上对信息共享空间进行了科学的划分,提出信息共享空间是由物理空间和虚拟空间共同构成的③。即物理空间(PC)+虚拟空间(VC)=信息共享空间(IC)。其中,物理空间主要由实体的空间场所构成,包括馆舍、计算机技术、网络技术、通信技术和

---

① 吴建中.开放存取环境下的信息共享空间[J].国家图书馆学刊,2005(3):7-10.

② 孙瑾.国内外 Information Commons 的理论研究综述[J].图书馆杂志,2006(10):11-15,74.

③ 孙瑾.国内外 Information Commons 的理论研究综述[J].图书馆杂志,2006(10):11-15,74.

各类实存设备,虚拟空间指提供共享的信息资源的虚拟场所,主要包括共享的智力信息和开放存取空间。物理空间和虚拟空间结合起来,即构成了完整的信息共享空间概念。

David Bollier 在《为什么我们必须谈谈信息共享空间》一文中,将信息共享空间分为物理层、逻辑层和内容层三个层次,其中物理层包括电磁光谱、电缆、电线等,逻辑层包括一些软件和技术协议,内容层包括信息、语言表述和文化等[①]。而 Jim Dunca 认为:信息共享空间的构成可用一个三层模型来描述,即物理层、虚拟层和支持层。物理层提供具有可伸缩性的电子教室、促进小组研究的讨论室、指导读者写作和提高研究技能的咨询区,以及帮助读者开发数字作品的多媒体制作室等;虚拟层提供协作学习社区、在线通信工具、网上课程、数据库、数字图书馆资源等;支持层主要由各类训练有素的工作人员构成,包括参考咨询馆员、IT 专家、多媒体工作者、指导教师和学习助理等。

如果我们从支持信息共享空间服务的管理流程分析,信息共享空间可由馆外支持空间、馆内支持空间和组织管理空间等组成。馆外支持空间包括远程教育中心、教育教学中心、网管中心和媒体服务中心等;馆内支持空间包括个人学习区、团体协作区、开放学习区和用户休闲区等;组织管理空间包括信息共享空间的管理制度、人员配置、用户培训和服务质量评价体系等。

三、实现信息共享空间的保障

根据构成信息共享空间的元素来看,信息共享空间是图书馆综合性服务平台,但并不是信息资源、电子阅览室和计算机实验室等的简单组合,也不是虚拟资源概念下的数字图书馆,而是信息的创造者与信息使用者的共享关系,是实体空间、虚拟环境、技术设备和组织管理的完美结合体。因此,保证信息共享空间服务工作流程的实现,需要实体馆舍空间、软硬件配置、信息资源、虚拟环境建设和组织管理等方面提供保障和支持。

(一)信息共享空间的实体空间保障

对于实体空间的考虑是计划成功的关键,信息共享空间必须考虑且容纳不同的学习风格和研究习惯。美国的 Koelker 和 Bobich 曾对信息共享空间的实体空间提出设计思想。共分四个区,如图 5-1 所示,一是安静的含有计算功能

---

① 　孙瑾. 国内外 Information Commons 的理论研究综述[J]. 图书馆杂志,2006(10):11-15,74.

的个人空间(配有笔记本电脑和无线网络);二是含有计算功能的集体空间;三是安静但无计算功能的个人空间(即"无声"学习区);四是嘈杂的但不含计算功能的集体空间①。

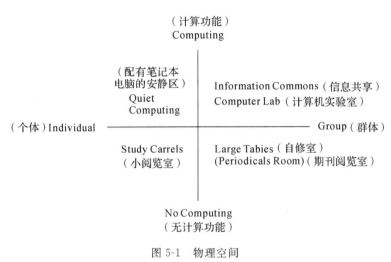

图 5-1　物理空间

Koelker 和 Bobich 设计的是一个完善和理想的实体空间。而实际上,在美国,即使是一些实现了信息共享空间服务的图书馆也不可能完全满足以上四方面的空间要求。如果我们对四个区域所发挥的功能进行分析,可见其与我国图书馆的一些服务空间,如个人或集体研究学习室、电子阅览室、多媒体室、信息检索室、自习室和休闲室等空间近似,当然,在内涵上与信息共享空间有一定区别。问题关键是如何以用户为中心,根据信息共享空间的服务理念对相应的物理空间进行整合、协调与改造,根据用户学习、交流、创作和研究的模式和特点,使信息共享空间发挥应有的服务功能,这是我们目前需要解决的问题。

(二)信息共享空间软硬件的有效配置

信息共享空间除具有传统的纸质文献资源外,强调与丰富的电子期刊、电子图书、专业数据库、影像文件及网络的结合,同时还要与集成设计、软件、高端工作站、打印、多媒体设备相结合。在此基础上,图书馆馆员及其他信息人员必须不断充实完善电子资源及相关的软硬件设备,才能满足日益增长的用户需求,也才能保证信息共享空间成为知识管理和学生信息素养提高的"一站式"信

---

① Koelker J,Bobich. Information commons learning space beyond the classroom[J]. LosAngeles,2004(9):16-17.

息服务平台。

因此,图书馆除了有充分的实体空间和提供相关专业的技术和设备之外,还有支持信息共享空间正常运行和方便用户利用信息资源的如计算机、接口、投影仪、传真机、图像扫描仪、彩色打印机、数码照相机、摄像机等硬件设施以及各类程序、处理文字图表等的编辑软件和信息阅读软件。

(三)信息共享空间的信息资源建设

信息共享空间的建设目标是激发人们的创造灵感,支持个人自学以及各级各类教育,为个人提高发展创造力提供机会,提高用户获取知识技能和数字处理的能力。因此,信息共享空间服务除配有必要的图书、期刊以及音像资料外,重要的是还要向用户提供网络信息服务,使其方便、自由地使用图书馆的电子资源、数据库资源以及网上信息资源。

1.信息共享空间的虚拟环境建设

虚拟环境可以为信息共享空间提供协作学习与交流、在线通信工具、数据库、数字图书馆资源等方面的资源。2002 年 Bailey 和 Tiecney 将信息共享空间分为巨型信息共享空间、微型信息共享空间和整合信息共享空间三类①。目前国外很多图书馆采用了整合信息共享空间作为信息共享空间虚拟环境建设的方向。整合信息共享空间是提供用于研究、教学和学习的特定场所的信息共享空间,主要是将计算机技术与图书馆资源相结合,由图书馆馆员、计算机专家以及多媒体工作者在一个平台上联合提供咨询服务。但无论采用什么方式建设信息共享空间,都必须要有通信设备(如光缆、光纤交换机等)、网络设备(如计算机、数字处理技术设备和存储设备)和相关的软硬件设施,并将它们完美地整合,才能为信息共享空间服务提供保障。

2.信息共享空间的信息资源建设

目前我国高校图书馆都十分重视信息资源的建设,这为信息共享空间服务提供了应有的基础。但由于地域差异等多方面原因,信息资源建设仍存在较大的不平衡,一些大学,特别是地方性大学只有万方数据库、CNKI、维普中文科技期刊数据库等几个基本的知识库,难以满足用户在教学科研、学习和交流等方面的需要。因此为满足用户最基本的信息需求,电子资源建设要与用户需求相结合,要与本校的学科建设相结合,开发、整合信息资源,保障用户对信息资源

① 　Bailey R,Tierney B. Information commons redux:Concept, evolution, and transcending the tragedy of the Commons[J]. Journal of Academic Librarianship,2002,28(5):277-286.

利用的便利。图书馆信息资源整合能力和协作能力的提高，是实现信息共享空间服务，吸引更多的用户利用信息共享空间的关键。

(四)信息共享空间的组织管理保障

信息共享空间的组织管理保障主要指管理保障和资源的开放存取。组织管理保障包括信息共享空间的人员配置、用户培训、服务质量评价体系等。

1.组织管理保障

信息共享空间可将传统图书馆文献资源服务与计算机技术、数字信息资源整合为相对无缝的"一站式"动态信息服务，满足用户的信息需求和知识学习。根据国外的经验，信息共享空间服务一般由图书馆、网络中心、远程教育中心及部分院系共同建设，其管理人员也是由诸部门的人才共同构成。因此，信息共享空间由图书馆馆员、计算机专家、多媒体工作者以及各学科专家联合提供信息咨询服务，另外信息共享空间服务也可由接受过图书馆知识和微机培训的在校大学生提供。只有由具有较好的信息素养、技术素养、专业素养的人员担任信息共享空间的工作者，才能为用户解决复杂而专业的问题。信息共享空间的用户培训主要针对服务内容进行，如最新信息技术应用，电子资源、数据库、网络资源的利用，应用软件的使用，图书馆资源的使用等。培训的目的是增强用户的信息意识、技术知识和检索技能，提高用户获取信息的各种能力。

信息共享空间服务质量评价体系的建立是信息共享空间服务工作的延续。图书馆信息共享空间必须要有一个完整的评价体系来对其进行系统、全面的评估，评估的内容主要包括服务项目、服务效果和用户反应等方面。

2.信息共享空间资源开放存取的建设

2005 年，时任国际图联主席阿列克斯·拜恩(Alex Byrne)曾站在政治高度上，呼吁各国政府及国际组织安装开放存取系统，以此建立全球信息共享空间，保障全世界所有的人都能拥有查询和获知科技、文化和教育信息的权利[①]。如果要实现阿列克斯·拜恩的意愿，图书馆除了要有足够的宽带、最新的通信技术和无限制的多语言环境外，还要有信息资源自由存取的学术交流模式。而开放存取学术交流模式的核心是强调信息资源共有的服务理念。目前我国的开放存取学术交流模式尚处在萌芽与发展阶段，还存在诸如出版物的质量控

---

① 吴建中.开放存取环境下的信息共享空间[J].国家图书馆学刊,2005(3):7-10.

制、合作建设与标准化、知识产权和运行经费等几个方面的问题①,其中知识产权问题是开放存取运动发展的瓶颈。

图书馆要建立信息共享空间,就要在合法的框架内消除信息资源的知识产权问题。在传统学术交流中,科学研究工作者将研究成果的知识产权以有偿、无偿等形式,由学术出版者(包括商业出版商)出版发行,而开放存取保留版权的唯一目的是保证作品的完整使用,尽可能降低读者和信息服务提供者合理使用文献的限制。现在,网络上的数字作品一般采用较为通用的创作共用协议,按照署名的非派生作品使用、非商业用途使用和派生作品必须和原作品保持一致的原则进行授权使用②。因此,要解决开放存取的网络信息资源及相关知识库的知识产权问题,关键在于要解决信息安全与用户信誉等问题。

国外相关协会或图书馆都提出了有关授权用户信息使用安全建议书,有些图书馆也建立了用户诚信档案。用户侵犯知识产权,将直接影响其以后的资源使用权限,这种让用户来维护自身享受信息共享空间的权利的方式,也许是目前知识产权保护最明智的办法。

四、基于 Information Commons 的大学图书馆信息服务

目前国外一些大学图书馆为满足用户对信息资源的各种需求,对现有的信息服务方式和服务内容进行了调整,采取并建立了 Information Commons 这种新的信息传递模式。事实上,IC 是通过重新配置图书馆的物理空间,整合现有大学图书馆信息资源服务,提供先进的信息利用技术,促进大学图书馆进行快速而全面的信息资源传递的,目的在于促使学生进行合作学习与协作研究。这种改变传统大学图书馆以掌握、了解信息需要的静态信息服务方式为以学习、交流、创作和研究需要的动态信息服务方式的趋势,不仅使图书馆的信息资源服务形式发生变化,更重要的是能够使图书馆用户获取更多信息,并得到传统图书馆信息服务内容中没有的资源支持和空间支持,促使用户在图书馆信息专家及计算机专家的指导下,完成其学习和科研工作,提升大学图书馆服务水平和层次。

---

① 王云才.国内外"开放存取"研究综述[J].图书情报知识,2005(6):40-45.
② 钱国富,林丽.开放期刊(Open Journals)及其影响研究[J].图书与情报,2005(1):38-41.

(一)国外大学图书馆 Information Commons 服务理念

1. Information Commons 服务理念

IC 的理念在欧美大学图书馆中提出和逐步形成到指导实践已有 10 多年。IC 理论与实践的倡导者美国北卡罗来纳大学图书馆前负责人 Donald Beagle 在 1999 年描述的 IC 是"为整合的数字环境而设计的专门组织空间与服务传递模式",这一观念引起了许多大学图书馆管理人员的兴趣。其 IC 理念核心是一种综合性服务设施和协作学习环境,认为"IC 是一种独特的在线环境。在该环境下,用户通过图形用户界面可以获得多种数字服务,通过安装在网络工作站上的搜索引擎可以同时检索馆藏的其他的数字资源。IC 是一种新型物理设施和空间,能够在整合数字环境下管理工作空间和提供服务,这种空间可以是图书馆的一个部门、一个楼层或独立的物理设施,它构成了一种新的信息环境,并在第一种模式基础上增加了图书馆馆员的服务"[①]。这一方面体现了"读者期待的这样一个在线环境:如同获得书、期刊、报纸甚至是手稿馆藏一样,在网络环境下还可以获得图书馆在线目录、各种其他目录、索引、数据库、CD-ROMs 等资源"[②];另一方面也体现了 Nancy Kranich 提出的"IC 确保对理想信念的开放存取和利用,它以价值、法律、组织、通信设施和资源等内容为特征,促进信息共享、共有和自由存取,鼓励人们在民主讨论中学习、思考和实践,它是民主活动的基础"[③]。Nancy Kranich 认为,IC 鼓励人们学习、思考并参与民主对话,强调图书馆信息资源的免费获取和各方面共同管理现有的信息资源。

如果说 Beagle 和 Nancy 的 IC 服务理念是奠定信息共享空间服务模式的基础,那么 Martin Halbert 与 Philip Tramdack 对 IC 服务理念的回应与进一步阐述,就是对 IC 服务理念的完善与发展。他们认为,IC 服务理念就是图书馆信息资源共享的理念,包括:为用户提供各种形式的信息研究指导与技术支持;提供各种相应的硬件和软件资源;为用户研究提供适当的物理空间;为图书馆管理者、员工了解科研机构的科研过程及提供相应的组织与服务;促进大学图

---

① Beagle D. Conceptualizing an Information Commons [J]. Journal of Academic Librarianship,1999,25(2):82-89.

② Cowgill A,Beam J,Wess L. Implementing an information commons in a university library[J]. Journal of Academic Librarianship,2001,27(6):432-439.

③ 任树怀,孙桂春.信息共享空间在美国大学图书馆的发展与启示[J].大学图书馆学报,2006(3):24-27,32.

书馆形成一种激励、共享的信息环境与机制①。这种理念正与 Bailey 在 2005 年 5 月底召开的"第十一届专业信息资源会议"上提交的论文《为学者和研究人员提供的信息共享空间服务：用户需求的提高、数字资源和学术出版的进化》提出的 IC 理念相吻合，即 IC 作为一个场所，既是用户知识享受的空间，也是满足其不同需要的最合适的地方，更是为用户创造自我满足和独立研究领域的场所②。至此，IC 理念从实践走向了理论，并在大学图书馆中得到实施与拓展。

2. Information Commons **类型**

Bailey 和 Tiemey 提出 Information Commons 服务模式从广义上可分为三种类型：一是巨型信息共享空间（macro commons），即信息世界，尤其是通过网络获得的数字信息；二是微型信息共享空间（micro commons），即计算机/数字技术、外设软件和网络设施高度集中的区域；三是整合信息共享空间（intcgratcd commons），即提供用于研究、教育和学习的特定场所③。事实上，Donald Beagle 为我们提出的 IC 服务理念，不仅是一种独特的在线环境和新型物理设施和空间，更为关键的是 IC 服务是为用户提供一般帮助的中心平台和为用户提供个人或小组协作学习和工作空间，并通过与校园内其他相关服务部门或项目合作，为用户提供的更为广阔的信息服务空间，与 Bailey 和 Tiemey 提出的 Information Commons 服务模式的第三种类型类似。现在经过国外对 Information Commons 服务模式探索和发展，大多数大学图书馆基本上采用了狭义的 Information Commons 服务类型，即整合信息共享空间。

3. Information Commons **服务功能**

美国的 William Baer 等人组成的 IC 项目研究小组对亚利桑那大学图书馆（University of Arizona Library）、南加利福尼亚大学图书馆（University of Southern California Library）、北卡罗来纳大学图书馆（the University of North Carolina-Charlotte Library）等 8 所大学图书馆的 IC 进行了调查研究，在调查报告 *Report of the Information Commons Project Team*④ 中指出 IC 服务拥有以下几个方面的功能。①参考咨询和学生工作站：为用户提供参考咨询服务

---

① Bailey R，Tierney B. Information commons redux：Concept，evolution，and transcending the tragedy of the Commons[J]. Journal of Academic Librarianship，2002，28(5)：277-286.

② 孙瑾. 国内外 Information Commons 的理论研究综述[J]. 图书馆杂志，2006(10)：11-15，74.

③ Bailey R，Tierney B. Information commons redux：Concept，evolution，and transcending the tragedy of the Commons[J]. Journal of Academic Librarianship，2002，28(5)：277-286.

④ 吴建中. 开放存取环境下的信息共享空间[J]. 国家图书馆学刊，2005(3)：7-10.

和有关计算机技术方面的知识。②工作学习室：为用户提供进行合作研究的空间，在工作学习室中安装了笔记本电脑接口，并配有放映机、投影仪等相关设备。③电子教室：为用户提供培养基本的信息技术能力以及信息检索技巧。④多媒体工作站：向用户提供辅助学习信息、技术和知识的工具，并配有扫描仪、数码照相机、摄像机等。⑤商议站：为用户提供一对一的研究帮助和培训，如信息查询和程序使用技巧等。⑥写作实验室：为用户设置一个撰写论文和研究报告的写作实验室。⑦延长的时间：向用户提供更长的开放时间。⑧休闲区：向用户提供在学习疲惫后稍事休息一会儿的地方。⑨附属 IC：向用户提供"参考咨询和学生工作站"这个组成部分的空间。从以上的 Information Commons 服务功能可以看出，IC 是将图书馆空间环境与学校的多媒体学习中心、计算机实验室、数字视频处理实验室等研究单位有机结合，并通过整合学校相关部门（如档案室、教务处等）的信息，整合学校有关专家学者（如计算机专家、网络专家、信息技术专家和专业学科人员等），将参考咨询、网络技术服务和多媒体资源结合在一起，建立一个相对无缝的服务平台，为用户提供的一个促进学习交流、互动合作、研究创新相对无缝的信息共享环境。这正如吴建中所说的，IC 具有为用户提供一站式信息服务、提高信息素养和推动研究与学习等三方面的功能。具体地说，IC 可为用户提供以下服务：①为用户提供需要获取各种形式信息资源向导和技术支持。②为用户提供合适的硬件和软件处理所获取的信息，并为这些软硬件提供支持。③为用户提供物理空间支持，使其可进行学术研究和创作。④由创作、支持和维护等的各类专家组成的工作小组。⑤提供用户学术研究、创作的文化环境和运行机制①。

（二）构成 Information Commons 服务的条件

从国外大学图书馆的 IC 实践经验情况来看，构成 IC 服务的有以下几种模式。一是 Donald Beagle 和 Nancy Allmang 提出的 IC 由物理空间和虚拟空间共同构成②，即物理空间（PC）＋虚拟空间（VC）＝信息共享空间（IC）。其中，物理空间主要由实体的空间场所构成，包括馆舍、计算机技术、网络技术、通信技术和各类实存设备；虚拟空间指提供共享的信息资源的虚拟场所，其主要包括共享的智力信息和开放存取空间。物理空间和虚拟空间结合起来，即构成了完整的 IC 概念。二是 David Bollier 在《为什么我们必须谈谈 IC》一文中提出的，

---

① 施强.信息共享空间：意蕴、构成与保障[J].大学图书馆学报,2007(3):53-57.

② 刘盈盈.美国 10 所高校馆信息共享区实例的分析借鉴[J].图书馆杂志,2006(10):8-10,68.

IC 由物理层、逻辑层和内容层三个层次组成,其中物理层包括电磁光谱、电缆、电线等,逻辑层包括一些软件和技术协议,内容层包括信息、语言表述和文化等①。三是 Jim Dunca 提出的,IC 的构成也可用一个三层模型来描述,即物理层、虚拟层和支持层。物理层提供具有可伸缩性的电子教室、促进小组研究的讨论室、指导读者写作和提高研究技能的咨询区,以及帮助读者开发数字作品的多媒体制作室等;虚拟层提供协作学习社区、在线通信工具、网上课程、数据库、数字图书馆资源等;支持层主要由各类训练有素的工作人员构成,其中包括参考咨询馆员、IT 专家、多媒体工作者、指导教师和学习助理等。

但无论是 Nancy Allmang 的构成 IC 服务的二维信息空间理论,还是 David Bollier 和 Jim Dunca 的构成 IC 服务的三维信息空间理论,它们都有一个共同的特点,那就是 IC 服务要在一个特有的服务环境中进行,需有馆外空间支持、馆内空间支持、管理空间支持和信息资源支持。

1. Information Commons 服务的馆外空间

图书馆提供 IC 服务的一个重要因素,就是要与校园内外其他部门或项目组建立广泛的合作关系,如远程教育中心、教育教学中心、网管中心和媒体服务中心等,才能使 IC 服务得以正常运行。

远程教育中心也叫开放教育中心,其主要功能是提供相关学习资料和整合各开放教育教学等相关资源及各相关学习软件;教育教学中心一般是提供本校教育教学资源为主,把分散在各教学部门和各职能部门的教育教学、政策法规及相关的管理制度,经过整合与协作,使得图书馆用户不需要跑各有关部门就能解决其相关问题,为图书馆用户节省时间,真正实现方便用户的服务理念;网管中心是支持图书馆的 IC 正常运转的关键。目前大学图书馆向用户提供网络信息资源服务的,一般都要通过学校网络管理中心提供 IP 地址,才能与相关的学习网站、知识数据库供应商进行友好链接,另外还要通过网管中心提供相关的学习软件,才能为图书馆用户提供正常写作、学习、研究和交流提供方便;多媒体服务中心也可指学校的现代教育技术中心,是一个集教学实验、科学研究与技术开发为一体的实验教学机构,是为学校教育教学提供相关诸如计算机实验室、多媒体语言实验室、网络信息实验室和多媒体制作室等现代化教学设施与设备,为学校师生提供多媒体教学服务的专业部门,多媒体教学中心因具有图、文、声、像并茂等直观性,突破了时空的限制,又可在网上通过视频点播、课件演示,而被师生广泛使用。

① Fister B. Common Ground:Libraries and Learning[J]. Library Issues:Briefings for Faculty and Administrators,2004,25(1):1-4.

2. Information Commons 服务的馆内空间

IC 服务平台是图书馆对外服务的核心，是将来用户利用图书馆的相关资源最重要的地方。根据 IC 服务功能来看，IC 服务馆内空间支持可包括信息咨询区、个人学习区、协作学习区、开放学习区和用户休闲区等。

信息咨询区是图书馆提供一般帮助的中心平台。图书馆需要建立一个提供用户咨询服务的地方，即参考咨询服务区，其主要是对用户进行传统的参考咨询服务，以及获得有关编程方面的技术问题的解答；个人学习区是在个人学习中设置一些写作实验设备，方便用户，不论何时何地都能为他们撰写论文提供研究报告，另外还可用于传授用户基本的技术能力以及信息检索技巧；协作学习区是供用户们进行合作研究的空间，当然不同规模的学习区提供不同的需要；开放学习区也包括多媒体服务的一些内容，主要是提供图书馆的网络信息资源、电子资源、知识数据库及相关的开放存取方面的信息，也可向用户提供一些辅助的工具，也可配备如扫描仪、数码照相机、摄像机等数字输入输出设备以及不同版本的编辑软件为用户提供相关的服务；用户休闲区是没有信息资源和计算机的休闲区域，摆满了舒适的椅子，供用户在学习、研究和创作疲惫后稍作休息。

3. Information Commons 服务的管理空间

IC 服务的核心理念是"空间共用、资源共享"的"一站式"信息服务，如光有实体和虚拟空间，没有管理人员与相关管理制度，那么 IC 的存在是不可想象的。只有由图书馆管理者对 IC 服务流程进行科学的设计与管理，才能向用户提供帮助服务。因此，向用户提供 IC 服务，除了馆外空间支持和馆内空间支持外，还必须有组织管理空间的支持，包括 IC 服务管理理念的支持、管理制度的支持、管理服务人员的支持，以及用户检索使用培训的支持和服务评估、评价体系等方面的支持，这里关键是管理服务人员的支持。

4. Information Commons 服务的信息资源

为了适应 IC 服务项目的需要，图书馆在建设各种类型的信息资源时，一方面要围绕大学用户，为其提供参考咨询服务和学习指导服务以及其所要的各种国内外期刊数据库、光盘数据库等；另一方面要打破图书馆信息资源建设受地理空间限制的局限性，使信息资源实现区域共享和大学图书馆系统内的共享，促使图书馆信息服务的网络化，另外还需要整合相关部门可公开的信息资源，满足大学用户对各种信息资源的需求。

（三）大学图书馆 Information Commons 服务模式的实现

刘盈盈曾通过对美国 10 所大学图书馆的信息共享地理环境进行调查、比较，发现大多数大学图书馆的 IC 服务项目和服务的地理环境都有几个共同的特点：一是地理位置的一致性。大学图书馆的 IC 服务项目具有单独的服务控制中心，有独立的空间区间为用户提供相关服务，一般设立在图书馆的 1 楼或 2 楼，便于用户利用和图书馆管理人员管理。二是提供共性的 IC 服务。如：①传统的图书馆服务内容，其中有书目查询、电子图书阅读、数据库的搜索查询、馆际互借等等；②参考咨询服务；③学习指导服务，其中包括远程教育课程、馆员学习课程、网页设计课程、基本的计算机应用课程、多媒体设计课程等面向学生、教师、职工和馆员的各种关于参考咨询服务、学生学习课程和现代化信息技术等内容的课程培训。三是提供具有特色的 IC 服务项目。如大学图书馆为用户提供计算机应用、信息检索利用技术运用、学习研究环境和写作辅导的写作中心等。

以上 IC 服务内容在大学图书馆实现的前提，就是需要网络信息环境的高度发展，各大学图书馆已形成各自的电子信息资源和网络信息资源体系。事实上，目前我国各大学图书馆已基本符合 IC 服务所需要的客观条件，加上大学课堂教学和学生学习方式的改变，促进大学图书馆实现 IC 服务变为可能。也就是说，我国各大学图书馆已基本形成向用户提供服务项目、环境空间、信息技术和软硬件设施的条件，关键是如何在大学图书馆中形成信息共享空间的服务理念、整合现有大学图书馆及相关部门的资源和完善大学图书馆信息共享空间的管理体制等。

1. 形成大学图书馆 Information Commons 服务理念

Fister 指出，IC 在大学里得到广泛关注并能实现，一方面是学生倾向于图书馆良好的学习和研究环境，不喜欢在嘈杂的大教室和宿舍里进行学习；另一方面是学生用户在查找相关信息时，图书馆里有参考咨询馆员、计算机专家和网络专家为之解答相关问题，并能进行直观的面对面交流。但更主要的是信息共享空间不仅能为用户提供传统的图书馆服务内容，如书目查询、电子图书阅读、数据库的搜索查询、馆际信息传递和参考咨询服务等，更主要的是能为用户提供学习指导、写作辅导、计算机应用和信息利用等方面的技术支持和学习研究的环境。也就是说，大学图书馆并不只是提供各种信息传递、信息借阅、信息查新和信息检索机构，更应该为学校的教学和科研创新活动提供指导和帮助。为此，大学图书馆广大馆员要顺应时代要求，及时更新服务观念，形成 IC 服务思想与理念,拓展大学图书馆的服务空间,为大学图书馆搭建 IC 服务平台提供保障。

2. 整合大学图书馆 Information Commons 服务信息资源

由于网络环境的影响,大学图书馆的馆员已意识到广大用户,特别是学生用户的信息资源需求,有一个明显的转变,那就是需要图书馆提供自助式的信息服务、满意的信息服务和无缝的信息服务。而信息共享空间通过鼓励和支持用户自发的信息查询行为、整合各种数字资源,并提供方便和多样的信息服务和学习指导,顺应了用户信息查询和学习指导的要求。这种信息共享需求的前提,不仅需要图书馆提供速度快、信息资源丰富的在线利用信息阅读环境,还需要通过图书馆新型的物理设施和空间,实现在一个平台上向用户提供一站式信息资源服务。这种信息共有共享服务的前提是具有丰富的信息资源。

因此,大学图书馆在收集系统和多样的电子资源、纸本资源、缩微胶片和多媒体等信息资源的同时,根据 IC 提供服务项目的要求,更主要的还是整合网络管理中心、多媒体学习中心、计算机实验室、语言学习室和教务处、档案室等学校相关部门的空间和信息资源,实现"空间共用、资源共享"的一站式信息服务理念,满足用户各方面的信息需求,真正使信息共享空间成为提高学生信息素养和实现知识管理目标的工具。

3. 完善大学图书馆 Information Commons 服务管理体制

完善 IC 服务管理体制包括制定 IC 服务规划、建立 IC 服务团队、形成完善的 IC 服务信息技术系统和构建合理的 IC 服务体系等方面。

(1)制定 Information Commons 服务规划。一套可行的 IC 服务规划和管理机制,对建立大学图书馆信息共享空间服务具有重要的指导意义。尽管我国大学图书馆的 IC 服务与国外大学图书馆信息共享服务相比,起步晚,并缺乏相应的理论和实践指导,但只要借鉴国外相对成熟的 IC 服务理念和实践经验,在制定大学图书馆 IC 服务空间规划时,结合各自拥有的环境空间、软件和硬件设备,根据馆情和用户利用图书馆信息的特点,制定出满足本馆用户需求的信息服务规划和管理机制,就能促进 IC 服务在大学图书馆的发展。

(2)建立 Information Commons 服务团队。大学图书馆 IC 服务的根本任务是满足学校的教学、科研以及社会相关人员对信息的需求,这就需要搭建一个适应提供 IC 服务项目的工作人员平台。在信息共享空间环境下,由于技术成分和在线信息资源的完善和充实,馆员的服务变得多元和复杂。可以说,IC 是一种集成的、动态的服务模式,为用户甄别、检索、处理和发布各种信息提供专业的咨询和技术服务,这对馆员的素质要求相对就更高了。为了使图书馆馆员及相关的信息咨询人员能够熟练地运用自己所掌握的知识、技术、能力为用户开展各种 IC 服务,在建立 IC 服务团队时,一方面要对相关人员进行业务培训,如国内有些大学图书馆针对用户的信息需求,对馆员进行了相关素质提高的培训,再如可建立学科馆员、信息导航员和知识型馆员等相关培养制度,这些制度在大学图书馆的实施,为适应 IC 服务提供了保障;另一方面,为了适应大学用户的学习和科研的要求,应及时提供一些个性化信息需求,图书馆在制定相关提高人员素质的培训制度的同时,更要实施图书馆馆员的准入制度,在引进图书馆专业人员时,就要按照 IC 服务项目对人员学历层次、知识结构、专业素质、技能和技术及学习能力、领悟能力和实践能力等方面的要求进行相关人员的引进,提高 IC 服务能力,满足用户对信息的需求。

(3)完善 Information Commons 信息技术系统。从 IC 服务项目内容看,大学图书馆不仅仅是一个获取信息的场所,也是一个知识交流的中心,是用户交流信息和经验的最佳场所。这就需要完善 Information Commons 技术设备,为大学图书馆实现 IC 服务提供保障。IC 服务技术设备不仅包括为 IC 服务的软硬件的基础设施,如为用户安装网络出口和学习与研究所必需的软件资源及利用各种信息资源的计算机软件等,而且包括一些为用户利用信息资源配备的辅助设备如计算机、复印机、刻录机、扫描仪、数码照相机、摄像机等,同时包括一些为利用信息资源的图像更新和升级、维护网络安全和设备的工具。

(4)构建合理的 Information Commons 服务体系。构建适合大学图书馆 Information Commons 的服务体系,要根据具体大学图书馆的实际情况进行,主要要从本馆的服务对象、软硬件基础设备、信息资源规模、空间环境、服务团队素质等方面进行综合考虑。但前提是无论具有什么样的物理空间、软硬件基础设备、信息资源规模、服务团队的人员配置,都要进行有效整合。要针对不同的用户,设置规模大小不同的物理空间,同时也要针对用户的客观需求,提供多元化服务的一个交流场所,真正实现虚拟空间和物理空间的相对无缝的结合。

总之,多元化的信息共享空间对大学图书馆服务的内容与功能和服务技能与能力提出了更高的要求。大学图书馆在面向用户时,提供 IC 服务是目前一种新的创新服务模式,为大学图书馆拓宽服务项目、提高信息服务提供了新机遇。在 IC 服务实践过程中,不同地域、不同类型的大学图书馆,可根据自身拥有的硬件设备、信息资源、人力资源、服务项目和现有图书馆信息资源的管理机制,有选择地提供相应的 IC 服务,以求最大限度地满足用户的信息需求,推动 IC 服务在大学图书馆的实践与发展。

第四节 阅读服务

在倡导全民阅读活动与"互联网＋"的环境之下,阅读服务技术的日益精进,使读者阅读需求以及在阅读过程中所使用的工具等均发生了转变,相应的,阅读方法同样有所改变。这需要图书馆进一步强化自身阅读推广工作,通过不断创新阅读服务模式,确保阅读推广服务能够取得更为理想的效果。对于高校图书馆而言,其所面临的主要读者群体为学生与教师,为确保学生能够开展更多的阅读活动,让学生能够主动阅读、善于阅读,确保学生自身的阅读能力和阅读效率能够得以提升,就需要通过多途径开展阅读推广服务,借助各种阅读载体,组织读者以不同的形式、多个层次全范围开展阅读以及交流活动,创新高校图书馆阅读服务模式,为用户提供全面、高效、优质的阅读服务,确保学生阅读活动的目标得以实现。

一、全民阅读服务

(一)阅读发展历程

1995 年联合国教科文组织将每年的 4 月 23 日确定为"世界读书日",提出"让世界上每一个角落的每一个人都能读到书"。2006 年,原国家新闻出版总署在借鉴国际经验基础上,提出"全民阅读",并会同中宣部等 11 个部门联合发出《关于开展全民阅读活动的倡议书》。2011 年,党的十七届六中全会提出"要深入开展全民阅读"。2012 年 11 月,党的十八大报告历史性地写入"开展全民阅读活动"。2014 年 3 月,国务院政府工作报告提出"倡导全民阅读"。

与此同时,国家新闻出版广电总局于 2013 年 3 月开始组织起草《全民阅读促进条例》,先后列入国务院 2013 年、2014 年立法计划和中宣部文化立法相关规划。各地也开始积极活动,2015 年 1 月 1 日起正式实施《江苏省人民代表大会常务委员会关于促进全民阅读的决定》,2015 年 3 月 1 日起实施《湖北省关于促进全民阅读的决定》。

《国家基本公共服务体系"十二五"规划》将国民综合阅读率作为公共服务的基本标准之一。随着阅读技术的变革与发展,手机、网络、电子阅读器的广泛普及与使用,数字阅读率快速上升。第十次全国国民阅读调查显示,2012 年18～70 周岁国民数字化阅读方式的接触率为 40.3％,比 2011 年的38.6％上升了 1.7 个百分点。全面阅读体现出时代性、社会性、基础性和系统性等特征①。

(二)开展全民阅读服务

在"互联网＋"的发展模式下,"互联网＋高校图书馆"服务模式不仅能更好地为公众打造覆盖面全、系统完善的阅读服务系统,也能更好地促进全民阅读运动顺利开展,促进读者之间的交流与沟通。

1.整合图书馆资源,丰富"互联网＋"全民阅读服务内容

目前,高校图书馆推出了多种多样的形式来进行阅读活动的推广,其中包括图书漂流、你选书我买单、专题书展、书评比赛、人文讲坛、读书会、影视展播等,改善以往传统阅读枯燥与乏味的情况,做到吸引民众进行高效阅读。

为此,高校图书馆应积极整合自身资源,进一步丰富基于互联网技术的全面阅读服务内容。首先,高校图书馆应根据自身特点,提供创新型、多样化的阅读资源,包括各行业领域的前沿图书、报刊和杂志等,不断完善自身服务内容,吸引大学生的关注。其次,高校图书馆应将教师和大学生作为服务对象,结合本校人才培养目标,引进行业先进的外文资料以及专业书籍,最大限度满足服务对象的学习和科研需求。最后,高校还应不断丰富图书馆的休闲娱乐类书刊,为读者提供各种休闲阅读,包括时尚杂志、女性读物、奇幻刊物等,全方位丰富"互联网＋"全民阅读服务内容。

2.借助现代网络技术,完善"互联网＋"全民阅读服务平台

要想实现高校全民阅读目标,高校应充分借助现代网络技术,包括大数据分析与处理技术、智能识别技术、信息追溯技术等,逐步完善"互联网＋"全民阅读服务平台。在此过程中,高校可以借助"互联网＋"全民阅读服务平台,将学校图书馆微信公众平台、微博和博客等互联网作为中介,把经过分析与筛选的阅读内容或图书作品等,推送给校园读者的互联网阅读终端,实现校园读者的精准推送,从而实现推广阅读资源的服务,也能更好地满足读者自我学习的需要。与此同时,也要帮助读者在阅读过程中不断成长和提升能力,让大学生享受真真正正的阅读氛围,并做到从内而外地接受阅读,从而从根源上转变大学生的阅读心态,让阅读不再枯燥和无聊,让全民阅读进入更为良性的发展过程。因此,需要国家及时建立健全阅读推送服务,让更多的人参与到阅读这一环节中,从而更好地提高公众阅读能力。

---

① 徐同亮.全民阅读背景下我国公共阅读服务体系建设探究[J].图书馆论坛,2014,34(8):28-35.

3.优化阅读空间环境

国家要致力于发展全民阅读共享的局面,需要为公众打造高效中心图书馆阅读空间,让公众在这样的阅读空间里更好地享受阅读,释放心理压力。由于现代人很少能静下心来接受书籍文化的净化和洗涤,因此,在构建网络服务平台时,要考虑让更多用户通过阅读平台自行选择阅读的内容和种类,为读者提供更为便捷的服务及更为全面的阅读微信交流平台,从而实现全民阅读活动在网络上的实时分享与互动。

一是优化数字媒体阅读环境。各高校图书馆在规划与建设过程中不仅要进行文献资源及数字资源的选购,也要保障用户的自主权和与之协作的可能性,并且要为用户提供更多的后台搜索数据,让用户可以更好地获得所需要的阅读资源,使公众在阅读时发现问题,能够及时进行查阅和自行解决。高校也要建立更多的网络公开课及数字导航平台,这样的举措不仅能赢得更多读者的认可,也能更好地扩大阅读推广工作的影响范围,并且能有针对性地激发用户的阅读共振点和兴奋点,这样才可以获得全民阅读的高效成果。

二是建立健全阅读推送服务。由于纸质书籍和报刊等媒介不如网络媒体的吸引力大,因此,高校图书馆要更好地利用新媒体技术来进行阅读活动的推广,让大学生真正体会到阅读所带来的梳理情绪的作用。高校图书馆要根据读者的不同情况进行更具特色的专业化及多维度的阅读服务,并积极组织阅读资源的整合,从而更好地实现推广阅读资源的服务,也能更好地满足读者自我学习的需要。

(三)建立多元合作,助力图书馆"互联网＋"全民阅读推广

在当前"互联网＋"时代背景下,碎片化阅读成为发展趋势,而高校图书馆全民阅读服务也不再依赖于纸质书籍,而是借助互联网实现高效阅读、掌上阅读。因此,为了快速推广图书馆"互联网＋"全民阅读,高校应积极进行多方合作,建立高校—企业—学生多元合作机制。高校可与拥有先进技术的书刊类企业合作,借助企业的技术和行业专业资源,推广图书馆"互联网＋"全民阅读;也可借助大学生群体的力量,向社会推广全民阅读。

二、数字阅读服务

(一)数字化发展

图书馆界普遍认为,技术驱动是图书馆信息服务发展的主要因素。世界知

名咨询公司埃森哲发布的《2016 技术趋势与展望》指出："技术现已深深植根于我们的日常生活中，并正在重塑社会的方方面面。新一轮社会变革正在来临。"同样，在 2019 年 2 月 18 日，埃森哲发布的《埃森哲技术展望 2019》报告指出，随着企业数字化转型全面、深入地发展，新一轮变革的转折点近在眼前。埃森哲调研了包括 411 位中国企业领袖在内的全球 6,600 余位业务和信息技术高层管理者。近五分之四（79％）的受访者认为，企业已经不再孤立地应用数字技术（特别是社交、移动、数据分析和云技术），而是将其视作企业核心技术基础的重要组成部分。埃森哲首席技术与创新官保罗·多尔蒂（Paul Daugherty）表示："随着新数字化时代的到来，企业需要思考一个新的问题：当所有企业都将开展数字化作为必要条件时，如何进行前瞻性布局才能独树一帜？显然，单纯应用数字技术已远远不够。企业必须不断发掘新的技术力量来创新业务模式，为客户提供个性化体验。同时，企业领导者还需践行信任与责任等价值观，这将是企业成功的关键。"[1]在数字信息技术的推进下，经过近 20 年的发展，我国高校图书馆已经基本建成了数字图书馆服务系统。未来 5 年，高校图书馆的数字图书馆平台与资源建设、数字阅读服务与推广等将会面临一系列新的问题与挑战，需要学界与业界对高校数字图书馆的发展进行跟踪研究，感知变化，洞察趋势，为改进高校图书馆数字阅读服务出谋划策。

（二）数字化阅读

《2015 年度数字阅读白皮书》数据显示，目前中国数字阅读用户规模已近 3亿。2016 年 4 月中国新闻出版研究院发布的第十三次全国国民阅读调查数据显示，2015 年我国成年国民数字化阅读方式（网络在线阅读、手机阅读、电子阅读器阅读、光盘阅读、平板电脑阅读等）的接触率为 64.0％，较 2014 年的58.1％上升了 5.9 个百分点，国民数字化阅读方式接触率迅猛增长。其中，2015 年有 51.3％的国民进行过网络在线阅读，60.0％的国民进行过手机阅读，8.8％的国民在电子阅读器上阅读，11.3％的国民使用 Pad 进行数字化阅读，2.1％的国民用光盘阅读。对电子书报刊的阅读情况考察发现，2015 年我国成年国民电子书阅读率为 26.8％，人均电子书阅读量为 3.3 本，电子报的阅读率为 12.0％，电子期刊的阅读率为 9.4％。2015 年我国成年国民每天接触新兴媒介的时长整体上均有不同程度的提升，手机阅读接触时长增长显著，人均每天手机阅读时长为 62.2 分钟，人均每天互联网接触时长为 54.8 分钟，人均每

---

① 埃森哲. 技术展望 2019［EB/OL］.（2019-04-24）［2019-08-25］. https://www. accenture. com/cn-zh/company-news-release-localized-technology-trends.

天微信阅读时长为 22.6 分钟,人均每天电子阅读器阅读时长为 6.8 分钟,人均每天接触平板电脑的时长为 12.7 分钟①。

2019 年 4 月 12 日,2019 中国数字阅读大会在杭州开幕。开幕式上,中国音像与数字出版协会第一副理事长张毅君发布了《2018 年度中国数字阅读白皮书》。《2018 年度中国数字阅读白皮书》显示,截至 2018 年,我国数字阅读用户总量达到 4.3 亿,人均数字阅读量达 12.4 本,人均单次阅读时长达 71.3 分钟。白皮书还显示,中国数字阅读整体市场规模已达到 254.5 亿元,同比增长 19.6%,大众阅读市场规模占比逾九成,是产业发展主导力量。

《2018 年度中国数字阅读白皮书》系统梳理了 2018 年党和国家在数字阅读领域的政策部署,并从市场、内容、用户、趋势等多个维度呈现 2018 年中国数字阅读产业的发展现状、用户行为习惯以及未来发展趋势。白皮书显示,全民阅读呈现蓬勃发展态势。数字阅读用户的行为偏好随着年龄的增长而不断变化,14~18 周岁的人群偏好青春校园类题材,且呈现高时长、高频率的阅读习惯;25~30 周岁的人群偏爱职场商战类内容,人均年阅读量 13.2 本,超过数字阅读用户的平均水平。

未来,在政策的引领下,随着 5G 时代的来临与数字化进程的不断加快,数字阅读将促进用户体验的进一步提升、文化交融的进一步加速、阅读服务的进一步精细,全场景沉浸式的数字阅读更将带来更加丰富的精神食粮,使读者随时、随地、随身、随心获取专业优质阅读内容。

在数字阅读迅速普及的同时,数字阅读内容质量还存在参差不齐的问题。魏玉山认为:以手机阅读为代表的数字化阅读方式的阅读时长超过了多数传统媒介的阅读时长,但从数字化阅读内容来看,与传统的纸质阅读相比,其阅读的内容质量需要提升。在推进数字阅读走向深刻的进程中,数字图书馆可以发挥独特的作用。2007 年国际图联发布的《国际图联数字图书馆宣言》明确定义数字图书馆为数字对象的高质量在线馆藏。由此可见,高校数字图书馆在推进深度数字阅读服务上扮演了不可或缺的重要角色。根据前述两个调查报告的数据,目前我国有数字化阅读行为的国民年龄主要在 18~29 周岁、30~39 周岁之间,与高校大学生、年轻教职员工的重合度较高,随着越来越多的年轻学生与学者通过互联网获取学习与学术研究信息,对他们而言,高校数字图书馆已成为至关重要的专业数字阅读资源与服务平台。

---

① 茆意宏,朱强,王波.高校图书馆数字阅读服务现状与展望[J].大学图书馆学报,2017,35(1):85-91.

自 2000 年以来,随着移动互联网与物联网的发展,移动数字图书馆也逐渐普及。同时,各高校的数字图书馆系统还陆续嵌入各类公共互联网平台与社区,如即时通信、网络论坛(Bulletin Board System,BBS)、博客、微信、微博、豆瓣等。总体而言,我国高校图书馆已经初步形成了数字阅读服务矩阵,包括网络数字图书馆、移动数字图书馆、图书馆虚拟社区等服务平台。至 2015 年底,高校移动数字图书馆发展迅速,已有超过 93%(约 108 所)的"211 工程"院校建成移动数字图书馆,"211 工程"高校图书馆中有 83 所图书馆(约占 71%)开通了微博,"211 工程"高校中有 103 所图书馆(约占 89%)开通了微信公众服务号①。当然,我国高等院校图书馆在初步建成数字阅读服务平台的同时,也存在一些问题,比如,移动数字图书馆系统和图书馆社区的普及程度有待提升,服务功能有待改进,对大数据云计算等新兴信息技术的应用需要加强等。至 2018 年底,全国所有高校已基本建成数字阅读服务平台。

(三)数字阅读服务发展与展望

1.数字阅读服务发展

相关数据显示,近年来我国高校数字图书馆的建设也逐渐从注重系统建设、数字化资源建设转移到数字阅读服务领域,以用户为中心,利用前沿数字技术,拓展多元服务形式,包括数字资源整合与导航、移动服务、数字阅读推广、数字阅读社区等,不断提高用户的满意度。大多数高校图书馆的电子资源门户已经实现了 OPAL 和资源导航整合,建立了面向用户提供跨平台、跨数据库、跨内容的新型检索平台②。调查显示几乎所有"211 工程"高校图书馆都开通了 APP 应用软件服务,其中 86 所(约占 74%)开通了 WAP 浏览器服务,19 所(约占 6%)开通了短信息服务。在开展数字阅读推广方面,笔者通过在线调查发现,绝大多数"211 工程"高校图书馆均通过各种方式进行了数字阅读的推广,推广方式主要有数字资源宣传推广、好书推荐、微信推送文章、书评、影评、掌上阅读达人评选、创办主题论坛、馆办电子期刊等。在数字图书馆社区实践发展方面,目前国内大多数高校图书馆都在尝试提供社区性服务,但总体上仍处于

---

①　茆意宏,朱强,王波.高校图书馆数字阅读服务现状与展望[J].大学图书馆学报,2017,35(1):85-91.

②　陆雪梅."985"高校图书馆数据库服务导航现状调研与分析[J].图书馆学研究,2015(11):56-60.

探索阶段①。

从图书馆的电子资源利用统计数据看,2011—2015 年北京大学图书馆电子资源的检索和下载量逐年攀升,2015 年全年电子资源检索量达 1.8 亿次,电子资源下载量达 2773 万次;2015 年上海交通大学图书馆电子期刊全文下载量达 1700 万篇,电子图书下载量达 313 万册;2015 年南京大学图书馆数据库总访问量超过 2000 万次;2015 年武汉大学图书馆电子资源访问总量为 409 万次。

根据一些高校图书馆 2018 年的年终阅读服务数据统计报告,我国高校图书馆开展数字阅读服务的成绩比较显著。从图书馆网站主页访问统计数据看,2018 年武昌首义学院图书馆发布了 2018 年度阅读报告,主要包括馆藏、流通、信息服务、教学服务等大数据。报告显示,图书馆电子图书阅读总量近 50 万次,其中读秀学术搜索、中国知网、百链、EBSCO、EPS 以及超星成为师生最常用的电子资源。2018 年,复旦大学图书馆主页访问量达 407 万次,中国人民大学图书馆主页总访问量为 505 万次,武汉大学图书馆网站主页访问量为 771 万次。

由此可见,目前我国高校图书馆用户已经基本形成通过互联网阅读电子图书与电子期刊、查询数据库的习惯,尤其是电子期刊和数据库。

2.数字阅读服务展望

在"互联网＋"时代,网络向社会的各个角落渗透,以无比强大的力量冲击、改变、吞噬着大众身边的一切,正逐步成为无时不在、无处不在的泛在网络,人与"人"、人与"信息"、人与"服务"等各种关系也将加速重构。"互联网＋"阅读将进一步促进数字阅读的发展,在数量上,近年来国内外一系列关于数字阅读的调查报告均显示出数字阅读的快速扩展,未来数字阅读的比例将会进一步提升;在内涵上,越来越多元化的数字内容生产与出版传播技术不断催生立体、融合性的流媒体内容,数字阅读行为会逐渐与视听、体验等融合,成为立体阅读、多维阅读,阅读行为的内涵越来越宽泛。因此,在技术、内容、用户等因素的协同驱动下,未来高校图书馆的数字阅读服务将会发生更多的变化。可以预见,数字阅读服务对象、数字阅读服务技术、数字阅读服务内容和数字阅读服务策略都将发生变革,数字阅读将逐渐代替纸质阅读。

(1)在服务对象上范围逐步扩大。高校图书馆将以用户迅速增长的数字阅读需求为依据,以年轻的大学生、教职员工用户群体为重点,兼顾校内其他用户

---

① 茆意宏,朱强,王波.高校图书馆数字阅读服务现状与展望[J].大学图书馆学报,2017,35(1):85-91.

群和校外社会用户，开展数字阅读服务。

根据中国互联网络信息中心 2016 年 8 月发布的《中国互联网络发展状况统计报告》①，目前我国网民年龄结构以 10～39 周岁为主，占整体的 74.7％。根据中国新闻出版研究院发布的第十三次国民阅读调查数据，我国成年人数字化阅读方式接触者中，18～29 周岁人群占 38.6％，30～39 周岁人群占 28.1％，40～49 周岁人群占 21.1％，50～59 周岁人群占 9.1％。高校图书馆应重点面向年轻用户群体开展数字阅读服务，同时充分利用数字图书馆平台的便利性，面向有阅读需求却因时间、交通等压力无法到馆的校外用户延伸服务，既扩大了用户群，提高了影响力，也能有效避免高校图书馆面向社会化服务带来的空间不足和用户管理上的难题。

（2）数字阅读服务技术日益精进与发展。数字阅读服务利用新技术，不断改进数字图书馆系统与平台，形成功能更强大的服务矩阵。以互联网和移动互联网为支撑，充分利用云计算技术和多元智能终端，依托大数据、语义挖掘等信息技术开拓智能化的数字阅读服务。移动数字图书馆系统不断完善，数字阅读服务的智能化水平不断提高，应用新兴信息技术，利用 3D 全息投影、虚拟现实（Virtual Reality，VR）、增强现实（Aug-mented Reality，AR）、混合现实（Mix Reality，MR）等现实呈现技术为用户提供各类新型立体阅读服务，利用电子墨水技术、新型屏幕制造技术等模拟并超越纸质阅读，改进用户的数字阅读体验。

（3）数字阅读服务内容不断深化。数字阅读体现在服务内容上，图书馆将在稳定发展纸质文献的基础上，对传统文献资源全面实行数字化。在内涵上，加强对数字信息资源的挖掘与组织，满足用户深度阅读需求；在形式上，拓展多媒体信息资源，满足用户立体阅读的需求。

（4）数字阅读服务策略。茆意宏等认为，在服务策略上，高校图书馆将以用户为中心，依托各种数字服务平台和主流服务方式，大力开展融移动阅读服务、社会化阅读服务、微阅读服务、智能化阅读服务、融合服务（以多屏融合、新旧媒介融合、虚拟与现实融合）、阅读推广服务等于一体的数字阅读服务，提高高校图书馆数字阅读服务的效果和用户的满意度②。

一是建立以用户为中心的数字阅读服务机制。数字时代，用户获取内容的

---

①　中国互联网络信息中心.中国互联网络发展状况统计报告[EB/OL].（2016-08-03）[2016-08-18].http://www.cnnic.cn/hlwlzyj/hlwxzbg/201608P020160803367337470363.pdf.

②　茆意宏,朱强,王波.高校图书馆数字阅读服务现状与展望[J].大学图书馆学报,2017,35(1):85-91.

渠道越来越多元化,图书馆要提供自助化、个性化、智能化的阅读服务。

二是移动优先,不断拓展移动阅读服务。随着越来越多的用户从互联网向移动互联网迁移,高校图书馆将逐渐普及移动数字图书馆,利用智能手机、平板电脑、电子阅读器等移动终端为用户提供随时随地的阅读服务。

三是倡导社会化阅读服务。2016 年 4 月中国互联网信息中心(CNNIC)发布的《2015 年中国社交应用用户行为研究报告》提出,社交应用已成为网民生活中不可缺少的一部分,沟通交流、关注新闻热点及感兴趣内容、获取及分享知识是人们使用社交应用的主要目的。高校图书馆将会充分利用微博、微信、SNS 等各种公共的社会化服务平台或自建的用户互动平台,设立图书馆用户服务社区,即时与用户互动,既可为用户提供交流阅读心得、反映阅读需求的平台,又可从中了解用户的阅读动机、阅读兴趣,有针对性地进行阅读指导,宣传推广、交流分享各种数字阅读精品。

四是多途径开展微阅读服务。随着微博、微信、微视频等微信息服务平台的崛起,越来越多的知识以碎片的形式散布于微信息环境之中,用户直接参与碎片知识的生产与传播,在知识需求、获取、利用及交流等行为方面都发生了深刻的变化,催生和促进了微知识服务的发展。微知识服务具有内容简约、传播直接、用户易于接受等优点,高校图书馆应充分利用各类微信息平台开展微阅读服务,基于用户的需求,推荐优秀电子图书与期刊摘要、深度网文等内容。

五是提升智能化服务层次。随着移动互联网、物联网、大数据、知识组织与挖掘等信息技术的发展,情境感知服务、个性化服务、精准服务等智能化服务不断出现。高校图书馆可以利用移动互联网、物联网等技术开拓馆内外智能感知式阅读服务,提供基于用户所处实时情境的知识服务;可以利用大数据技术对高校图书馆用户需求与行为特征进行挖掘,利用语义网等知识组织技术对数字资源进行重组、聚合,针对不同的用户群开展智能推荐、个性化阅读服务,提高高校数字图书馆服务的精准度和用户的满意度。

六是提高数字阅读一体化服务的水平。集成各种技术支撑的服务方式,积极开展多屏融合服务、新旧媒介融合服务、虚拟与现实融合服务,实现数字阅读一体化服务,优化用户的阅读体验。发挥云计算、云存储和跨屏云服务的优势,在云中集中组织、分发阅读内容,并统一管理用户阅读数据,满足用户在多元终端上不断切换、连续阅读的需求。协同安排线上与线下服务,对数字阅读服务与传统纸质阅读服务进行统筹安排,打通传统阅读用户群和数字阅读用户群,满足用户在线上线下关联阅读的需求。

七是强化数字阅读推广。以熟悉数字阅读的年轻馆员和推广经验丰富的骨干馆员为核心,建立专业的数字阅读服务宣传推广队伍。通过搜索引擎优化等技术,引导用户使用高校图书馆数字资源。对馆藏数字资源与互联网上的知识资源进行收集、加工整理、聚合,通过网络推荐书目、网络文摘、网络书评、专题或热点知识推荐和链接等为用户提供知识推荐与导读。利用个性化推送技术,捕捉用户的兴趣爱好,即时将可能引起用户兴趣的内容推送给用户。围绕社会热点需求、主流用户的核心需求,主动开展专题阅读服务,通过"送上门"等多种手段吸引用户。通过社会化平台与用户互动,举办各种数字阅读推广活动,更好地满足广大用户对数字阅读的需求。发挥高校图书馆的学术资源优势,努力拓展深度数字阅读服务,进行优秀数字读物的导读、解读,引领越来越多的用户养成深度数字阅读的习惯,提高其数字阅读素养。

(5)不断提升数字阅读协同服务水平。在馆际协同服务方面,高校图书馆将不断加强建设高校数字图书馆协同服务与推广平台,充分发挥云存储、云计算技术的优势,突破一校一馆局限,实现高校数字图书馆硬件设备、软件系统、服务与数据的共建共享。通过馆际互借、文献传递、联合参考咨询、联合建库、集团采购等方式建立区域或专业系统范围内的数字阅读服务联盟。同时,可以与高校内部的教学行政职能部门、校外的数字出版机构、大众传播机构等协同开展数字阅读服务创新与推广活动。

三、图书馆书评服务

本书通过对书评含义的分析,简述了图书馆书评具有的导读功能、筛子功能、价值功能、宣传功能、教育功能和反馈功能。

在浩如烟海的信息世界里,谁来帮助读者选择其所需要的文献信息资源?图书馆书评以其独特方式向读者介绍、推荐图书馆藏书,使读者能够用最少的时间阅读到最适合其需要的文献信息。因此,分析、揭示书评功能,对提高现实图书馆书评工作具有指导意义。

(一)书评的含义

1.书评的定义

"书评是什么?简单地说,书评就是对书籍进行评论、分析,探讨书籍的内容思想性、科学性、艺术性乃至书籍的形式,从而对书籍进行价值判断,包括对书籍正面的价值判断与负面的价值判断。"[①]书评对书籍进行思想、科学艺术等各方面评论,指出所评之书的得失,进而判断其价值。徐召勋认为"书评就是对

---

① 　徐柏容.书评学[M].哈尔滨:黑龙江教育出版社,1993:5.

图书的评论""是指具体的书评作品……书评学是以书评和书评工作为研究对象,研究、探讨书评和书评工作一般规律的一门科学"①,从书评特有的性质上,指出了狭义书评概念,认为书评学是研究书评及书评内在规律的一门学科。孟昭晋认为书评包括两层含义:"一是借助大众传播媒介及时通报近期新出版的具体图书,并对其价值进行简洁的分析评议的一种文章,二是以近期新出版的具体图书为对象,报道并评议其价值与社会意义的一种文化评论活动。"②指出了书评是对图书具有宣传功效的,并且是判断其价值的一种文学体裁;同时又指出书评是一种文化的社会性活动,认为书评具有新闻性、评论性和报道性。因此,可以说书评是用客观语言对书刊等出版物的内容、意义、形式的得失进行综合评价的过程。

2.书评的特征

从书评定义可以看出,书评应具有以下几个特征:一是针对性。书评是对书刊等出版物进行的评论,是对书刊等出版物内容进行的分析、探讨,也是对书刊等出版物产生的正面影响或负面影响进行归纳,并对书刊等出版形式得失进行的总结。二是客观性。书评用言语形式对书刊内容、形式进行客观分析,真实反映原书刊的实际意义。三是评价性。一篇书评是对书刊等出版物内容、形式做出的裁决,反映出所评书刊的社会意义及它们的得失。四是信息性。书评借助大众传播媒体,把近期新出版书刊向广大读者报告。五是时效性。书评的意义在于配合新书发行,在读者还不是很了解书刊内容的前提下,对其阅读进行引导。六是指导性。通过书评文章,对书刊等出版物的内容、形式的思想性、学术性和艺术性进行揭示,对书刊价值的评价及书刊得失进行总结,使读者用正确思维方法去评价书籍的学术性和思想性。七是争鸣性。由于人们的文化层次、思维方法、认识角度及社会背景各不相同,他们对同一书籍内容的学术性、思想性及所体现的各种价值观念的认识也存在差异。

(二)图书馆书评形式

图书馆书评通过对馆藏书刊文献著录形式进行揭示,对书刊文献内容主题标引及纸质书刊和电子书刊等出版物内容进行评论,并通过一定宣传渠道向读者真实反映书刊的价值,使读者初步了解该书刊文献是否适合其需要,节省读者挑选文献信息的时间。

---

① 徐召勋.书评学概论[M].武汉:武汉大学出版社,1994:28.
② 孟昭晋.书评概论[M].南京:南京大学出版社,1994:35.

1.图书馆书评与刊物书评的区别

我们可以随意翻阅某一期刊的书评栏目,或者阅读《中国图书评论》和《全国新书目》等期刊中的每一篇书评。它们的侧重面是对所评书刊内容、形式、价值的评价,针对所有的读者,揭示该书的艺术价值或学术价值。而图书馆书评是对馆藏书刊文献进行评论,不仅具有导读作用,还应该向读者指明该书刊文献在图书馆所在的位置,即导向性。图书馆书评的最终目的是使读者充分利用馆藏的书刊文献资源,提高书刊文献利用率。因此,图书馆书评揭示该书刊文献的分类号、主题词、著作、出版社、出版年月、出版形式,是图书馆书评外在特有表现形式。其次是书评阅读对象不同。图书馆书评面对的是图书馆读者,书评的真正目的是把图书馆书刊文献推荐给读者阅读,使该书刊文献发挥最大功效,最大限度激活书刊文献的价值。因此在揭示其内容时,主要是反映书刊文献的"得",真实体现书刊学术价值和社会意义。而书商及期刊上刊载的书评,面对的不仅是读者,还有其他出版社,揭示书刊内容不仅要体现学术价值和社会意义,还要体现该书的"失",把书刊内容的不足之处表达出来,"得""失"并举,增强书评的可读性和反馈性。

2.图书馆书刊文献书评与书刊文献介绍关系

图书馆书评不仅是向读者揭示书刊文献内容、思想最广泛、最常见、最活跃、最普通的一种读者文化评论形式,而且也是一种创作过程。这些书刊文献评论以图书馆馆藏为前提,积极向读者推荐、宣传,引导读者更好地利用书刊文献资源,以提高馆藏书刊的利用率,发挥馆藏文献的价值。书刊介绍是介绍书刊内容的。一本图书或一种期刊都有其出版意图,书刊中的序跋往往有图书的内容介绍,期刊在编辑时都有其指导思想。

因此,图书馆书评不应该排斥书刊文献内容介绍,不要把书刊介绍和书评对立起来。应该说书刊内容介绍是书评的先行者,介绍为评论服务,必要的介绍文字使评论更有说服力,使读者更好地理解和接受。但书评和书刊文献内容介绍不能等同。因为书评是对书刊文献的二次创作过程。书评虽然源于书刊文献内容介绍,以书刊文献内容为对象,但书评内容高于书刊内容介绍,在揭示所评书刊的学术价值的同时,书评本身同样具有学术价值。

(三)书评功能

1.导读功能

书刊文献通过书评文章影响读者是否阅读的倾向。一篇高质量的书评会激发读者对该书的阅读愿望和向往。因此,假如图书馆在写书评过程中,能做到"新、深、真、准、活"①,对读者导读更有效果。所谓"新",就是要有新的观点、新的视角、新的思维方式,有助于启发读者通过自己的阅读实践有新的发现。所谓"深",就是要有深刻独到的见解。一篇深刻独到的书评所挖掘出来的东西,有时候就连作者在撰写该著作时也不一定可以完全清醒地意识到。在一般的情况下,读者也往往不是一下子就能发现的,这样的书评对读者来说,读与不读是不一样的。所谓"真"就是要有真知灼见,真情实感。所谓"准",就是准确,也就是实事求是。对所评书刊内容进行有理有据的恰如其分的分析,让读者信服。所谓"活",就是语言文字生动活泼、富有艺术魅力。

图书馆书评导读功能具体体现以下几个方面的含义:一方面是指导读者阅读。通过书评文章,指导读者怎样去阅读、理解书刊文献内容的思想内涵及学术价值。另一方面是吸引读者阅读。图书馆运用各种手法,把书刊中新的观点、新的思维方式、评论人独到见解融入书评当中,精确反映所评书刊文献的各种含义,使读者阅读书评后很想阅读所评书籍。

2.筛子功能

作家萧乾在其所著《书评研究》中,把书评称为"文化的筛子"。"这里所谓'筛子'的作用,似乎不要理解为即是选拔优秀或者剔除劣质的法律的作用,而是理解为分门别类……"②的确,图书馆对本馆书刊文献的评论,可以对读者选择书刊起到一定的帮助。读者通过阅读书评,可了解所评书刊文献的学术价值和思想内涵,判断自己是否精读、泛读或者不读,对阅读起到筛选功效。

因此,筛子功能也可称为选择功能,就是通过书评使读者决定是否阅读所评书刊。所以,书评切忌平淡泛泛的介绍。在着重做好该书刊文献评论的同时,还应该做好该文献与同类书刊文献的比较,让读者有一个正确选择参考的机会。

3.宣传功能

图书馆书评宣传功能包含两方面的含义:一方面通过图书馆书评使读者知道所评书刊文献本馆收藏情况,无论哪种类型的图书馆,每年都要购买大量的书刊文献资料,而读者不可能了解图书馆所有新进的图书文献。如果不及时进行报道、揭示、宣传,就会造成读者利用文献的盲目性,浪费读者查阅书刊文献的时间,致使馆藏文献的利用率降低。另一方面通过书评对具体图书的思想性、艺术性的广泛分析,客观、真实地反映所评书刊文献的本来面貌,揭示图书

---

① 曾奕禅.一篇好书评应有的要求[J].中国图书评论,1995(2):63.
② 李白坚.书评的文化结构与文化功能[J].中国图书评论,1999(7):61-63.

的内在价值。即使读者没有阅读所评图书,书评在舆论中也会不知不觉地对读者产生影响,再经过读者之间的相互交流与推荐,达到其他读者利用该书刊文献之目的。

4.价值功能

价值功能包含三层含义:一是揭示书刊文献内容的价值。通过书评真实反映其自身的实际价值。二是书评自身价值。书评虽然源于图书内容,但也是对图书内容的再创作。通过对书刊内容的剖析,不但能使读者了解书刊文献内容的学术性和思想性,而且能通过书评了解作者自己很难体悟到和读者不易觉察的学术内涵和思想内涵,使读者感到读书评和读书刊一样重要,体现书评真正的魅力。三是读者主观价值的体现。图书馆书评的导向,一方面能使读者根据书评所导引的思维方式、评判方法,对所评书刊文献进行利用,认真阅读后,形成自己对该书的认识体系;另一方面读者通过图书馆书评的再创作,对在阅读过程中易忽略的、难体会到的学术价值和思想内涵以及书刊的不足之处有一个综合了解,使自己能更全面、更客观、更科学地形成对该书刊的认识,形成科学的价值观和认识方法体系。

5.教育功能

教育功能体现两个方面的含义,一是思想教育性。一篇好的书评,不仅要揭示书刊文献中正确的思想体系,而且还要表达正确的社会主义价值观和世界观,使读者不自觉地接受书评思想影响。二是学术教育性。图书馆不可能对所有馆藏书刊文献都写有书评,只能对具有代表性的书刊文献进行评论,这些书刊应该是各学科学术性的高度概括和总结。通过书评的推荐和宣传,根据书评的引导,读者可在指导下阅读和理解书刊文献的学术内涵,在阅读过程中,不断地提高自己的文化层次和学术水平,以求达到自己理论水平的提高和研究能力的加强。

6.反馈功能

图书馆书评的反馈功能就是书评通过信念输出,经读者阅读利用,把读者的阅读心理感受和建议向图书馆反映的过程。

图书馆书评的方法和标准不是一成不变的,可经过不断的工作实践逐步完善。经过读者的阅读,一方面图书馆可以有目的地向读者征稿,通过读者写读书心得体会,在提高读者思想认识,加强思想修养的同时,吸取他们当中优秀的书评方法和标准,使图书馆书评更加完善。另一方面通过读者的反馈,了解读者的阅读倾向,图书馆根据读者的阅读要求,指导图书采访,满足读者的阅读需求,提高馆藏利用率,改善馆藏结构,形成特有的馆藏特色。

(四)书评撰写

1.提升自身素质

图书馆做好书评服务关键在于提高馆员书评撰写能力。为做好书评服务工作,图书馆要培养馆员的书评意识与洞察力,通过自我积淀,提升书评撰写质量。

一是培养书评意识。书评要以全局性眼光审视一部书,不仅要对书的政治性、学术性、思想性进行高度概括,还要对书稿的创作背景、社会意义、市场价值、作者的创作风格、写作特点等进行了解和分析。同时在细节处理上,要注意注释、图说、度量衡单位之类的格式是否正确统一,用词、标点是否有不妥之处,是否有知识性错误等方面。

二是培养敏锐的洞察力。书评写作形式多样,可从内容入手,针对思想水平、理论创新、写作手法等方面评论;可从创作背景、社会影响着眼;也可以作者的创作风格、作品背后的故事为切入点,以情动人。不管哪种撰写方法,其目的就是要以新颖的视角、独特的思维、巧妙的切入点发掘所评图书的不同寻常处。这和选题策划、营销策划相似,都是提炼亮点,编辑在选题、营销策划中的创意也是撰写书评很好的素材。这就要求编辑具有敏锐的感知力、洞察力。

三是自我积淀,保证书评质量。书评不应单讲优点,所谓"评"即客观地评论、评价。有的编辑对书评有种误解,认为书评就应该肯定、拔高,讲不足就是在否定,这就违背了书评的价值和意义。一味吹捧只会消解书评的评论功能。

要写出一篇含金量高的书评,编辑要具备批判性的分析能力、超然的眼光,以及卓越的表达能力,甚至要比作者站得更高、看得更远。编辑要有能力针砭所评图书、针砭作者,给作者以指引甚或警醒和思考,这就要求编辑有足够的高度和深度。1975年钱钟书先生的《管锥篇》初稿完成,请中华书局编辑周振甫审读。周振甫对书稿进行了审慎的校勘并做出了敏锐而准确的评价,写了详尽而精准的审读报告。钱钟书先生仔细核查周振甫提出的疑问,对周振甫感佩不已,由中华书局出版的《管锥篇》在序言中说:"命笔之时,数请益于周君振甫,小叩辄发大鸣,实归不负虚往,良朋嘉惠,并志简端。"写书评和写审读报告一样,是在严谨审慎地和作者有效沟通,编辑对所评图书的研究领域应有深刻的认识和理解,这样才能看到问题的本质,实现书评的意义。编辑应逐步提高业务水平、审美水平、知识储备,实现自身增值,慢慢沉淀,自我成长。

2.书评撰写方法

书评,简而言之,就是对一本书的综合评价,可以架起读者与作者之间的桥梁，能够激发读者阅读的兴趣，更好地理解作品内涵。

书评的对象是书，写书评的时候不要过多去写作者，简要介绍作者、作者的经历和写书的背景与触发点的目的是为了让读者更好地了解书；写书评的时候不要写太多自己的感悟，每个人的感悟不一样，可以在书评中适当穿插一些自己的感悟和观点，这是为了引起读者的共鸣。

所以，书评不客观的话，如果褒扬过了，会让读者失望；如果贬抑过了，会让读者反感。书评要遵从书的事实，书中有的才写，书中没有的不要画蛇添足。

因此，撰写书评，一是要了解作者。不了解作者，就不可能了解作者的书。所以，要写某一本书的书评，首先要了解作者，熟悉他的经历成长和心路历程，才能从宏观上把握作品的脉络，准确地理解作品的精髓。怎么了解作者？可以通过网上查找资料、看有关作者的介绍或者作者的自传，有条件的可以直接与作者对话沟通。二是要读懂作品。不读懂作品，不要妄言书评。读懂作品，往往读一次不够，需要二次三次或许更多次才行。匆忙下笔为了完成任务而写的书评，难免有失偏颇。怎么才算读懂作品？即不但能够从宏观上把握作品的中心思想、思路脉络，而且能够准确地描述作品的亮点与不足，还能感知作者的弦外之音。三是要了解书评阅读对象。在写书评前，要知道写的书评是给谁看的。一般来讲，除非写给专业人士看，我们的书评要写得言语通俗、言简意赅、有可读性。少从技术层面去分析作品，而应从读者角度去写书评，并尽可能让读者读了书评后能对一本书有直观的印象。所以准备写书评前要弄清阅读对象。四是要重视书评布局。书评的开篇可以用一本书最有悬念的部分或者最精彩的部分来吸引读者，也可以采用叙述的方式来逐步勾起读者的兴趣，这里的叙述不是淡而无味的，而应在平中见奇。要以写书评的缘由为契机，简单地描述一本书的成功之处或者引人入胜的地方，通过介绍作者和作者写书的缘由，让读者更好地理解书中的内容，并经过对整部书进行概括和亮点的描述，突现全书的主体观点与骨架，引起读者对一本书的兴趣。

书评不仅仅是专业文化评论人的工作，图书馆馆员也应该重视书评工作，有意识地提高撰写书评的能力。为做好书评服务工作，更要提高自身审美水平、完成文化积累，以提升自身书评素养，培养敏锐的洞察力。通过撰写书评的制度化，充分发挥书评对图书馆阅读工作的推动，为促进全民阅读创造良好的条件。

第六章　图书馆信息素养教育

现代信息技术、网络技术与智能化普通应用于图书馆,改变了图书馆工作方式与方法,拓展了图书馆信息资源利用的途径。针对现代信息资源存在状态与利用信息资源的途径及教育职能内涵的分析,提出针对用户进行信息素养教育,通过运用先进教育方法和有效的教育途径,构建科学的信息素养教育模式与建立高素质的教育队伍,实现图书馆的教育职能,提高读者的信息利用能力与水平,实现图书馆信息资源的价值。

第一节　现代图书馆教育职能内涵

本节分析了高校图书馆教育职能的历史地位与特征,阐述了新世纪高校图书馆教育职能的特点,同时提出了实现高校图书馆教育职能转变的措施。

一、高校图书馆教育职能的特征

1981 年、1987 年的第二、三次全国高校图书馆工作会的主题报告中提到:"图书馆要配合学校对学生进行四个方面的教育,即配合学校思想政治工作对学生进行思想教育;配合课堂教学进行专业教育;扩大学生知识面进行综合教育;对读者进行利用文献的教育。"这恰当地反映了 20 世纪 80 年代和 90 年代高校图书馆的工作性质,体现了图书馆教育职能在高校教育中的地位。

(一)高校图书馆教育职能的辅佐性

强调高校图书馆是高等教育一个有机组成部分的同时,也道出了高校图书馆教育的辅佐地位,即配合学校思想政治工作对学生进行思想教育,配合课堂教学进行专业教育。因为高校图书馆教育职能的体现不是直接面对学生进行传道、授业、解惑,而是通过利用图书馆拥有的图书文献资料体现的。

(二)高校图书馆教育职能的局限性

高校图书馆配合学校对学生进行四个方面的教育,是针对本校学生进行的,存在着借阅局限性。即高校图书馆的工作活动局限在本校范围内,图书馆社会化只限于理论,馆际互借进行资源共享的大图书馆没有真正形成气候,这里有人为因素,也有技术因素。

(三)高校图书馆教育职能的被动性

高等学校教育的主体是课堂教育、教师讲解、学生听录。教师在课堂讨论、解惑与布置阅读有关的参考书,学生在课余利用图书馆有关的教学参考书及自己感兴趣的学科文献资料,以求专业知识的掌握和自身知识结构的调整。学生对图书馆文献资源的利用一定程度上受制于教师的引导、教材的编制等因素。学生不是很自觉地、主动地到图书馆查询、借阅有关文献资料,图书馆工作人员也只是被动地提供对读者的服务方式,体现了图书馆教育职能的被动性。

(四)高校图书馆教育职能的单一性

尽管有些信息技术已为图书馆所装备,在实际当中有些读者已经掌握运用信息技术查阅有关信息文献资料的方式,但由于师生没有加强信息素养方面的教育,信息意识还比较差,高校图书馆是高校教育第二课堂的本质没有改变,图书馆馆员在工作服务过程始终处在单一地提供图书馆信息资源的地位。图书馆教育职能没有拓展和深化,没有真正把开启信息资源宝库的金钥匙交给读者。

二、高校图书馆教育职能的转变

21世纪将是集开放教育、互动教育、创新教育、终身教育于一体的崭新时代,从而使得高校图书馆随母体教育模式、教育特征的变化也将产生根本的变化。它将由传统型图书馆走向数字化、电子化、虚拟化、信息化的智能型图书馆,扩大图书馆教育职能的内涵。

(一)教育职能从线型向立体型转变

传统的图书馆教育职能是一个物化的单一模式。它由文献的收集、标引、流通、检索咨询等流水工作作业来完成图书馆对读者的教育,在简单的劳动中体现图书馆的教育职能。由于现代信息技术的介入,未来图书馆向读者提供的不再仅仅是本馆的馆藏文献信息,而是通过各种途径和现代化技术手段获取的世界范围内的信息。针对这种全球化的信息资料共享,图书馆工作体系必然被打破。虽然各个图书馆在将来一定时期内会保留传统工作流程,但这只是作为图书馆工作的一个方面。读者可以利用教学电脑、家庭电脑终端,通过网络检索学校图书馆的文献资源。高校图书馆文献资源被利用的多元化、立体化,将使图书馆教育性从线型向立体型转变。它拓展了高校图书馆教育职能实现的渠道,达到了对读者提供多元化服务方式、满足各层次读者教育需要的目标。

(二)教育职能从单一性向全方位性转变

过去高校图书馆的服务对象集中在教师、学生、学校的教学机构和科研机构中,服务对象单一,利用信息资源相对单调。21世纪高校教育是开放教育、终身教育,首先体现为本校师生对信息资源由原来单纯的学习、研究型逐步扩大到对有关政治、经济、教育、金融投资、医疗卫生、商品营销、文化体育、休闲、娱乐、旅游等各方面的文献信息资源的利用。其次,社会机关、团体、企事业各层次的人员,可以通过网络点击学校图书馆的网点,搜索图书馆有关的文献资料。最后,在利用文献资源过程中,随着科技不断发展,信息量、知识量激增,学科互相渗透,一所学校图书馆的文献资料是相当有限的,满足不了用户的需求,通过网络可不受地域、空间的限制,利用计算机技术、通信技术和网络技术等信息技术对其他图书馆信息资源进行检索与利用,以求得到自己所需求的信息。

(三)教育职能从时空局限性向开放性转变

由于课堂教学观念被打破,学生利用图书馆的传统观念将同样被打破。传统图书馆对读者的利用有严格的时空限制。图书馆自身限制读者利用图书馆文献资源时间,自身限制文献资源的充分利用,使图书馆教育职能未能充分体现。随着信息技术的发展,远程教育普及,图书馆不但要把所有的馆藏文献资料向所有读者开放,还要无限制对所有读者开放。所谓无限制就是没有利用文献资源的时间限制和读者群限制,以求满足读者随时访问图书馆、利用图书馆文献资源的需求。

(四)教育职能从辅佐性向主导性转变

如果说20世纪高校图书馆教育职能体现在配合学校教育的四个方面,那么21世纪由于高校教育模式、教学方法的变化,图书馆职能正从配合、辅佐教育地位向教育职能的主导地位转变。

课堂教育逐渐衰退,图书馆教育职能内涵扩大。课堂教育是 20 世纪高校教育的主体,在教育过程中占据主导地位。现在这种教育模式被认为是禁锢学生创新能力的、教条的教育方法。虽然新世纪高校以教学与科研为中心的主题没变,但进行教学活动的形式、方法及发生关系产生了变化,取而代之是建构教学模式和创新教育模式。未来学生不把课堂当作学习、创新知识的场所,而当作讨论问题的地方;把学校图书馆当作学习新知识、创造新知识的锻炼场所。可以说 21 世纪,有些课堂教育的功能已退化,有些对学生的教育功能已转移到图书馆工作上,由图书馆提供文献资源服务来完成对学生的教学任务。

教师主导性退化,图书馆馆员职能显见。由于建构教育模式在大学的普遍推广、实施,教师已不是课堂教学的传授者,而成为课堂问题讨论的组织者。学生接触时间最多、影响学生学习最直接的是图书馆馆员。一方面图书馆馆员的广博学识、师者风范时刻影响学生,另一方面通过图书馆馆员精确、及时提供学生所需要的文献资源,使学生达到事半功倍的效果,能真正意义上培养学生的个性化、创新意识,起到指路明灯的作用。当然不是说新世纪高校不需要教师,而是教师教育职能需要调整,由反复讲授知识的广播者,变成课堂问题讨论的激励者和协助者。同样,图书馆馆员对读者教育形式也需要调整,由原来被动教育到主动教育角色转变,由原来辅佐教育到主导教育职能转变。

三、实现高校图书馆教育职能转变的措施

通过信息技术来改变高校图书馆工作方式、方法和文化传统将是缓慢的过程。为顺应时代发展需要,图书馆应该在服务方式、服务战略上及时调整,有超前意识,才能走在时代的前面。

(一)强化高校师生的信息素养教育

"信息素养就是发现自己的信息需求。并据此寻检、判断、组织和使用信息的能力。"学校课堂教学的衰退,必然要强化学生的自学能力和提高自我知识的组织能力,掌握如何进行学习的学习方法、学习怎样学习的技能。这里需要解决两方面信息素养的培养。一方面是教师,另一方面是学生。教师和学生在信息素养培养方面各有不同,教师侧重在信息和科技高速发展环境中有效地组织文献资源、学习新知识、战胜各种困难的能力培养,而学生则侧重培养利用学校图书馆先进的信息技术处理设备和信息资源辨别能力的教育,使他们有效地利用图书馆现有文献资源,使图书馆文献资源得到充分地利用,同时加强学生对各种文献的检索能力,培养学生实际操作技能和方法。

(二)加速高校图书馆智能化进程

通过先进的信息技术、多媒体技术、通信技术,利用图书馆的文献资源建立庞大的文献资料共享体系,从而促使本馆的各种类型的文献资源智能化。为此必须充分地挖掘馆藏印刷文献信息资源,充分地开发缩微型、机读型文献资源,并利用先进的电子技术及数字技术,在信息网络协作下,经过馆员的组织把本馆的文献资源送到网上,把图书馆的所有文献通过智能化处理变成电子文献和网络文献,从而使得人们获取信息资源方便、快捷,实现高校图书馆教育职能高效、全面。

(三)建设高校图书馆特色的文献保障体系

高校图书馆是通过馆藏文献和读者利用图书馆信息技术设备查阅文献资料发挥其教育职能的。其发挥作用效能大小要看馆藏文献保障体系是否完善。一个图书馆建设文献保障体系目标应为:"建立现实馆藏和虚拟馆藏相结合,印刷型文献和各种文献载体相结合,文献检索和原始文献提供相结合的文献资料优势互补与资源共享的保障体系。"

拥有传统文化的图书馆馆藏文献资料体系。在信息时代,凭借一个图书馆想收藏大量的图书文献资源这种"小而全""大而全"的实物收藏服务思想及强调拥有多少藏书的理论,将失去意义。取而代之是根据本校教育特色、特点,收藏专业性强、使用率高、时效性好的实物文献资源,以防止信息资源陈旧重复、形象不佳、缺乏吸引力等现象的出现。搞好有特色的传统图书馆馆藏文献资源的收集存储、加工、整理、流通、检索咨询等工作是信息化、智能化、网络化环境下图书馆工作的重要补充,也是体现高校图书馆教育职能立体性的一个标志。

开发有特色的虚拟馆藏文献资源体系。开发有特色的虚拟文献资源一要依据高校自身特点,二要依据读者使用文献资源情况,有目的、有步骤地开发。高校图书馆教育职能体现如何,教育质量如何,跟开发有特色的虚拟馆藏文献资源有直接的联系。虚拟文献资源开发是通过购买获得网上使用权,通过馆员对网络资源进行加工整理,使之有序化,以满足读者的文献需求的过程。因为网络文献资源中有大量冗余信息、不稳定信息充斥其中,只能由图书馆馆员对网络文献进行重新加工、整理、序化,不断地筛选,并采用读者经常使用的检索方法,使读者快捷地利用网络文献资源。

(四)转变图书馆馆员教育模式

21世纪高校图书馆馆员是信息馆员、知识馆员、网络馆员，说明图书馆是信息服务的主体，是信息的组织者、再造者，是知识创新的推动者，是知识应用的传播者，同时也是读者的学习组织者和良好道德规范形成的直接教导者，因此，必须转变图书馆馆员教育模式。

一方面要调整馆员个人的知识结构。在强化馆员信息处理能力和组织能力的同时还要加强馆员对教育学、读者心理学等知识的掌握。即必须掌握一个普通教师必备的一些教学方法和读者导读心理常识，使图书馆馆员利用现实文献资源和虚拟文献资源为读者提供信息文献资源时，更好发挥教育性，满足读者自身素质提高的各方面需要。另一方面要调整图书馆整体人才层次结构。只有这样，才能为新世纪高校图书馆教育职能内涵的扩大奠定坚实基础。

第二节　用户信息素养的培育

通过对复合图书馆特征及信息素养含义的分析，指出复合图书馆用户信息素养的内容，明确用户信息素养教育的目标，并提出实现信息素养教育目标的主要途径。图书馆用户教育是图书馆工作过程中的重要研究课题，正如徐引篪、霍国庆所说，促进人的全面发展是图书馆的最终与最高目标。只有提高用户信息素养，才能最终把复合图书馆所收藏的或经过馆员开发的信息资源提供给用户充分地利用，并使其转化为社会效益和经济效益，推动社会文明的进步和科学技术的发展，实现图书馆信息资源的价值。在新时期，除了极少数图书馆可以维持传统图书馆形态或转变成为全部的数字化典藏之外，大多数的图书馆将面临构建复合图书馆的情境和挑战。

一、信息素养内涵

由于图书馆的馆藏、服务、管理方式的转变，要求用户在研究、学习、交流、决策和解决问题等利用信息资源的活动过程中，既能够从现实馆藏查找文献信息资源，又能够从虚拟馆藏中检索、存取、评价和运用合适的信息资源，使用户能准确、全面地判断信息的现实价值及掌握各种检索途径和检索方式，学会各种信息资源的存取方法及在思考问题和解决问题时善于使用有效信息。用户要学会组织、发现和使用在复合图书馆形态下的信息资源，就必须要进行复合图书馆存在形式的信息素养培育，以求有效利用复合图书馆的信息资源。

(一)复合图书馆的主要特征

所谓复合图书馆就是虚拟图书馆与传统图书馆之间的复合,即信息资源经过数字化处理,借通信网络使全球信息资源整合在一起,以及通过以纸质、光盘、磁盘、音像带等为载体的传统手段传播,实现多方位、多形式为用户提供信息资源和服务的混合模式。因此复合图书馆具有以下特征:

一是复合图书馆是经典传统意义下图书馆的服务场所,即复合图书馆可直接为用户提供信息资源,帮助读者获取知识和交流知识。

二是复合图书馆是虚拟空间,通过互联的计算机网络,经过信息资源数字化处理,把分布在世界各地的数据库和知识库有组织地连接起来。它打破了时间和空间的限制,只需用户点击图书馆网页,就可获取其所需要的信息资源。

三是检索途径方式多样化,实现了传统的检索方法和现代智能化检索方法的有机结合。传统形态的图书馆信息资源检索是通过对关键词和其逻辑思维形式(如分类、主题、作者、题名等索引和书目)及通过馆员整理、加工的文献的利用,使用户获取所需的信息资源。虚拟馆藏是通过智能或人机交互方式检索信息。以人工智能或以知识为基础的检索方式,使读者可以通过自己的语言方式,不断地与系统进行交互,获取自己所需的信息资源。

四是信息资源结构网状化,即现实馆藏的信息资源的顺序排列,线性方式与虚拟馆藏的信息资源无序化,信息资源以超文本技术组成信息资源相互联系的网状结构。

(二)信息素养内涵

美国学院和学校协会南部分会的学院委员会认为:信息素养是指具有确定、评价和利用信息的能力,可帮助学生成为独立的终身学习的人。纽约州立大学图书馆馆长理事会认为:信息素养就是能清楚地意识到何时需要信息,并能确定、评价、有效利用信息以及利用各种形式交流信息的能力。孙建军等认为:信息素养是属于人文素质的一部分,是在人文社会的信息知识、信息意识、接受教育、环境因素等影响下所形成的一种稳定的、基本的、内在的个性心理品质,它有明显的外在表现。信息素质的内涵既包含理论知识素养,也包含信息实践能力、利用信息的治学能力和应用信息的分析问题、解决问题的能力。

从以上信息素养内涵中可以看出,具有信息素养的人具有的最基本的素质是信息处理能力。具有信息处理能力应包含以下几个方面的含义。

(1)了解信息:掌握信息知识,提高信息意识。

(2)确定信息:有效地认识自己所需要的信息。

(3)存取信息：通过有效的检索、分类策略，利用各种信息源的信息。

(4)评价信息：对现有的信息做出正确估计与评定。

(5)掌握信息：掌握各种形式的信息，进行各种形式的信息交流。

(6)生产信息：组织已有信息应用，在实际当中形成新的信息。

(三)复合图书馆信息素养教育的目标

通过对信息素养内涵的分析，笔者认为复合图书馆用户信息素养教育的目标应该是通过掌握信息知识，利用有效的信息资源，形成对现有信息资源进行交流、组织和评定、形成新信息的信息处理能力。从信息素养教育目标定义可看出，信息素养教育目标包含以下几个方面含义。①信息知识教育。包括信息理论、方法与技能。②利用信息教育。即掌握与熟练使用各种信息工具、信息手段获取所需信息的能力。③评定信息教育。提高信息意识及信息判断能力，培养信息活动中信息行为的自主性和独立性。④终身学习，形成新的信息教育。信息素养教育的终极目标就是利用现有信息生产出新的知识，形成新的信息，推动科学技术的进步和社会的发展。

二、复合图书馆的信息素养教育内容

复合图书馆是传统图书馆与虚拟图书馆并列发展的现代图书馆存在形态，相对于用户的信息素养教育，主要是对复合图书馆提供的服务的认识和利用能力的培养，即对复合图书馆的信息资源认识能力，以及现实馆藏的信息利用能力和虚拟馆藏信息技术处理能力的培养。

(一)复合图书馆信息认识能力的培养

充分认识复合图书馆、信息资源基础理论、信息资源组成形式等是用户利用信息资源的前提，也是用户信息素养养成的前期教育，只有用户对复合图书馆信息资源有充分认识，才能在具体利用信息资源的过程中具有针对性。具体包括三个层面的教育：①复合图书馆信息资源的组成、信息理论、方法与技能的教育；②复合图书馆信息意识教育，其中包括信息主体意识、信息传播、信息更新等教育；③信息观念教育，如信息道德、信息价值观、信息法律等，核心是信息价值观教育。

(二)现实馆藏信息资源利用教育

用户对传统图书馆的馆藏信息资源的认识，可通过对其进行现实馆藏的书目指导,使其熟悉信息组成方式及信息的排列,以求达到对信息资源的利用。主要内容包括:①了解现实馆藏信息资源的排列体系及现实馆藏的信息资源的分类体系;②掌握各类现实馆藏的检索方式;③掌握现实馆藏信息资源的检索途径与方法。

(三)虚拟馆藏信息技术处理和利用教育

复合图书馆虚拟馆藏的信息技术处理能力的教育,不仅要培养用户使用现代化的信息资源处理技术设备及一些技术问题,还要教育用户通过了解信息处理技术,认识复合图书馆的服务内容和提高利用信息资源的综合能力。其内容包括:①虚拟馆藏的发展形势及信息资源的内容。②虚拟馆藏的信息技术基础。包括信息检索引擎,虚拟馆藏的数据库建设,如数据库中的知识发现技术、数据挖掘技术、智能检索技术;网络资源的技术基础,如网上自动标引;多媒体的格式与应用,如超媒体数据模型、动态链技术、查问语言、通信协议和互操作性等。③虚拟馆藏的知识组织。④虚拟馆藏的信息存取与利用,包括虚拟馆藏的利用、信息资源评价和信息的加工处理等。

三、图书馆用户信息素养教育的主要途径

为实现用户信息素养教育的目标,落实复合图书馆用户信息素养教育内容,使信息资源被用户充分利用,图书馆可以主要采用以下途径:

(一)建设图书馆指引库

充分利用现代信息技术制作电子光盘及虚拟互联网络的开放性、交互性和大量数据存储特性,建立馆藏信息资源指引库,有针对性地把用户指引到特定的数据库或具体的文献库中,获取其所需要的信息资源。指引库的建立要按照方便检索的原则,用户熟悉的语言组织起来,向用户提供复合图书馆资源分布的情况,指导和引导用户查找。首先,复合图书馆应设立学习主页。要求首次利用复合图书馆的用户先进入学习主页,通过学习主页中的主题浏览索引,学习检索途径、套录和信息资源的存储文件,熟悉复合图书馆的现实馆藏和虚拟馆藏信息资源的分布情况,使用户尽快进入角色,充分利用复合图书馆中的信息资源。其次,建立网上用户教育的计算机辅助教学软件。通过制作用户教育网页,介绍现实馆藏参考工具书使用方法,包括一般性的信息检索知识和特殊文献信息的查询方法、图书和期刊论文的查找方法,以及引文分析;虚拟馆藏的信息资源检索方法,包括主题检索方法,信息资源的评价等。再次,制作虚拟

信息资源的检索网络图表。由图书馆信息技术专家,对虚拟信息资源检索中的智能检索技术,数据库中的知识发现技术,网上自动标引,动态链技术,超媒体数据模型和 web 技术,运用流程图表形式表现检索方法,使用户易掌握、易使用。例如利用 web 技术,使图书资料信息在 Internet 上发布,通过跨平台的www 技术、中间件网管技术、动态链接库(DLL)、CGL 技术以及 Java 技术,在原有资料管理系统中加入 Internet 功能,使用户可以通过 www 浏览器访问原有的管理信息系统:浏览器—web 服务器—CGL/Java—资料数据库管理—数据库接口。又如数据库中的知识发现技术是从大量数据中发现有用知识的高级处理过程,这里我们所说的知识指精确抽取大量数据中隐含的预先未知和潜在的有用信息资源:数据库—目标数据—预处理的数据—模式—知识(信息资源)。

(二)大学生的信息素养教育

利用先进的教育方法,正确设计学生利用复合图书馆的教学大纲和教学内容,通过文献检索课教学和计算机信息检索课教学,运用课堂教学与具体实践相结合的方法,使学生掌握现实文献资源检索方法和利用途径及网络信息检索的基本原理、技术和检索方法。学生可运用所学原理进一步掌握信息的收集、整理、评价信息资源的方法和技能。在这方面,笔者为深圳大学图书馆信息检索课教学大纲和教学内容设计做得比较成功,很多地方值得借鉴和学习。

(三)建立信息素养教育的人员队伍

建立专门信息素养教育的教师队伍、网上教育网页制作和虚拟馆藏信息资源检索图表设计的专业队伍是提高用户信息素养教育水平的关键,要让他们能充分发挥各自特长,承担起信息利用基本原理的教学工作、专业检索工具的教学工作及网络信息资源开发的引导工作。

第三节　知识图书馆教育创新

通过对知识经济、现代教育形势、我国教育现状等方面的论述,提出实现教育创新的必要性。通过教育创新,改革当前我国教育事业,应从打破传统观念、培养学生的创新意识,营造一个创新的教育生态环境,改进教学方法,进行必要的课程改革等四方面入手,以达到适应知识经济社会所需要的创造性人才的培养。

知识经济是以知识为基础的经济,是建立在知识和信息的生产、分配和使用之上的经济。其基本生产要素是知识与信息,而知识内涵指科学技术知识、社会科学知识,主要是高新技术和科学管理知识。可以说在知识经济的社会中,经济增长不再取决于物质资源、资本及硬件的数量和规模,而是主要取决于知识或科技积累和运用。资产投入的无形化,竞争的主要对象是以知识与人才为主要特征的知识经济社会,决定了教育是知识经济社会的先导性基础产业,因为教育是人才培养的最重要途径。知识和信息的生产、传播和使用需要教育,创造性人才的培养靠的是教育。在进行教学活动过程中,教育的目的就是教会学生在掌握好扎实的基础知识的同时,发展和创造新的知识。发展和创造新的知识的教育方式的基础是培养学生的创造性思维,营造培养创造性思维的环境,使学生的思维得到充分发挥,以提高学生新知识生产、传播、接受、使用的能力。培养学生的创造性思维,必须大力发展创新教育,创新教育是知识经济时代明智的选择。

一、创新教育是知识创新的必要条件

以"知识为基础的经济"[①]是以知识创新为主要特征,以创新为动力的经济。谁在知识创新中领先,谁就在知识经济竞争中占优势,而知识创新靠人才的培养和引进,人才的培养靠的是教育。为此,创新教育首先要确立创新意识。江泽民主席 1988 年在新西伯利亚科学城的精彩演讲中指出:"要迎接科学技术突飞猛进和知识经济迅速兴起的挑战,最重要的是坚持创新,创新是一个民族的灵魂,是一个国家兴旺发达的不竭动力。"[②]一个国家、一个民族没有创新意识,那么国家发展、民族兴起等于一句空话。培养学生的创造精神、创新意识和创新能力,是知识经济社会的需要。其次,创新教育是营造一个创造新知识与信息的最有效通道,给人类带来一个新的文明,以推动人类社会的发展为前提,是促进经济发展的基本条件。无论是美国"硅谷"对世界的贡献,还是"微软"公司神话般的成就,靠的都是对新知识的不断改造和创新。因此可以说知识经济的竞争是人才竞争,人才竞争就是教育竞争。只有将创新教育引进教育领域,形成新的大教育观,才能培养创造性人才,才能创造出新的知识,推动知识经济社会向前发展。

---

① 陈正.知识经济研究概述[J].中南财经大学学报,1999(3):11-15.

② 张玉坤.知识经济与教学改革[J].天津教育,1999(10):9-8.

二、创新教育是教育形势发展的需要

在科技、教育、经济领先的世界唯一超级大国美国,众多知名科学家、工程师参与共同制订了改革教育的《2061 计划》,专家们指出,要注意两类问题,一类是通常的合情合理的问题,另一类是非常规性问题,特别重要的是后一类等待人类科学发现,创造性地予以解决的问题;并指出"美国没有任何事情比进行科学、数学和技术教育改革更为迫切"①,其目的是为了提高国家技术创新能力和国际上的竞争力。日本桥本内阁时期提出:"人才是日本的唯一的资源,教育改革是国政的最重要课题之一,为了创造使每位国民抱定自己的理想和目标,并充分发挥其创造性的挑战精神的理想社会,在作为社会各方面体制基础的教育方面,与其他主项改革一体化的教育改革不可缺少的。"强调培养学生"生存能力",将"尊重每个孩子独特的个性并使之自由发展"②作为教育的基本原则。韩国经过亚洲金融风暴的教训,对其现行的教育进行反思,提出了教育"脱胎换骨"③的改革新设想,如实行以知识记忆为主的教育向以培养创造能力为重点的教育转移,发展学生创造力,培养学生主动学习等等。中科院已制订了我国"知识创新工程"④,瞄准 2010 年国家战略目标和国际科研前沿,建设国家科技新体系;国家教育部根据国家提出的"科教兴国"的发展战略思想,提出了"素质教育"的新思路。各国教育改革的目的是为了适合知识经济社会发展的需要,教育创新是教育改革的关键所在,是培养更多创造性人才的关键。因此,教育创新是当今世界教育发展的必然趋势。

三、创新教育是改变我国教育现状的需要

当前我国教育主要特点是着重对学生智能的开发,培养学生智力的发展,强调教师对知识的传授,学生对自然感知与人类知识、经验的掌握和体验。因此在实际教学活动过程中,社会、学校、家庭、学生把获取知识视为"正统教育",这已成为大众所普遍接受的教育方式。这种教育模式忽视了人的创造力开发,未能发挥人的创新思维,结果是出现高分低能、实际动手能力差现象。因此,使我国传统教育模式过渡到创新教育,使学生学以致用,学用一致,在劳动实践中

① 路石.培养创新能力——当代美、日中小学教改的焦点[J].天津教育,1999(2):6-7.
② 姜沛民.日本桥本内阁教育改革[J].教育参考资料,1998(14):7-8.
③ 张万详,樊文德.知识经济时代呼唤创新型教师[J].天津教育,1999(Z1):14-15.
④ 李荼晶.知识经济呼唤加强科技素质教育[J].天津教育,1999(1):4-5.

充分发挥其聪明才智,培养勇于创造的科学精神,提高办学质量和效益,成了教育的出发点。

可见,创新教育是知识经济时代的需要,社会发展必然趋势,但怎样实施创新教育,使创新教育思想落到实处,真正使创新教育在现行的教育事业中得以推广,只有对我国传统的教育方式进行改革,通过对当前教育事业的改革,积极推进以培养创新精神和创新能力为核心的创新意识。

(一)打破传统观念,培养学生的创新意识

20世纪90年代以来,以信息和通信产业为代表的知识型产业成为世界经济的主要增长点。知识化、网络化、数字化及世界经济一体化、教育的全球化,是当代社会的主流。为使我国的教育事业纳入世界教育事业的潮流中去,跟上时代步伐,必须打破我国传统教育思维方式。一要转变思想观念。思想观念的转变不仅仅是要求教育工作者思想观念的转变,还要社会、家庭、个人思想观念的转变,要摆脱传统教育思维定式的影响,树立创新教育观,摆脱传统教育模式的影响。在教育过程中,将培养学生创造能力,重视学生个性发展放在首位,使传统的教育模式变为创新的教育模式,转变现行学校教育管理机制,优化办学体制,充分挖掘学生的创新意识。二要重视基础教育,培养学生的创造性思维。努力搞好基础教育,是激发学生创造性思维的基础。因为扎实的基础知识、基本技能是激活学生创造性思维的前提。因此,应加大基础教育的师资培训工作力度,以提高他们的综合素质,适应教育的要求;应加大基础设施设备的投入与改造力度,以符合创新教育格局的要求。

(二)营造一个创新的教育生态环境

创新教育需要良好的教育环境,没有一个激发学生主动学习、创新意识培养的环境,创新教育也只能是一句空话。这里所说的教育生态环境,特指在教育周围存在着的三种环境圈层,即自然的、社会的和规范的生态环境。自然环境包括非生物环境和生物环境。社会环境又称结构环境,是人类所特有的生活环境,如政治、经济环境及学校、家庭环境等等。规范环境又称精神环境或价值环境,它是人类在群体生活中所形成和持有的态度、风气与观念等。这三种教育生态交织融合组成 n 维复合的生态环境,包含着许多生态因素,分别满足人类的、生物的、社会的和精神的生活需要,使它们与教育相互作用,形成竞争协同进化,构成教育生态系统。自然环境是人类赖以生存和发展的生态条件,无论是高山、平原、沙漠、江川,还是森林、草原、植物群落、动物种群和生物圈,都是人类认识世界、利用和开发的基础,是发展人的智力、培养人的能力的广阔天

地试验场,是启迪人们思维的具体对象,是人类的宝贵资源,也是创新教育的一个源泉。因此自然环境组成教育生态环境体系的地位决定着自然环境对教育具有导向功能。也就是说,地理环境不同,影响教育制度、内容及教育方式区别,地理环境不同,受教育者思维想象空间有一定的局限性。因此应人为地创造出非常适宜的自然环境,以弥补受教育者受地域限制而对其想象空间的影响,使教育与受教育者的创造思维得以充分发挥,以求达到和谐的教育生态环境。

社会环境是人类所特有的生活环境。也就是以教育为中心,构成教育生态系统最重要的外部环境,包括政治环境、经济环境以及学校内部环境、家庭环境、城市环境等等。整个社会是一个大的生态系统,学校只是其中一个小的生态系统,是人为的生态环境,是用专门设施设备教育人的场所;学校不是孤立存在的,有其各种生态背景,受社会环境中各种生态因素的影响。政治环境规定教育制度和教育发展方向,经济环境制约着教育发展,学校内部环境如学校建筑设备、植被和绿化等,对学生身心健康、知识增长、创造思维的养成起积极或消极的作用。家庭环境是特殊教育群体,直接使受教育者的日常生活、消费定向、品行习惯、职业选择、兴趣爱好、智力发展受到影响。知识社会中创新教育也可以说是以受教育者为中心的教育,社会制定什么样的教育制度,投入多大的财力与教育发展相适应和怎样规范学校内部环境、制约家庭环境的健康向上等方面的教育生态因素,会对教育创新起不可估量的作用。

规范环境,可以说是规范个人心理的感知和想法。规范环境不但规范个人的生活和行为,而且使个人的精神有所寄托,使人的精神状态升华,从而把握生活的目的和生命存在的价值,满足个人的心理需要。因此营造精神环境首先应使受教育者心理上接受创新教育,培养创造力的教育贯穿其生活和行为当中。其次,应创造一个宽松的、祥和的、可以实现自我价值的环境。创新环境是个性发展的前提,使个性充分发挥、解放思维束缚,实现自己生存的价值取向。最后,应制定激励机制,培养学生使之从接受创造思维环境过渡到我想要创造思维环境,以求创造思维环境满足个人的心理需要。

总之,教育生态环境是系统的、相互作用的、交叉镶嵌性的,它能产生复杂的综合影响。营造一个良好的创新环境,不仅需要一个良好的自然环境,而且需要一个良好的政治环境、经济环境、学校内部环境、家庭环境等,这是基础,精神环境是营造良好的创新的关键。三者有机地结合,使学生从各生态因子对教育的作用和影响中得到必要物质、能量和信息,分别满足每个学生的生理、心理、体力或智力的创新发展的需要,使学生从已获取知识、技能的基础上,向新知识、新技能产生方向迁移,最终转化成创造新技能的结果。因此,创新教育环境的营造不仅仅是学校,而是整个社会。每个家庭,每个公民,都是营造创新教育环境的分子。

(三)改进教学方法

知识经济需要创新教育,主要是需要创新教学观念,其次是需要创新教育培养的人才,教学创新要跳出传统的教学链,拓宽教育思路。首先,把单纯获取知识的教学方法变为具有创新能力的教学方法。长期以来的教学观念中,教师负责授业,学生则是获得知识、掌握知识的人。而知识经济是创新知识的时代,培养学生人人都有创造力的教学方法是社会需要。这要求教师在具体的教学过程中,在教育学生掌握基础知识、基本技能的同时,培养学生的创造力。使学生学会创新,就是要使教学成为培养学生创新精神、激发学生创新动机、发展学生创新能力的源泉。教师不仅要给学生传授现成的知识,更要引导学生对未知领域的探索,自己寻找独创性解决问题的方法。

其次,把"教师中心"的教学机制变为"学生中心"的教学机制。传统的教学方法,把学生看成是被动接受知识的认知体,教师主宰课堂。这样的教学方法,不利于个性发展需要。创新教育中学生是教学中的主体,培养学生的创造力,是创新教育的特点。为了适应社会发展的需要,必须由"教师中心"转变为"学生中心",坚持学生主体性原则,发展学生自主意识、自主行为和自主能力。教学中要有效地使学生主动地参与到教学中来,积极主动地学习,成为学习的主人。

再次,"教学生学会"向"教学生会学"的教学方法转变。"教学生会学"是教育终身化观念的具体体现,也是知识经济对人才素质的客观要求,随着知识创新的速度的加快,从某种意义上说,知识经济就是学习经济,也就是说学习要打破时空限制,建立终身学习和学习社会化,使每个人在一生当中能够抓住和利用各种机会,去更新、深化和进一步充实自己原有的知识,及时获取自己所需要的创新知识,使自己能及时适应不断改革的世界。"教学生会学"重要的是使学生掌握学习的方法,学习其内在规律。掌握学习方法,等于掌握学习的钥匙,能使学生学习达到事半功倍的效果。

最后,重视学生个性发展的教学方法。可以说知识经济是个性化经济,重视个性发展不仅是创造力形成的核心,而且也是知识经济时代对人才素质的要求。这就要求教师在教学实践活动中善于发现学生潜在素质的闪光点,因材施教开发每个学生的创造潜能,为学生创造一个自主、自由的个性发展空间。

(四)进行必要的课程改革

课堂教学在创新教育阶段还是教学活动的主要方式。现阶段我国的课程知识结构,例如中小学的理科教材往往按部就班地讲解几百年来传下的科学知识,而科技新发明、新创造总是相当缺乏;大学的有些教材还在使用 20 世纪七八十年代、甚至是 20 世纪五六十年代的教材,对科学技术发展的最新动态关注不够。为了能够使学校教育适应时代发展的需要,真正体现科技是第一生产力,在具体的课程编排时,首先要把科学知识教育与技术教育、经济教育以及科教兴国的爱国主义教育紧密结合起来。其次加强实践活动课教学,注重教学与课内、课外的结合,使学生更多地在生产劳动实际的活动中,消化课内的知识,感知自然知识,激活学生的创新意识,达到学生的自我发展。再次,加强培养学生创新能力专门课程的设置。如思维技艺、创造技艺、创造活动等等。最后,调整教师的知识结构。知识经济时代需要创新型教师,在强调教师具有创新观念的同时,必须强化教师的科学知识,更新自己的知识结构,增强自己的求知欲。知识经济时代科技发展日新月异,知识更新三五年就要翻一番,教师只有不断更新知识结构,学习新知识,掌握新知识,关注科学技术的发展,具有强烈的求知欲,才能适应时代发展的需要。教师知识渊博,具有强烈的创新能力,有利于造就具有多种知识技能、全面教养、较强的活动能力、广博丰富的知识基础的一代新人。

第七章　图书馆文化

　　图书馆文化作为一种文化现象,是人类社会文化的一个重要组成部分,并带有政治、社会经济的时代烙印,是政治和经济在图书馆领域观念形态上的反映,是促进图书馆发展的文化基因。信息技术是人类创造的一种新文化现象,它使图书馆的内容更加丰富、充实,其本身又成为发挥图书馆文化功能的必要手段,促进图书馆为经济、文化发展服务。信息技术时代图书馆的文化功能具有迅速、便利、超时空性的突出特点;图书馆文化继承功能具有图书馆精神和图书馆工作的继承性;图书馆文化选择功能具有大容量吸收、迅速加工、不断更新的显著特征;图书馆文化创造功能具有优化、个性化和国际化的重要特征。对图书馆文化内涵、内容及文化功能特征进行分析,实现图书馆文化的整合,促进图书馆制度文化建设,调节图书馆个体与组织之间的关系,支撑图书馆文化的实践活动,可影响图书馆物质文化、精神文化、行为文化与环境文化,实现图书馆信息环境的和谐。

第一节　图书馆文化功能特征

　　信息技术是人类创造的一种新文化现象。这种新文化现象的产生,一方面使图书馆的内容更加丰富和充实,因为信息技术本身具有的文化价值将成为图书馆内容的重要组成部分;另一方面,信息技术将成为发挥图书馆文化功能的必要手段,从而体现出图书馆在信息技术时代的文化功能与传统图书馆文化有着许多不同特点,使我们可以充分认识图书馆在信息技术时代的地位和作用。

一、图书馆文化内涵、内容

(一)图书馆文化内涵

文化是生活的样式。当我们反观中国图书馆文化问题的时候,首先,我们公认中国图书馆在经历若干年的发展变化后已经形成了自己的文化内涵和文化属性,由藏书楼时期、书院时期到现代的数字图书馆与复合图书馆,历史发展总是在经历承载、选择、更新后,最终留存下来某些属性和特征。因此或者我们可以首先从历史那里找到启发。

中国最早的图书馆形成于殷商晚期到西周时期,这个时期的图书馆(博物院)文化特征纯粹以藏为主,藏品为刀刻的甲骨,以口授的方式进行传播。当时人们对图书馆和文献的需求相对局限,图书馆的存在除了作为资料收藏处外,更多的是作为宫廷或者上层政治经济利益集团财富和地位的炫耀,这样看来图书馆从发展之初就表征着一种特殊的氛围,在这种氛围中图书馆的存在是一种荣耀的表现。秦汉以后,随着封建社会的发展,生产力水平有了极大提高,社会分工的逐步发展,要求一种职能机构来承担承上启下的作用,从而出现了一批私人藏书楼及各种类型的书院,并最终形成一定的藏书制度。尤其是到了西汉,出现了中央藏书和地方藏书,国家图书馆和私人图书馆同步发展,人们开始利用图书馆进行文献的收集、考证、研究和整理。但是和刚才谈到的早期图书馆有异曲同工之处,由于图书馆天生而来的地位与荣耀的表征特色,这个时期的图书馆依然没有走入公众化的道路。比如明代著名的天一阁藏书万卷,却有"代不分书,书不出阁"的怪规定,将珍贵的图书用锁链系在桌子上,称为"锁藏图书";清代,在皇帝的批准之下,仅有十余名学者有资格登阁读书。封建时期的图书馆除了具备藏书、讲学的功能,在仍然作为地位和荣耀的表征之外,还兼备了一定的宗教奉祀的功能,这种功能实际是为了强化其作为特殊身份代表的文化属性。

在19世纪中叶,西方图书馆的职能完成了以传播文献知识的形式向社会教育职能方面的转变。1909年,在维新派的影响下,清政府颁布了《京师图书馆及各省图书馆章程》,章程规定:"图书馆之设,所以保存国粹,造就通才,以备硕学专家研究学艺,学生士人检阅考证之用。以广征博采,供人浏览之宗旨。"[①]虽然从这项章程看出,图书馆开始在收集保存文献的功能之外增加了社会教育的功能,但在服务方式和服务对象上依旧作了严格的规定,这种规定性是一种文化从产生之后在发展中必然具备的历史继承性的表现。随着社会的发展,图书馆逐步加大了社会教育方面的职能,尤其在五四运动时期,图书馆真正实现了普及新文化、新知识,向社会民众进行教育的目的,将图书馆的潜在价值转化为了现实价值。同时,图书馆在流通和读者服务方面的改进,真正充分

---

① 安克骏.试论中国图书馆的历史演变及社会作用[J].山东社会科学,2002(5):96-97.

发挥了图书馆的社会教育作用,但不可否认一点,使用图书馆的人是具备初步文化知识的人,而不是真正意义上的社会民众,这是图书馆在服务对象上自动筛选的结果,这种自动筛选使图书馆特别的文化氛围得以继承和维持下去。随着新中国的建立,国家性质改变了,图书馆的性质也发生了根本的改变。解放初期到 20 世纪 70 年代,图书馆只限于收藏以纸质文献为主的信息资源,图书馆的能力和发展由其拥有的纸质文献收藏量来体现,扩大收藏、扩建馆舍成为图书馆发展的外在表征。20 世纪 80 年代以后,随着计算机自动化系统的开发,尤其是 20 世纪 90 年代现代化通信技术和网络技术的迅猛发展,图书馆的工作进入全新的局面。全民知识水平的提高,网络全球化的实现,世界正在因为知识和网络的作用变成一个文化意义上的自然村,在网络环境下的图书馆此时已经从专属的特权的荣耀的高台走下来,变成一个以服务为主导,以收藏为基本,以中介为定位的一个机构。

网络条件下数字图书馆的提出和实验昭示了图书馆的一个未来发展发向,最近关于复合图书馆的讨论将传统图书馆与数字图书馆结合在一起,而且越来越多的人认为这是未来图书馆尤其是中国图书馆的合理走向[1]。这样的发展理想潜藏着一个传统的心理,那就是树立并保持图书馆传统的文化气质。虽然数字的世界因为其透明度而显示出平民的气度,但图书馆试图通过收藏功能维护的距离感正是在传统意义下图书馆深层的文化内涵。中国的图书馆经历了从藏书楼到现代化资讯中介的转变,传统意义上的收藏功能所涵盖的整体观念、价值取向、方法论特征、思维意境和伦理追求到今天已经发生了巨大变化,下面的内容将从这几个方面挖掘中国图书馆的文化内涵和由此延伸的文化功能。

在周会会看来,图书馆文化内涵包含保护、共享、服务、创新和求实[2]四个方面。即图书馆保护文化既包括珍贵古籍和藏书楼等各种实物,还包括规章制度、精神理念等非物质方面。图书馆保护文化是在图书馆产生、发展过程中形成的,以保护人类文化遗产为目的的各种理念、方法和手段;共享文化则早在 1949 年联合国教科文组织就已在《公共图书馆宣言》中明确提出:"公共图书馆的大门应当向社会上一切成员自由地、平等地开放,而不管他们的种族、肤色、国籍、年龄、性别、宗教、语言、地位及教育程度",也就是图书馆和信息服务机构应起到发展与维护获取知识自由的作用,要一视同仁地为用户提供资料、设施和服务,不允许出现因种族、宗教或政治信仰等任何因素引发的歧视,体现图书

---

① 李明华. 新时代要求新的图书馆文化[J]. 图书馆理论与实践,1997(1):3-6.

② 周会会. 试论图书馆文化内涵[J]. 黑龙江科学,2013(7):114.

馆作为公益性文化设施,给予全体民众的平等共享性;服务文化是图书馆的立身之本、题中之意,全民阅读与全民共享已成为图书馆服务追求目标中国图书馆学会《图书馆服务宣言》的发布,更是突现图书馆服务是图书馆之根本宗旨。创新文化是图书馆发展之基,是推动图书馆事业发展的动力。可以说,图书馆发展史就是一部图书馆事业不断创新的历史,图书馆事业每前行一步,都是新理念、新技术、新成果具体运用的结果;求实文化则是倡导尊重科学、遵循规律的文化,是坚持求真务实、实事求是的文化。也就是说,实效就是图书馆存在之于社会的实际功效和作用。因此,无论是保护、服务抑或创新,实效都是图书馆矢志不渝的理想目标、价值追求和实践方向。图书馆须围绕经济社会发展和人民大众文化需求,为提高全体人民思想文化素质多求实效。

但无论从图书馆事业历史发展角度上分析,还是从现实图书馆工作实践上体现,图书馆的文化内涵,都包含以下几个方面:

1.注重收藏尊重知识的整体观念

中国图书收藏经历了漫长的藏书楼阶段并逐渐形成独特的藏书楼文化,在历经数代后收藏意识依然保持着旺盛的生命力,到今天仍是一种文化时尚。中国图书馆发展到今天,图书馆的功能随着技术手段的提高而不断更新和扩大,但最终对复合图书馆的发展期望昭示的是对收藏传统的尊重与回归。就像今天虽然印刷体的资讯受到来自数字信息存储的冲击,但图书的发行依然有增无减一样,传统阅读方式在物质经济高度发达的今天仍然显示出巨大的生命力,这是中国传统"学而优"思想的现代影响,同时也是中国现代重视知识重视人才的大氛围下的需要。旧时代象征身份地位的图书馆有特殊历史时期的夸张,但今天,走进图书馆在大众的普遍心理中依旧标志着一定的文化底蕴。从这个意义上来看,今天中国图书馆如果需要保持并继续维护一个整体观念的话,笔者认为这个观念就是重视收藏尊重知识,这是图书馆文化的核心。

2.追求真、善、美的价值取向

谈到图书馆文化中的价值取向问题,笔者想起一次假期到浙江宁波的天一阁旧址造访的感受。与其说天一阁是一个旧时的藏书楼,不如说它是一处工于设计,造型精巧的园林。在阅读相关历史资料后,笔者对此处藏书楼严谨的管理制度和人员要求佩服之至。笔者一直在强调着文化的历史继承的问题,中国图书馆从传统意义的藏书楼到今天各种类型的图书馆建制,一直非常注重外在形象和内在修为,在价值取向上与传统文化密切关联,烙印着传统文化在价值取向上的特色。传统中国的价值取向讲究崇古、唯上、忠君和道义,这样的价值取向决定了中华民族特定的精神风貌,使尊重传统、服从领导、讲究操行成为人们做人的准则和衡量是非的标尺①。作为文化保存机构而设立并存在的图书馆,在经过历史变迁后依然保存着这样的价值取向,并在服务环节、流通环节、收藏环节等各个方面极力体现出来。

3.科学与人文的方法论特征

不论是图书馆学研究还是图书馆管理,从古至今一直坚持着科学与人文的精神,并将这种精神上升到方法论的角度,指导着整个图书馆的日常管理工作和图书馆学的相关研究工作②。图书馆工作和图书馆学研究从来都不仅仅是传统经验的继承,更是在符合现实发展状态下的探索和改进,科学的定性与定量的管理和研究结合,具备人文关怀的指导思想,使图书馆不断发展进步,同时并举,图书馆学作为一门独立的学科也日益显现出个性与特色。

4.崇德、重道、致用的思维意境和伦理追求

谈到图书馆文化的思维意境话题,我们首先要来看一下中国传统的思维方式。思维方式的问题是处于中国文化深层结构核心地位的问题,中国传统意义上的理论思维方式常常寓于世俗的思维方式中,并通过世俗的思维方式表现出来。通常我们有两个层次的思维方式:一个是人们形成和运用概念把握对象的理论思维方式,这是与人们的宇宙观、自然观和历史观密切相关的;二是与人们日常生活经验相关联的,表现为思维的习惯、情趣和取向的思维方式。这两种思维方式通过事实判断、价值判断和道德判断来具体实现对主客体的认识③。由此谈到图书馆文化的思维意境话题,这也来自对传统思维方式的继承:崇德是在道德领域谈论特殊的管理规则和手段,有德就有礼,提供了图书馆赖以生存的条件和环境;重道是对传统经验的继承和发扬,包括对收藏的尊重都是重道的体现;致用是图书馆文化中务实求是的追求,是图书馆未来发展的基础。

(二)图书馆文化内容

图书馆文化包括图书馆精神文化、环境文化和制度文化三个方面的内容:

1.图书馆精神文化

图书馆的精神文化主要指在馆工作人员经过长期的工作或者服务形成的一种特定的风尚,并且这种精神文化和工作人员的操守、道德有很大的关系。可以说精神文化是图书馆文化的形成中重要的组成部分。如果整个图书馆都

---

① 黄鹤.中国传统文化释要[M].广州:华南理工大学出版社,2002:151.

② 吴光.中华人文精神新论[M].上海:上海古籍出版社,1998:20.

③ 张岂之.中国传统文化[M].北京:高等教育出版社,1994.

拥有了一个良好的精神风貌,那么在馆的不论是员工还是读者,都能受到其熏陶,形成或是默默无闻、为人师表的精神,或是无私奉献的职业道德。只有图书馆拥有一种更加积极向上的思想内涵,才能为读者、馆员营造出一个良好的学习氛围,并且不断推动着图书馆的建设与发展。

2.图书馆环境文化

图书馆不仅要有丰富的内涵文化,其外在的表现文化也不能缺少。其环境文化主要是指图书馆的建筑、设施、大厅等布局具有一定的氛围,久而久之便形成了一种环境文化。因为环境是影响人心情的主要因素,并且深厚的环境文化底蕴能够给人一种独特的感觉,因此图书馆的环境应该更能体现出其文化内涵、精神风貌。

3.图书馆服务文化

图书馆的服务文化主要就是指馆内的工作人员或者其他方面的设施在不断服务读者中形成的一种风尚。因为图书馆的目标就是致力于为大众提供一个更加优质的读书环境,因此优质的服务必不可少,无论是查阅、借阅书籍的服务,还是咨询相关的服务都能体现出为读者服务的思想。图书馆在长期的发展中逐渐形成的服务文化也更好地体现了其内涵所在。

4.图书馆制度文化

图书馆的制度对于其正常工作的开展十分重要,因为相关制度不仅包含馆规、馆纪,更包含工作人员与读者的日常规范、相关业务细则以及图书保护制度等,因此严格的图书馆制度对于其更好地为大众服务有着积极的作用。图书馆制度的作用就是要保证相关工作的有序进行,不仅要对读者负责,更要保证读者拥有优质体验。图书馆的制度文化能让工作人员逐渐养成自我约束的习惯,并且能为读者提供更加优质的服务,从而使整个图书馆的利益能够保持下去。

二、图书馆文化功能的特征

图书馆发展史实质是人类文明进步史的缩影,是人类知识不断产生、存储、更替和利用的历史。

原始畜牧业及农业文明的发展,使文明发展形成文字,有了文字,就产生了用文字所记录的文献,随之,保存文献的地方——藏书楼就应运而生,产生古代藏书楼。经过几千年的丰富与发展,到新文化运动时期,除皇室藏书楼外,私人藏书楼也得到了很大发展。这时期人们一贯的思想是图书馆是藏书的地方。因此这一时期的文化特点是重视图书的收藏与保管,还有古代藏书楼秉承“辨章学术,考镜源流"的学术文化思想,对图书馆学、版本学、目录学等方面都有精深研究和总结,对保存传统文化起到很大的推动作用。同时出现了极少的知识传播,在一定程度上推动了当时科学文化的发展。

手工业及工业文明的高度发达,特别是金属活字改变了知识的贮存与传播方式,为图书馆文献大量积累和广泛传播提供了条件。近现代图书馆相比古代藏书楼有着许多不同特点:①在收藏上,不仅收藏古代典籍,更注重订购各类书籍和报刊;②服务上,近现代图书馆向社会大众开放;③功能上,近现代图书馆以用为主,藏为了用,图书馆不仅是文献资源中心,而且已成为传播科学文化知识的基地,社会教育的课堂;④新方法、新技术应用于流通与管理,使图书馆逐步从封闭走向开放;⑤文献资源逐步向共享方向发展,初步形成资源共享体系;⑥管理体制上逐步实现运用科学管理模式和引进竞争机制,使图书馆工作趋向实际。这些与时代相适应的图书馆工作特点,是形成图书馆文化现代特征的基础。

(一)教育功能

图书馆文化中的教育功能是在图书馆发展初期,即在书院阶段就已经形成了的。作为一个机构,图书馆的功能不仅仅是留存历史,更重要的是普及教育。在辛亥革命以后,近代图书馆更是将开发智力资源、进行社会教育和传播民族优秀文化作为一项重要的内容,在地位上将其等同于文献的收集保存。今天图书馆更是成为进行社会教育的大课堂,公共图书馆、高校图书馆等各种类型图书馆的建设都是在实现和继承图书馆文化中教育的特殊功能,并将这种功能在现代发扬光大。

(二)组织功能

经过若干年的发展和历史积淀,图书馆已经是一个组织结构非常完善的机构。图书馆文化的组织功能体现在它已经能够通过自身所创造的物质、精神财富来稳定和约束职工队伍,并建立和形成了一套完整的规章制度和职业道德规范,对图书馆职工的思想、行为起引导作用,使之与图书馆的目标相符,并使职工不断去追求、实现自己的价值,完善自己的形象。同时,成熟的图书馆也通过协调图书馆的组织方式、疏通上下级沟通渠道、协调好图书馆内部的物质分配等,营造良好的图书馆环境,调整职工情绪,使职工在工作时能保持愉快的心情并做到全力以赴。

（三）辐射功能

图书馆文化的辐射功能在很多关于图书馆文化功能的文章中都有提到，笔者也非常赞同这个观点。图书馆文化是社会文化系统中的一个子系统，处在各种社会文化环境的巨大磁场下，受到来自各方面的影响，比如网络文化环境的影响、大众消费文化的影响等等。但是，图书馆文化的辐射功能又体现在它接受影响的同时也将自身的影响辐射到整个社会，给周围社会文化场以不可忽视的影响①。图书馆文化作为一种独特而独立的文化现象，正在获得越来越多的关注，它具有的丰富的外延和内涵正在逐渐为人所认识。研究图书馆文化有助于塑造图书馆整体形象，提高社会影响力，并更好地发挥图书馆的职能，为社会文化进步做出自己的努力。

三、图书馆文化功能的特点

（一）图书馆文化的继承性

任何新技术被应用到实际当中，都离不开与母体的有机结合。在信息技术时代的图书馆文化也不例外，优秀的、好的传统文化会被充分地吸收到新时代的图书馆文化当中。

1.图书馆精神文化的继承性

图书馆精神是一代代图书馆人在长期实践过程中，通过人们的精心培育而形成的。这种精神包含奋斗精神、吃苦精神、献身精神，这些精神是图书馆文化的主体核心，是图书馆人共同的价值观念和准则。正是由于有这些图书馆精神，有一代代图书馆人为之努力，体现在具体服务过程中，就是有一种超自然的能力，以求实、开拓、科学的精神为读者认真负责地进行服务。这种无畏无私的服务精神，也体现了传统图书馆文化的价值观和道德观。可以说图书馆的价值观和道德观也是图书馆文化的重要组成要素。一方面，正确的价值观念和价值评判标准，有利于形成正确的世界观和方法论，使图书馆人形成正确的思想去指导工作，去为读者服务，使图书馆的文献资源更好地被利用。当然图书馆人价值的体现应与时代价值主体相吻合。这种相吻合性说明图书馆文化与时代发展存在同步性和趋同性，恰巧只有图书馆文化时代感才能体现图书馆文化的

---

① 胡石凡.《论语》与图书馆人的管理初探——兼谈图书馆馆长修养[J].图书馆论坛，1999(2):52-55,60.

继承性。另一方面,图书馆文化体现图书馆人的道德观。图书馆文化的道德观包含两方面含义:一是图书馆人的公共道德观念。这方面体现整体图书馆人以美善与丑恶、诚实与虚假、公正与偏袒、正义与反动为评价标准,这种评价标准体现了社会公德的趋同性。二是图书馆职业道德观念。图书馆职业道德观念是图书馆在长期工作过程中形成的必然为人所遵守的法则与制度,这些法则与制度在图书馆发展过程应当得以继承和完善。因为图书馆工作职业道德规范化可以协调馆员与馆员之间情感的关系,协调他们之间的工作关系,强化他们的工作责任感,使图书馆文化在发展中继承,在继承中发展。

2. 图书馆工作的继承性

《辞海》1989 年版对文化一词注释为:"广义文化指人类社会历史实践过程中所创造的物质财富和精神财富的总和。"图书馆工作应属于图书馆文化的物质财富范畴。

图书馆工作主要包含图书馆管理工作和图书馆业务工作。图书馆管理工作是图书馆通过对文献信息资源进行搜集、整理、存储、传播、利用等一系列工作,对其进行有效的计划、组织、领导和控制,达成既定组织目标的过程。这里涉及管理组织文化,而"组织文化不是一时能形成的,要经过很长一段时期或几代人的努力才能形成。是与当时生产力相适应的文化。组织文化一旦形成,它不但牢固而且不易被改变"。因此图书馆组织管理文化在信息技术时代只能被继承,否则新图书馆管理模式会变成虚幻的无源之水。然而在强调继承传统的组织文化的同时,也要通过技术改造使其适合生产力的发展。

图书馆业务工作是指图书馆各管理环节中的具体的工作过程。图书馆业务工作包括采集、整理、存贮、组织、推荐、咨询和利用。这种工作体系的形成是建立在以读者为中心进行信息资料组织工作基础上的,因此只要将现有组织工作与信息技术相结合,就可形成新型的工作体系和工作方法,使之与网络文化体系相融合。

(二)图书馆文化的选择性

人类创造的文化是多方面的、多元的。图书馆对文化的利用,不是随意的、无原则的,而是根据生产力和人们生活实践需要而进行理性的、科学的、符合一定的价值观的选择。

图书馆对文化的选择,包括对具体文化的挑选、糅合、加工整理等过程。可以说选择文化始终贯穿于图书馆工作的全过程。选择可使历史与当代、当代与未来建立起发展链,并根据现代与未来的发展步伐,把握历史,塑造图书馆未来。

图书馆选择文化的功能，一般有三种主要方式：①吸收。这是指图书馆对认可的文化因素，经过吸纳，并加以传播输向广大读者。②加工处理。是对传统文化及外来文化进行必要的加工整理，使其符合时代精神建设、经济建设及文化发展的需要。③排劣。把图书馆陈旧的、过时的、有害的或对立的文化抵制清除，一方面淘汰一切有碍文化发展的内容，另一方面要反对有害的因素。

信息技术时代图书馆的文化选择功能的显著特征包括：①吸收容量大。一方面，图书馆对文化的吸收范围扩大到地球的每个角落。网络的形成与发展，使任何国家、任何地区的信息资源，经过数字化处理，送到网上，通过信息处理技术就能够随意地让用户得到所需要的信息资源，当然这种文化的吸收不仅具有科学性而且具有商品性。另一方面，吸收知识的节奏表现为高速性。在以前想要知道美国历史总统的信息文献，只有通过查阅相关大量的书刊文献资源。现在你只需要点击有关网站就可以在很短的时间内得到你所需要的信息资源。②图书馆对文化的选择和排斥旧文化的速度加快，从而表现出知识不断更新的态势。这是由于科学发展与技术发展已融为一体，加快了知识的更新过程，为图书馆对文化的更新排斥、更替速度的加快提供了客观条件。③大多数读者基本都具有在网上高速糅合、加工传统文化和外来文化的能力。

(三)图书馆文化创造性

图书馆文化创造功能，一般地说，一方面是图书馆本身对文化更新的作用。任何图书馆工作都不是简单的复制过程，而必然包含着一种创新。另一方面，图书馆工作通过对文化的积淀、传播和优化，促进文化的更新、创造，形成新的知识和新的发明，促进社会进步和发展，这是图书馆最根本的功能。

图书馆表现创造性文化功能通过以下方式实现：①实现图书馆信息资源共享；②开辟产生创造性利用资源的环境和条件；③倡导现代文化观念，运用高新技术，使图书馆社会化、个性化。因此图书馆创造性功能具有优化、世界化、个性化的特征。

1.图书馆文化的优化

图书馆文化优化特征包括图书馆文化对图书馆精神文化的优化和物质文化的优化。图书馆精神文化包括精神、价值、道德等经过图书馆长期的培植、倡导、塑造而形成的具有特色的图书馆精神文化，可以说图书馆精神文化是图书馆人精神面貌、价值观和道德观凝聚而成的。良好的精神风范来自图书馆个体的良好风气。如无私无畏的献身精神，务实创新的开拓精神，认真、负责的主人翁精神等。这些精神文化的糅合，使图书馆精神文化更能体现信息技术时代对图书馆文化的要求,适应生产力发展的需要。图书馆物质文化包括图书馆组织文化和图书馆工作程序的优化。图书馆组织文化的优化就是优化图书馆管理方式和管理目标,使图书馆管理适合时代的要求。图书馆工作程序的优化即优化图书馆的各个环节,使图书馆的采编、加工、整理、利用、服务等具体工作形式与图书馆时代的组织管理目标相吻合,以求驱动图书馆文化全面优化和整体发展。

2.图书馆文化的个性化

由于个体意识增强,人们把求新、发展、创造和实现自我价值作为始终不渝的基本目标。个体价值的实现不是"只能与某一机构或组织发生固定不变的聚合关系,而是可以与众多社会机构形成散发性的经济联系"。因此,由"馆员—信息资源—用户"构成的图书馆工作链及它们的相互关系显示出的信息技术时代图书馆文化的深度分化与高度综合,使个体劳动在信息技术时代得到了应有的尊重和经济回报,以传统文化中人伦本位和义务本位为基础观念的静态工作关系和生产方式,转化为以个性发展为主的动态工作关系和生产方式。当然为使图书馆文化个性化,需要创造并完善必要的社会激励和保障机制,正像社会可以通过专利制度来激励和保护科学技术的发现与发明一样。对于图书馆工作的创新活动及其成果,应采取相应的措施加以激励和保护,使个体要求与图书馆的目标相一致,促使图书馆文化向个性化发展。

3.图书馆文化的世界化

信息技术的高度发展及普遍被运用到图书馆管理和具体的业务工作中,势必要求我们超越狭隘区域隔离与分割的工作模式。可以说网络连接世界的每一个角落,图书馆个性化展现与世界各文化的相融,形成真正意义的大科学、大技术、大信息、大文献和大图书馆。图书馆的信息资源经过馆员的数字化、电子化、虚拟化处理,通过标准化著录送到网上,使全世界的用户可检索来自不同地域、不同国度文明的文化知识,实现全球信息资源共享。全球信息资源的一体化,促使不同民族之间传统文化的交流,实行跨文化交际,展现图书馆在信息技术时代特有的文化特点。

四、现代图书馆文化功能的作用

大量地把信息技术,主要是计算机技术、远程通信技术、多媒体技术、高密度存储技术应用于图书馆工作与实践,使图书馆现代化向数字化、网络化、虚拟化方向发展,在积淀、保存、吸收人类文化方面产生了划时代的变化,使图书馆的功能发生深刻的革命。

一是图书馆信息传递速度加快和效率提高。威尔·希弗利在《难于置信的光收缩》中写道："今天，一根头发丝般细的光纤能在不到1秒的时间里将《大不列颠百科全书》的二十九卷的全部内容从波士顿传到巴尔的摩。"这样使信息资源从检索到利用，读者不需要花费很多时间就可以得到其所需要的知识文化，提高馆藏资源效率，体现图书馆文献信息资源中心应有特性。

二是图书馆传递文化模式改变。Internet 的建立和全民运用，使图书馆传递文化模式得以彻底的改变，信息文献资源的电子化、数字化、虚拟化，把优秀的信息文献资源公布在网上，使得人人都可以通过网络汲取个人所需要的文献信息资源。

三是利用图书馆信息资源的超时空性。人们可在任何地点、任何时间，只要能将个人电脑与光缆连接或将接收卫星信息的网络电脑及其他外端设备相通，使图书馆信息资源就在指端，就能自主地选择利用自己所需要的学习资源及参考用书，使用户在真正意义上实现对信息的需要和精神满足。

图书馆信息资源利用的迅速、便利，超时空地传递文化的方式，大大地提高人们获取人类科学文化知识财富的能力，从而促进了人类社会的飞速发展。

从以上不难看出，信息技术时代图书馆文化的创造功能，由于真正实现了图书馆的优化、个性化和国际化，产生了多样、大量具有创造性思维的工作模式，将成为这个时代的重要特征。

第二节　图书馆文化整合

本节通过对网络时代图书馆文化特征的阐述，提出图书馆文化在网络社会中要以科学与人文的融合，人与信息资源的协调，传统图书馆文化与网络图书馆文化的统一，以及图书馆文化在整合中应遵循现实性、实践性、统一性和创新性等为原则。

一、网络时代图书馆文化特征

(一)图书馆文化的动态化

图书馆文化不论是图书馆学理论研究、网络信息技术的应用，还是读者利用图书馆的现实馆藏和虚拟馆藏信息资源，都时刻处在一个动态的过程中。黄宗忠对20世纪100年图书馆学基础理论的各种学术流派的研究与进展进行了综合分析与评价，说明各历史时期各国对图书馆学的认识有许多不同点；马恒通在其文章中归纳图书馆学近二十年各发展阶段有"危机说、革命说、常规说、不成熟说、走向成熟说、发展说、前科学说、潜科学说"等八种学说观点①。从他们的分析中可以看出,图书馆界对图书馆学这门学科的认识,并没有在理论上得到统一。图书馆学理论体系的相互作用、相互矛盾以及组成图书馆各要素的相互作用、相互制约,使图书馆文化内涵处在一个动态、不稳定的过程中。这种动态的图书馆文化给人们一种神秘色彩,使图书馆同仁在网络时代不断去创新探索,使图书馆学理论体系将在网络时代得到充实和发展,形成图书馆学理论研究的不断发展和创新性。

随着科技的进步,图书馆的技术设备不断地更新,图书馆的文化载体包括使用网络技术、信息技术、通信技术、电子技术等的物体,其造成了图书馆信息资源流动速度高速化,用户利用馆藏信息资源不受时间地点的限制,使图书馆的工作规律、方法处在一个动态环境中,体现了图书馆文化具有动态的相关性。

通过利用图书馆的网络信息技术,读者可以对不同国家、地域、民族、文化及不同领域的信息资源、文化成果进行吸收和利用,并提高自己的文化素养和各种能力。网络成为人们一种新的生存方式。另外,读者记忆、检索与分析能力空前提高。读者借助图书馆的网络信息技术设备,可实现人脑与电脑相连,使读者信息记忆、信息检索和信息分析能力得到发展,进一步提高全面比较、筛选及综合世界各种文化的能力。这种对网络信息技术的应用,会使读者检索能力增强,利用信息资源不受时空限制,造成其对文化需求的心理定式和文化价值取向的互动性。

(二)图书馆文化的个性化

图书馆文化是组成一个国家、地区及一个民族文化的重要部分。图书馆文化的形成,是图书馆人在长期理论探讨、管理实践、服务实践和审美实践中形成发展起来的。由于其地理、教育、政治、经济、语言、种族、历史传统等因素的影响,图书馆有着自己的文化特殊性。图书馆文化精髓即图书馆文化心理部分,是人在实践活动中的长期积淀,包括价值观念、思维方式、审美情趣、道德情操、民族性格等,它维系着图书馆文化的命脉。尽管网络信息技术应用图书馆工作过程中,会形成新的图书馆网络文化,打破图书馆文化和世界交流的界限,使图书馆文化在物质层面的交流成为现实,进而对图书馆文化的科学理论、教育制度和思想有所触动,使传统的图书馆文化与网络的图书馆文化的冲突和融合将

---

① 黄宗忠.20 世纪 100 年图书馆学基础理论的研究与进展及其评介(上)[J].晋图学刊,1998(2):3-12.

成为热点,但传统的图书馆文化会通过人们的反思,重新评价自己的思维方式、价值观念和行为方式,形成独特的新的图书馆文化,使图书馆文化更具个性化。

(三)图书馆文化的国际化

图书馆既是一个国家、一个民族文化的中心,也是民族文化交流的中心。网络的形成,使世界各国、各地区的信息资源共享成为现实,人们通过网络了解各国民族文化特色及学科发展情况,查阅自己所要的文献资源,扩大了人们的文化交流,冲破了长期以来图书馆文献资源以自我为中心的封闭服务模式的文化氛围,使人们从狭隘的图书馆藏理念,转向一种既有现实馆藏文献又有虚拟馆藏文献的图书馆文化现象,使图书馆文化走向世界,形成大图书馆体系。现实图书馆,是图书馆文化个性的具体体现,虚拟图书馆文献通过网络使世界各现实图书馆连在一起,使图书馆成为大图书馆中的一个信息点,人们只要点击任何一个信息点,就可以查阅各馆的任何信息资源。这种读者使用图书馆文献资源的自由化,信息资源的国际共享化,说明网络不是单一文化,而具有跨文化性。扩大图书馆文化之间的交流,使单一图书馆文化走向多元图书馆文化,多元的文化传播会使图书馆文化更加丰富多彩。

(四)文化多样性和包容性

无论在社会价值观(表现为使命、愿景、价值声明、战略目标、任务和行动倡议等多种形式)中,还是在国内图书馆界构建的价值体系中,文化多样性和包容性都是涵盖其中的重要内容。2007年,国内学者范并思与肖珊开展的一项针对国际图书馆核心价值的调研分析结果显示,能够综合概括国际图书馆核心价值的一组核心理念包括服务、信息、职业、获取、自由、学习、社区、多样性和资源[1]。2015年,在由范并思主持结项的中国图书馆核心价值体系构建研究成果中,"对社会普遍开放""对所有人平等服务""促进社会包容"首先被列为现代图书馆理念的核心价值[2]。国外还有如科罗拉多大学图书馆的包容性卓越计划,堪萨斯大学图书馆追求员工多样性、鼓励所有想法和观点的价值声明等。

可以说,人类生活在一个日趋多元化的社会中,不同国籍、种族、性别、地域、语言、文化背景的群体共同存在并相互作用。在这个多元共同体内部,文化多样性是基础和保障,发挥着内在稳定器的作用。作为社区和全球集体力量的

---

① 肖珊,范并思."图书馆核心价值"调查与分析[J].图书与情报,2007(3):15-21.
② 范并思.构建中国图书馆核心价值体系之思考[J].图书与情报,2015(3):50-55,140.

基础,文化多样性是指不同文化间的和谐共存与共生共荣。联合国教科文组织《着力文化多样性与文化间对话》世界报告指出,一切人类活动均受制于文化多样性又反作用于文化多样性,文化多样性的发展前景与教育、交流与文化内容、创造力和市场等趋势和因素休戚相关。由此可见,可以说,文化多样性作为一种客观存在,与环境、经济、教育、资源获取都密切相关,任何一个领域都无法回避文化多样性的影响①。尊重世界文化多样性、共同促进人类文明繁荣进步,是人类社会发展必须遵循的内在机制和规律。与文化多样性紧密相连的一个概念就是文化包容性,文化包容性是指文化间的求同存异和兼收并蓄,文化包容性是文化多样性的前提基础和先决条件,文化多样性是文化具有包容性特征的集中体现和最终产物。二者辩证统一、相辅相成,既反映了人类社会基本特征,又提供了人类文明进步的不歇动力,作为社会发展的内在机制和规律,越来越多的国家及社会组织认识到了文化多样性与包容性的重要性。在理论层面,文化多样性包容性越来越多地被写入组织发展战略与核心理念;在实践层面,促进文化多样包容性的政策方案已进入操作化阶段。

文化多样性和包容性是一种软实力,多样性、包容性借助文化的穿透力、吸引力和感染力,逐渐实现了向图书馆多领域、纵深化的渗透。长期以来,图书馆界遵循联合国《世界人权宣言》第19条所特别提出的"全人类都享有观点自由、表达自由和信息获取自由的权利"的基本原则和伦理,规定任何人都有平等享有图书馆服务的权利,而不受年龄、种族、性别、宗教信仰、国籍、语言或社会地位的限制②。2012年,由国际图联和联合国教科文组织共同颁布的《多元文化图书馆宣言》更是明确指出,图书馆服务于不同的利益和群体,并起着学习、文化和信息中心的作用。在解决文化和语言多样性问题方面,图书馆服务应在尊重文化特性和价值观的同时,遵循基本的自由原则和全民公平获取信息与知识的原则。在国际图联的推动下,图书馆界的文化多样性、包容性得到了长足的发展,多样性和包容性在图书馆核心价值观、馆藏发展、管理运营、服务内容和服务模式、人员等多个领域都得到了切实的贯彻和落实。从后期的理论和实践研究来看,图书馆界的文化多样性包容性研究进一步顺应了多样性、包容性的全球化发展的新趋势,其在高度洞察文化差异的基础上,呼吁尊重文化差异,促进文化间的对话、交流与互动,强化跨文化的认知、理解与互鉴。强调文化间积

---

① 联合国教科文组织. 着力文化多样性与文化间对话[EB/OL]. (2009-10-20)[2018-06-11]. http://unesdoc. unesco. org/images/0018/001847/184755c. pdf.

② 联合国. 世界人权宣言[EB/OL]. [2018-07-13]. http://www. un. org/zh/UniveiSaldecl aration-human-rights/index. html.

极交流、互动的发展方式是解决当今全球各种相互关联的经济、社会和文化问题的关键，是确保可持续、全面发展战略目标实现的关键。

二、网络时代图书馆文化整合方向

(一)科学精神与人文精神的融合

图书馆学与文献学、档案学、情报学、计量学、计算机科学、信息资源管理学等相关学科组成图书馆应用科学。人们对图书馆应用科学进行研究，形成理性的科学文化。科学文化的发展，构成图书馆文化的物质层的文化载体、学科理论和学科思想。图书馆人文精神是图书馆长期积淀的价值观念、道德标准与审美情趣，展示了图书馆人的尊严和价值。图书馆科学文化和图书馆人文文化是图书馆文化的两大主题。它们之间只有相互渗透，相互转变，才能成为理性的图书馆文化。

科学的图书馆文化，通过其特有的科学理念弥补人文的图书馆文化对图书馆学科研究不足的缺陷，而人文的图书馆文化是对科学的图书馆文化的必要补充和导引，两种精神文化的统一与合流，实质就是图书馆文化。因此我们在强调科学技术应用于图书馆实际时，应顺应图书馆发展的要求，积极参与图书馆的学科建设，积极与图书馆人文文化相结合，形成更高层次上图书馆学科的精神文化，推动图书馆事业的发展。反过来，图书馆人文文化应该主动地关照图书馆学科精神文化。这种科学精神与人文精神的融合，是图书馆未来希望之所在。

(二)人与信息资源关系的协调

图书馆文化史，从某种意义上讲，体现了人与信息资源、藏与用、馆员与馆藏、馆员与读者的关系。各个历史时期，由于科学技术、生产力发展水平不同，决定了人与信息资源关系不同，决定了图书馆信息资源的管理规律和服务模式不同，从而形成了各个历史时期独特的图书馆文化。当今科学技术、生产力水平高度发达，网络信息资源和传统馆藏信息资源不断增多，用户对图书馆的信息资源价值的认识，影响图书馆人与信息资源的关系。着眼未来，我们应培养新型的人与信息资源关系，反思传统的信息资源价值观，树立一种全新的现代信息资源意识。传统的信息资源价值观有三个方面值得我们思考：①信息资源的存在只为极少数人服务，集中体现为古代图书馆思想体系中重藏轻用的态度，把图书馆看成是保存文化遗产的地方，图书馆被人们蒙上了一层神秘的色彩。②信息资源的存在只为某些人服务,集中体现在近现代图书馆的服务上,尽管这一时期打破了重藏轻用的思想,树立了藏用结合、藏为了用的思想。但对读者的用,各个图书馆都有严格的限制,不是所有的人都可以利用任何一个图书馆的信息资源。③馆员是图书馆藏书的组织者与保管者。馆员的价值体现就是如何根据各馆实际组织信息资源和管理信息资源,缺乏研究如何组织有限的信息资源为广大用户充分利用之目的。

因此,为实现图书馆文化符合时代发展需要,协调人与信息资源的关系,第一,树立用户利用信息资源权力的均等、平衡发展。图书馆的信息资源不是为满足某些人客观需要,而是为全社会所有人服务。第二,搞好图书馆信息资源有效、协调发展,组织好现实馆藏信息资源的同时,还要处理好虚拟信息资源,协调超越空间与时间两个难度的局限,实现图书馆信息资源的有效性和协调性。第三,实现图书馆人的全面发展,提高馆员的素质,优化图书馆人员,满足图书馆馆员的物质和精神需求。只有这样,才能真正实现人与信息资源的有效协调。

(三)传统文化与网络文化的统一

传统图书馆文化是民族文化的组成要素,是在本民族长期的生产实践、社会实践、审美实践中形成发展起来的,是一个民族的科学精神、人文精神、价值观念、民风民俗、语言体系、文化心理结构的集大成。网络是人类信息技术的一次重大发明,是科学进步的产物,网络自身发展一定程度上适应社会需要和人类生存需要,会形成自身独特的网络文化。网络图书馆文化是跨文化,跨文化的传播促进了民族文化的碰撞交融,多元的民族文化在网络上将出现前所未有的强烈冲突。统一传统图书馆文化与网络图书馆文化是图书馆文化整合的重要课题。首先,传统文化不能拒斥网络文化,应科学地吸取网络文化精华作为传统图书馆文化的组成部分,给传统图书馆文化注入新的活力,体现文化交流的互相依存、相辅相成之特性。其次,利用网络文化优势,为各自的优秀图书馆文化建立数据库、设置专用网加以传播,弘扬优秀传统图书馆文化和民族精神,使图书馆文化与网络文化融为一体。最后,树立网络信息安全意识,抵制信息污染,使传统文化和网络文化能健康地发展。

三、图书馆文化整合原则

为了满足图书馆整体需要,使图书馆在网络环境下走上良性循环轨道,从而使人们接受一个全新的、理性的现代图书馆文化体系,使其根植于人们的生活方式,最大限度满足其物质和精神欲望,体现图书馆文化的价值,就要重建图书馆的文明和图书馆新文化。因此,把握图书馆文化整合方向,就要坚持图书馆文化整合的现实性、统一性、实践性和创新性等原则。

(一)现实性原则

无论是图书馆学的理论研究、具体图书馆组织管理、服务模式和信息技术的应用,还是图书馆人的价值标准、思维方式和审美情趣,图书馆人都应面对世界现实。一方面不能过于强调依赖物化网络来改变历史积淀的图书馆文化,以致图书馆的精神颓废、信仰丧失、道德滑坡、人际关系冷漠;另一方面也不该一味地拒绝科学精神对图书馆人文精神的作用,排斥网络文化对传统文化的必要补充。随着社会进步,科学的发展,图书馆文化也应做相应调整,达到与社会和谐发展。

(二)统一性原则

网络文化是多元文化中的一种文化表现方式。在一定的历史背景下,任何个体图书馆文化的实践行为都离不开所处历史时代的整体文化价值的指导,即受整个时代文化价值力量的制约,因此作为图书馆文化个体,只有充分地意识到这一点,才能有效地将图书馆文化实践行为与时代文化精神有机结合起来,使图书馆的文化实践真正成为时代精神的生动体现,达到图书馆文化与人类的统一、科学与人文的统一。

(三)实践性原则

实践是主观见之于客观的活动。图书馆实践过程中,不仅接受客观事物及其发展规律,还根据自己在利用客观世界的经验来改造客观世界。因此,图书馆馆员用实践来印证真理,用实践来创造图书馆客观价值。图书馆文化在实践过程中具有共性化和个性化的特点。共性化体现为不同物质生活条件下的相同文化表现形式,个性化体现为图书馆文化的历史差异,用实践使图书馆文化的共性化和个性化到达历史的统一。

(四)创新性原则

张岱年提出文化的"综合创新",得到了大多数人的认同和支持,代表当今文化研究和文化讨论的主流观点。翻开图书馆学、情报学方面的期刊和书籍,相当多的理论研究者和工作者对数字图书馆或网络环境下图书馆的组织结构、馆员知识结构、信息资源建设、读者服务模式及形成大图书馆理念等进行过理论探索和实践总结。他们的研究和总结基本建立在历史与现实的辩论的基础上,对其进行科学的概括和总结,富有创新精神,具有现实的指导意义。只有这样,才能使图书馆文化实现纵向传统文化和横向网络文化的良性互动,使之健康快速发展,实现古今中外图书馆文化的融合贯通。

(五)体现多样性和包容性

图书馆人员的多样性、包容性主要体现在两个方面,一是用户的多样性与包容性:向弱势群体倾斜,彰显社会服务的公平公正性。二是馆员的多样性包容性:多样性体现为馆员个人知识积累、沟通能力等均存在诸多不同;对馆员的包容性体现为图书馆对这些个体差异性的尊重和充分利用,营造所有馆员认为能够将其差异性带到工作场所、利用差异性做出贡献、实现个体价值的环境。

因此,资源多样性、包容性即物质要素的多样性、包容性,包括:①文献信息资源的多样性与包容性。首先表现为文献类型的多样包容,其次表现为文献资源语种的多样包容,最后表现为地方、院校特色馆藏开发和建设卜的多样包容。②图书馆建筑的多样性与包容性。建筑空间的多样性体现为借阅空间、阅览空间、活动空间及创客空间等不同类型空间的共同发展,以及不同空间之间的文化交融;建筑空间的包容性则体现了图书馆与当地文化、组织生态环境的融合,以及空间设计的开放性,具体表现为以人流为主导来设计空间,强调让人与人之间的共享交流更加方便快捷。③设备及技术方法的多样性与包容性。为满足用户的多元需求,图书馆广泛采用多样信息设备辅助服务,包括 3D 打印机、自助借阅机、智能咨询机器等,同时面向不同的用户,包括残障用户、儿童用户及外来移民等,采用不同的服务方法。

通过建立多样性包容性机制,可实现图书馆服务水平和服务质量长期的持续发展和提升。目前,中国正在经济、政治、社会、文化和生态环境的各个领域,探索建立五位一体的包容性体制,在这个体制中,文化是基础和桥梁,图书馆应将其文化多样包容性的成功经验推广到社区,以文化的交流融通驱动社会和经济的包容性发展。

第三节　图书馆制度文化

通过对图书馆制度文化的含义和图书馆制度文化在图书馆文化中的作用的分析,论述图书馆制度文化对图书馆个体与组织之间的关系、图书馆文献资源建设和图书馆价值取向的影响,并对未来图书馆制度文化吸收、创新与建设提出了建议。

一、制度文化与图书馆制度文化

（一）制度文化

曾小华教授通过对制度文化进行分析，从九个角度回答了制度文化的含义：制度文化是文化的一个组织部分、一个系统、一个层面；制度文化与精神文化、物质文化的有机组合，形成文化的复杂整体；制度文化作为文化的一个组成部分，既是精神文化的产物，又是物质文化的工具；制度文化作为精神文化的产物和物质文化的工具，构成了人类行为与活动的习惯规则；制度文化作为人类活动的习惯规则，也主导或制约精神文化与物质文化；制度文化作为主导或制约了精神文化与物质文化的文化层面，提供了观察和理解人类行为和活动的钥匙或模式；制度文化是三个层面构成的，一是传统、习惯、经验与知识积累形成的制度文化的基本层面，二是由理性设计和建构的制度文化的高级层面，三是包括机构、组织、设备等等的实施机制层面；制度文化是文化的规则层面和秩序系统；制度文化是文化的集中体现，制度文化作为文化的集中体现，反映和维系着文化的物质层面、精神层面构成的整体。

制度文化是文化的具体体现，并兼有物质文化和精神文化的要素，在物质文化与精神文化二者之间发挥中介支撑作用，是为了培养人、保健人、抚慰人、护卫人、管理人、约束人而创立的带有普遍性的社会文化。

（二）图书馆制度文化

结合制度文化概念论述，可以发现图书馆制度文化是图书馆文化的一个组成部分，既是图书馆物质文化（包括馆藏文献、物资设备、馆舍建筑、内外环境等）的工具，又是精神文化（包括图书馆价值观念、整体形象、职业道德、发展目标、人际关系等）的实物，构成了图书馆人行为与活动的习惯规则。构成图书馆人行为与活动的习惯规则的内容包括图书馆的组织方式、管理方法和各项规章制度，它是塑造和延伸图书馆文化的坚实手段和有力保证。

二、图书馆制度文化的作用

图书馆制度文化是图书馆文化有机整体的一个部分。图书馆人的行为受精神因素的支配，并转化为具体的工作规则、管理制度。图书馆人的精神因素通过具体的图书馆制度因素转化成为图书馆服务成果，形成和产生某历史时期图书馆制度文化。因此图书馆制度文化一方面构成了图书馆人的行为习惯和规范,另一方面也制约或主导了图书馆精神文化与物质文化的变迁。

而当下,制定图书馆个性化制度还面临着几方面问题:是否符合现有图书馆开放型的社会信息服务的要求;对文献收集、加工、整序是否具有时效性;文献信息资源开发是否具有个性化;文献信息资源收集是否具有社会效益和经济效益;能否形成文献信息资源共享;能否形成大图书馆服务的社会服务体系。解决以上几个方面问题是制定图书馆个性化制度的前提。

(一)图书馆制度文化调节个体与组织之间的关系

规范合理的图书馆制度文化,影响个体在图书馆组织间的分布和流动,影响个体行为与组织行为的相互关系。

1.图书馆制度文化决定了个体在组织内的分布

个体由于自身受包括受教育程度、个体心理特点和环境等因素的影响,在组织内部会形成分布差异。图书馆组织由掌握不同文化知识层次的个体形成网状组织文化结构。个体受教育程度不同,造成对社会知识、自然科学知识认识程度及知识文化创新能力的差异,继而决定个体在组织内部的层次。个体心理特点的不同,决定其在图书馆组织行为中的具体位置,如一个性格内向、不善于言辞的工作人员,不适合搞读者工作。这说明了组织在某一程度对具体个体的依赖。

2.图书馆制度文化影响个体在组织间的流动

图书馆组织对个体行为的信任度和个体知识的发挥,直接影响个体在图书馆各组织间的流动。图书馆制度文化强调制度的价值观念、道德伦理、思想意识与图书馆制度、习惯、规范、规则的内在一致性,如果个体行为习惯、道德伦理、行为准则与组织行为习惯相悖,图书馆组织可通过图书馆制度来约束或纠正。如果个体行为、习惯、道德、价值观念和思想意识失当,造成制度的失衡,图书馆组织可通过制度形式迫使个体流动,维护组织制度文化的纯洁性和权威性。假如图书馆制度束缚了个体文化的发展和个体才能的创造性发挥,那么个体就会自动脱离现有的图书馆组织,重新选择使个体能充分发挥才能的组织,重新建立个体知识文化与组织文化的相互信任。

3.图书馆制度文化调节个体行为与组织行为的关系

通过图书馆制度文化改变个体知识结构,规范个体在组织中的位置分布,达到组织行为目标的实现。因此图书馆管理者运用图书馆制度,改变当前图书馆个体知识分布和个体知识文化的使用,应考虑以下几方面的因素:图书馆制度文化将如何改变现有个体的知识结构;图书馆制度文化将如何沟通个体与组织的相互信任度。

(二)图书馆制度文化支撑图书馆文化的实践活动

图书馆制度文化作为图书馆文化的集中体现,反映和维系着图书馆物质文化和精神文化,支撑图书馆文化的管理、服务、工作创新和信息资源开发等实践活动。

1.图书馆制度文化主导图书馆物质文化的实践

图书馆作为人类社会收集、整理、传播、交流文化成果的信息管理和服务的中心机构,其文化是特定的社会性文化,包含图书馆物质文化、图书馆行为文化、图书馆制度文化和图书馆精神文化。而图书馆物质文化是图书馆文化的表层物,是图书馆制度文化的工具,是图书馆建设的物质成果。经济发展、社会进步和政治体制的变革,推动着人类文化和文明的向前发展。马林诺夫斯基认为:"所有文化进化式传播过程都首先以制度变迁的形式发生。无论是发展的形式还是传播的行为,新的技术装置总要被结合到业已确定的组织化行为系统之中,并逐步对原有制度产生全部的重塑。"图书馆事业的发展,首先会推动图书馆物质层面文化的发展,包括图书馆物质资源投入、馆舍面积的增加、馆藏规模扩大、图书馆设施及管理手段现代化和网络技术应用、图书馆学教育、文化娱乐设施建设和图书馆服务环境的改变。而图书馆物质文化的变迁,只有融入图书馆制度文化变迁才能真正促使整体图书馆文化发展。脱离图书馆制度搞图书馆物质文化发展,往往会受到制度文化的制约。当新的物质文化形成时,要将其结合到已确立的图书馆组织行为文化当中,并逐步对原有制度文化进行重塑,形成积极的图书馆物质文化。因此,图书馆制度文化的合理化与规范化,对图书馆物质文化的发展具有导向作用。

2.图书馆制度文化影响图书馆精神文化

图书馆精神文化是图书馆事业的核心,是图书馆队伍的文化心理和意识形态,包括他们的情感与意志、性格与气质、思维与语言、图书馆价值观、图书馆精神职业道德及礼仪等。图书馆制度文化影响图书馆精神文化,具体表现在图书馆价值观念、图书馆精神与图书馆职业道德影响。

辩证唯物论认为有什么样的价值观就有什么样的方法论,任何工作方式都受事物价值观念的支配。当今图书馆基本价值取向不是收集保存文献,而是为所有的读者提供最好的服务,满足读者对文献信息资源的需求。形成图书馆服务价值观和服务理念的前提是建立一系列图书馆服务制度体系。图书馆服务制度完善与否,直接影响图书馆组织服务的深度和广度,影响图书馆整体价值观和图书馆服务理念。其一,有什么样的图书馆制度,就有什么样的图书馆人的图书馆价值心态。其二,图书馆制度影响图书馆价值观,图书馆的价值目标的升华要在图书馆制度基础上才能得以实现。

图书馆精神是图书馆文化的内核。图书馆精神作为图书馆内部员工群体心理定式的主导意识,是图书馆价值准则、管理信念的集中体现。完善、合理、规范的图书馆制度可以催人奋进,挖掘个体潜能,形成强大的凝聚力和向心力,发挥个体思维的创新能力,使图书馆各方面的力量集中到图书馆发展上,实现图书馆的工作目标。

图书馆职业道德是图书馆职业道德品质和道德行为规范的总和,包括职业责任、职业良心、职业纪律、职业行为、职业荣誉等。个体由于受教育程度、社会环境、家庭影响和群体影响,形成各自不同的职业道德标准,图书馆通过对图书馆职业道德规范的制度化,形成共同的职业道德标准,来束缚和引导个体的职业道德规范和行为,使个体职业道德规范转化为图书馆职业道德准则,形成自觉的图书馆职业道德行为。

3.图书馆制度文化支配和保障图书馆行为文化

图书馆行为文化是以图书馆行为方式为形态的活动文化,包括宏观图书馆组织行为文化和微观图书馆馆员个体行为文化。组织行为文化包括图书馆管理组织决策、服务行为、图书馆公共关系和人际关系行为,以及图书馆队伍生活方式等。图书馆馆员个体行为是在现有的图书馆组织行为文化背景下塑造起来的,受到整个图书馆组织文化氛围的深刻影响。图书馆组织行为是否合理与规范,应依据特定的图书馆行为准则和标准来判定,而行为准则和标准本身就是制度文化。组织文化变迁,要调整和完善自身结构和功能,创造出更和谐、更切合实际的行为准则和标准,才能保障调整后的图书馆组织行为文化的实现,否则图书馆文化将与图书馆组织行为文化相矛盾,不可能形成统一、和谐的图书馆文化。也就是说,制度文化将支配图书馆个体的工作行为,影响图书馆文献信息资源的传递速率和文献信息资源的利用,影响图书馆文献信息资源的分布、拥有和存取,在一定程度上影响图书馆文化的发展。

三、图书馆制度文化的构建

(一)规范图书馆制度文化

图书馆制度文化根植于图书馆产生、发展的实践之中,随着图书馆各项实践活动的发展,图书馆制度文化对图书馆物质文化、精神文化、行为文化的影响越来越大。由于图书馆文化孕育于各民族文化之中,除了具有各民族的文化特征性、历史延续性和时代客观性等个性特征外,图书馆还具有共性化特征,即满足用户对文献信息资源的需求。因此在规范图书馆制度文化时,应把图书馆制度文化的共性和个性结合起来,形成具有时代特征的客观、合理、规范的图书馆制度文化。

1.强化图书馆制度文化共性化

我们承认各地区、各民族、各系统图书馆,由于历史、地缘、读者对象不同,在制度文化建设中有很大差别。笔者在高等院校合格教育评估中主持完善本校图书馆各项规章制度、参照许多高等师范院校图书馆规章制度时,发现各馆规章制度存在着差异,如图书馆开馆服务时间长短不一样和服务内容不同等,对图书馆馆员个体行为要求也存在很大区别,图书馆制定制度的文字表述和制订的服务项目也有区别。同样是高等师范院校图书馆,图书馆制度的差别如此之大,各类各系统的图书馆制度文化建设的差异就可想而知了。

因此,为了改变图书馆制度文化建设的杂乱,规范图书馆制度文化的共性化建设,应建立图书馆共性化制度的专门机构。根据各部门各系统图书馆服务性质和目标,制定相应的共同遵循的规范的图书馆行为制度(包括馆员工作职责和读者借阅制度)和精神道德准则,形成具有共性化的图书馆制度文化,体现图书馆文化的系统性和个性化。这样,一方面,可以减少非制度文化对图书馆文化发展的人为干扰,另一方面,可以为我国制定统一的图书馆的法制法规提供先决条件。

2.发展图书馆个性化制度文化

图书馆根据各自的服务性质、目标和其物质文化即馆藏文献、馆藏规模、设施设备等技术条件和服务环境的不同特点,制定相应职责规章制度和管理方法。

在制定图书馆个性化制度时,要注意以下几方面问题:是否符合现有图书馆开放型的社会信息服务的要求;对文献收集、加工、整序是否具有时效性;文献信息资源开发是否具有个性化;文献信息资源收集是否具有社会效益和经济效益;能否形成文献信息资源共享;能否形成大图书馆服务的社会服务体系。解决以上几个方面问题是制定图书馆个性化制度的前提。

(二)建立图书馆制度文化的吸收和创新机制

图书馆制度文化不断地变迁,才能推动图书馆文化事业的发展,促进人类的进步。图书馆制度文化的变迁一方面是吸收世界先进的图书馆制度文化,另一方面是创新原有的图书馆制度文化。

1.吸收世界先进的图书馆制度文化

吸收世界先进的图书馆制度文化,第一,要做到优化选择。只有将世界上最先进的对我们图书馆制度文化建设有用的内容吸收过来,花最少的时间和精力,吸取最有价值的制度文化,才能提高图书馆制度文化建设的效率。第二,创造性吸收。创造性地吸取世界先进的图书馆制度文化,才能发展我们的制度文化。第三,批判性吸取。采取唯物辩证的科学态度,批判性地吸取有用的东西,充实图书馆制度文化。第四,整合吸收。在利用先进图书馆制度文化时应根据我国的实际情况和特点,经过文化整合,使图书馆制度文化本土化,才能产生相应的效果。

2.创新图书馆制度文化

创新是一个国家和一个民族的灵魂,创新更是促进图书馆事业发展的真正动力。因此我们在强调吸收世界先进图书馆制度文化的同时,更要实践图书馆制度文化的创新性,如果说吸收世界先进图书馆制度文化是推动图书馆制度文化变迁的基础,那么创新是图书馆制度文化变迁发展的灵魂。在世界经济一体化、全球化的年代里,谁的创新意识强,谁就是强者。提高我们的整体创新意识和创造能力,是推动图书馆文化发展的根本动力。

第四节　高校图书馆文化建设

高校图书馆文化具有文化教育特征、文化管理特征和文化学术性特征,在高校教育中具有导向功能、约束功能、辐射功能、凝聚功能和教育功能。因此,高校十分重视图书馆文化建设,以充分发挥图书馆文化在高校教育中的功能与作用为目标。然而,现阶段,受各种因素影响,高校图书馆文化建设中存在着缺乏重视、形式化严重、执行力度有待加强、沟通协作不足等问题,严重影响图书馆文化建设的发展。在这种情况下,高校正积极探索图书馆文化建设的科学方法,文化建设已经成为高校图书馆研究的重要方向。探索高校图书馆文化建设路径不仅能够提高高校图书馆文化建设水平,而且对高校图书馆发展意义深刻。

一、高校图书馆的文化特征

(一)教育性特征

高校图书馆文化是教育文化的重要组成部分,图书馆承担着重要的教育责任,是学生所学知识的重要来源。并且,图书馆主要以知识服务的形式实现教育功能,在专业人才培养和创新人才培养中具有重要作用。尤其是当前处于信息时代,图书馆在高校教育中不仅能够有效培养学生的信息素养和自主学习能力,还能够完善学生的综合素质和人文素质,陶冶学生的情操。

(二)管理性特征

高校图书馆具有很多高学历的人才,大部分图书馆馆员的文化水平和思想觉悟较高,能够通过自己的智力、努力来优化用户服务。而图书馆文化主要指图书馆的服务文化,是高校为了实现高质量的图书馆管理而提出的,强调以人为中心,注重对人的精神激励。高校图书馆馆员的素质和能力十分适合文化管理和文化服务,因此,高校图书馆文化具有管理性特征。

(三)学术性特征

高校图书馆的图书和文献资料具有较强的学术性,这是因为高校图书馆主要是为教师和学生的科研和学术研究而服务的,高校图书馆的资料基本都是围绕特色学科、学校重点学科、专业学科等学科而建立的。学生可以在图书馆阅读相关的专业书籍,补充自己的专业知识。并且,学生还可以使用图书馆的文献资料进行论文撰写、学术研究等。由此可见高校图书馆文化具有明显的学术性特征。

二、高校图书馆文化建设现状

(一)缺乏重视

部分高校在图书馆管理过程中缺乏对图书馆文化建设的重视,没有提炼图书馆文化,忽视了图书馆的核心价值体系。并且,有些高校没有将图书馆文化建设纳入图书馆发展规划之中,认为图书馆文化建设没有必要,只需要做好图书资源建设即可,文化建设成果不明显。另外,还有一些高校在图书馆建设过程中没有积极向图书馆馆员宣传文化建设,图书馆馆员的文化观念缺失,文化建设工作难以开展。

(二)形式化倾向

虽然,在文化建设的要求下,很多高校开展了图书馆文化建设工作,然而,有些高校的文化建设形式化现象十分严重。具体来讲,高校图书馆缺乏对文化建设的正确认识,认为图书馆文化服务和文化活动属于组织文化,忽视了图书馆的战略目标、馆员行为和用户服务,缺乏对图书馆文化建设的整体规划。并且,有些高校在图书馆文化建设的过程中,只是在图书馆的墙上张贴一些文化标语,没有开展相关的文化管理措施。另外,还有一些高校认为文化建设属于图书馆的思政工作,只需要在文化建设过程中贯彻上级的思政精神即可,缺乏具体的文化活动。

(三)执行力较弱

图书馆制度是高校图书馆运行发展的重要依据,对图书馆的运行与发展起着重要的规范作用,是图书馆健康发展的保障。现阶段,很多高校的图书馆都建立了完善的岗位制度、培训制度、考核制度等制度体系。然而,在制度执行的过程中,部分图书馆的执行力度不强,存在着缺乏制度执行意识、制度规定科学性有待加强等问题。甚至有些高校图书馆虽然制定了相关制度,但是并没有将制度落实在图书馆服务和图书馆文化建设之中,导致图书馆运行发展规范性有待增强。

三、高校图书馆文化建设的路径

(一)文化要素培育

高校图书馆文化要素的培育要从细微处入手,要先强化图书馆微资源与微空间文化。一是培育微资源文化要素。高校的读者群体中对图书馆的需求最重要的就是知识,知识资源的管理与服务是高校图书馆存在的最重要基础。当下高校图书馆提供的无论是纸本还是电子资源,更多的知识的传播与利用都具有微知识的属性。高校图书馆所提供的资源服务,从根本上说应该是微知识的服务,综合表现为一种微知识与文化的综合服务。这种文化表现为对资源收集以读者需求为本、资源整理以读者易用为纲、资源传播与利用以效益为先的原则。这也是高校图书馆资源文化要素最重要的价值所在。二是培育微空间文化要素。高校图书馆的空间资源是不可或缺的重要因素。要成为真正的城市第三空间,图书馆就要有满足现代人空间需求的文化价值,表现在对微空间选择的多样性、空间服务的细微化、微空间的可变更性和现实空间与虚拟空间相结合的现实需求。近十年来我国高校图书馆馆舍面积大幅提升,但其空间资源并不能真正的解决读者越来越个性化的微服务需求。只有创造良好的微文化空间环境才能够让读者产生"文化自觉"而乐于享受高校图书馆提供的知识服务。

(二)制定文化建设战略

高校图书馆文化建设必须依据高校对图书馆的正确评价和高校图书馆的现有文化,并结合图书馆的发展战略和使命进行。只有制定正确文化建设战略才能够确保高校图书馆有良好组织文化。因此,高校图书馆应积极制定文化建设战略,成立文化建设的相关组织机构,明确文化建设的评价标准,开展广泛的文化调研,全面了解图书馆文化现状,对图书馆文化进行科学的评估和诊断,进而为高校图书馆文化建设指明方向,提高高校文化建设的实效性。并且,高校应积极树立科学的文化建设指导思想,选择适合本校图书馆发展的文化建设模式,全面分析高校图书馆文化建设的内部环境与外部环境,确定文化建设的重点,制定完善的文化建设方案。

(三)加强价值观宣传和培育

正确的价值观是高校图书馆文化建设的价值准则,也是图书馆文化建设的核心,对高校图书馆的行为规范、愿景及信念发展起着制约作用。并且,图书馆价值观是馆员联系的重要纽带,是图书馆文化建设的内在动力。因此,高校图书馆应加强对正确价值观的宣传与培育。为此,高校图书馆应根据自身的发展现状建立适合图书馆内外环境、符合图书馆发展战略的价值观,表明图书馆的战略发展目标和使命,并将价值观融入高校图书馆的各项文化活动中。并且,高校图书馆领导人员应通过论文撰写、讲演等途径向图书馆馆员传递正确的价值观,增强图书馆馆员对正确价值观的认同。

(四)强化馆员的文化参与

图书馆馆员是图书馆建设与发展的重要资源,馆员素质和能力的高低直接影响着图书馆文化建设的质量。因此,高校在图书馆文化建设过程中应重视馆员的作用,坚持以馆员为本开展文化建设,充分调动馆员的主动性和积极性,鼓励馆员参与文化活动,增强馆员的文化意识。为此,高校图书馆应加强馆员的学习和培训,构建馆员学习平台,强化对馆员的业务培训和职业道德培训,不断提高馆员队伍的素质,增强馆员队伍对文化建设的认同。并且,高校应积极关心馆员的工作和生活,将馆员的个人奋斗目标与图书馆的战略发展目标相统一,充分发挥馆员在图书馆文化建设中的作用。

四、高校图书馆的文化建设与创新

(一)高校图书馆的文化创新

创新是适应时代发展步伐的重要手段。在当今的知识经济时代,高校图书馆也应适应时代而变化,实现图书馆管理的体制、方式、思想的全面创新,这样,才能被真正称为现代的高校图书馆,而不是一成不变的。受到我国政治与经济体制改革的影响,图书馆所处的外部环境已然出现了很大的变化,要适应新时代的发展特点,就必须从图书馆的自身定位、发展方向、运行模式等方面进行革新与改进,扬长补短,吸取传统模式的优点,再结合实际发展需要进行适当的创新。图书馆的管理制度与模式很大程度上影响着借阅者的阅读效果与质量,也决定了知识的流通度,所以,管理者们要不断地改善书籍管理、借阅的规定和程序,才能使借阅者得到更好的阅读体验。

(二)高校图书馆文化建设与创新方略

首先,高校图书馆管理者要具备实事求是的工作素质,本着一切从实际出发的原则,在制定管理运行模式时,要联系实际情况,考虑计划可行程度,与当前的政治、经济形势相结合分析,还要考虑到借阅者的实际阅读情况、条件等,做出科学、合理、符合图书馆自身的建设需要的方案。其次,要注重实行开放式管理模式,在制定高校图书馆文化创新制度的过程中要遵循科学的原则,对人民群众负责,从人民群众的利益出发,考虑到人民群众真正需要的和对他们长远有利的因素,鼓励广大图书馆馆员工进行制度上的大胆研究与创新,集思广益,听取群众和员工切实可行的意见和指导,激发员工的自觉主动性,从而使图书馆的文化创新真正顺从民意,做到为民所用,为广大大学生读者所用。最后,要加强高校图书馆的数字化建设。计算机网络技术的应用可以更快、更好的实现图书馆资源的检索、查询、共享、传递、分类、有效利用,能解决传统图书馆中查找书籍不方便的问题,使图书馆阅读变得更加快捷、高效。要注意的是,数字图书馆对于读者阅读兴趣的激发、记忆的加深不如传统的图书馆好,因此,需实现二者的有机结合使用,才能更好地保证图书馆文化的创新与发展。